财经版会计人员继续教育培训教材

企业会计准则最新政策解读

会计人员继续教育培训教材编写组　编著

中国财政经济出版社

图书在版编目（CIP）数据

企业会计准则最新政策解读/会计人员继续教育培训教材编写组编著．—北京：中国财政经济出版社，2016.7
ISBN 978－7－5095－6870－5

Ⅰ.①企…　Ⅱ.①会…　Ⅲ.①企业－会计准则－会计政策－中国－继续教育－教材　Ⅳ.①F279.23

中国版本图书馆 CIP 数据核字（2016）第 159565 号

责任编辑：李　磊　　　　责任校对：黄亚青
封面设计：耕　者　　　　版式设计：康普宝蓝

中国财政经济出版社 出版
URL：http：//ckfz.cfeph.cn
E－mail：ckfz@cfeph.cn

社址：北京市海淀区阜成路甲 28 号　邮政编码：100142
营销中心电话：010－88190406　北京财经书店电话：010－64033436、84041336
北京富生印刷厂印刷　各地新华书店经销
880×1230 毫米　32 开　11.625 印张　305 000 字
2016 年 7 月第 1 版　2016 年 8 月北京第 2 次印刷
定价：32.00 元
ISBN 978－7－5095－6870－5/F・5521
（图书出现印装问题，本社负责调换）
质量投诉电话：010－88190744
打击盗版举报热线：010－88190492，QQ：634579818

前 言

自 2014 年 1 月至 2014 年 3 月，我国财政部先后发布了修订后的《企业会计准则第 2 号——长期股权投资》、《企业会计准则第 9 号——职工薪酬》、《企业会计准则第 30 号——财务报表列报》和《企业会计准则第 33 号——合并财务报表》等四个会计准则，并发布了《企业会计准则第 39 号——公允价值计量》、《企业会计准则第 40 号——合营安排》和《企业会计准则第 41 号——在其他主体中权益的披露》等三个新的会计准则。根据财政部的要求，上述七个会计准则自 2014 年 7 月 1 日起生效。另外，财政部又于 2014 年 6 月发布修订的《企业会计准则第 37 号——金融工具列报》，要求在 2014 年度及以后期间的财务报告中执行。

我国企业会计准则的此番修订与发布，是保持我国企业会计准则与国际财务报告准则持续趋同的大势所趋，也是适应我国社会主义市场经济发展需要的必然之举。

首先，从国际财务报告准则的发展动态来看。

面对 2008 年金融危机所带来的挑战和会计准则国际趋同的现实需要，国际会计准则理事会近年一直致力于国际会计准则的修订和国际财务报告准则的推出。2011 年，国际会计准则理事会推出了 2013 年 1 月 1 日生效并允许同时提前采用的“一套五项”会计准则，包括：新发布的《国际财务报告准则第 10 号——合并财务报表》、《国际财务报告准则第 11 号——合营安排》、《国际财务报告准则第 12 号——在其他主体中权益的披露》和修订后的《国际会计准则第27号——单独财务报表》、《国际会计准则第28号——联营和合营企业中的投资》。同年，国际会计准则理事会还先后对《国际会计准则第1号——财务报表列报》和《国际会计准则第19号——雇员福利》进行了修订；并发布了《国际财务报告准则第13号——公允价值计量》。根据国际会计准则理事会的要求，修订后的《国际会计准则第1号——财务报表列报》与2012年7月1日起生效，《国际会计准则第19号——雇员福利》和《国际财务报告准则第13号——公允价值计量》则于2013年1月1日起生效。

国际会计准则和国际财务报告准则的这些变化，对坚持与国际财务报告准则保持持续趋同思路的我国企业会计准则的建设，无疑提出了紧迫的要求。

其次，从我国会计实务需求来看。

一方面，自从2006年我国颁布实施企业会计准则体系以来，随着我国社会主义市场经济的不断发展，会计实务对会计准则也不断提出新的要求。比如，长期以来，我国没有单独的合营安排准则，而是将相关内容放在长期股权投资准则应用指南和相关讲解中予以规范。随着现实中合营安排日益增多，实务界、监管部门等在企业会计准则执行过程中都发现有必要根据我国实际情况单独制定一项会计准则以规范合营安排各参与方的会计处理。再比如，随着我国多层次社会保障体系的逐渐完善，企业向职工提供福利的形式不断丰富。而现行的职工薪酬准则，关于离职后福利的会计处理规范尚不完整；对劳务派遣人员的工资与购买劳务支出的区分、长期辞退计划导致的应付职工薪酬的估计和折现、企业内退职工的工资薪金调整等，也都缺乏具有针对性和可操作性的补充说明；对于带薪缺勤、利润分享计划、辞退福利等的确认与计量的具体规定又只是散见于准则的应用指南和讲解中，缺乏必要的整合。

另一方面，自从2006年我国颁布实施企业会计准则体系以来，我国财政部等相关部门根据国际财务报告准则的动态和会计实务的现实需要，陆续发布了6次企业会计准则解释。这些解释的内容很丰富，也很重要。根据这些解释，其他综合收益列入了利润表；企业合并中的某些特殊交易，有了相应的会计处理规范；一些具体的金融工具业务以及其他交易和事项有了更为详细的会计处理规范。但是，这些解释中的很多内容实际上有必要整合进相关会计准则，以提高相关会计规范的系统性和权威性。

综上所述，2014 年上述八项企业会计准则的颁布与实施，对于完善我国会计准则体系、满足我国会计实务需要，都有着重大的意义。

有鉴于此，我们推出本书。我们试图通过我们的努力，对相关会计准则的基本内容进行梳理，对其中的重点和难点内容进行分析，以期为会计实务工作者提供一个讨论、切磋和交流的平台。

囿于我们的水平，书中难免出现不足，敬请读者不吝指正。

编者

目 录

第一讲　企业会计准则第 2 号——长期股权投资（修订）

作为一种部门规章制度，2014 年 3 月 13 日，我国财政部发布财会［2014］14 号文件，对 2006 年以来发布和实施的《企业会计准则第 2 号——长期股权投资》进行了修订，修订后的《企业会计准则第 2 号——长期股权投资》自 2014 年 7 月 1 日起在所有执行企业会计准则的企业范围内执行，鼓励在境外上市的公司提前执行。原《企业会计准则第 2 号——长期股权投资》（2006 年版）同时废止。

一、新旧准则差异对比

修订后的长期股权投资会计准则较修订前有了较大的变化，主要是顺应了国际会计准则理事会在近年来的一系列相关准则的制定、修订和实施，基本上保持了与国际财务报告准则的趋同，同时也在一定程度上保留了个别中国特色。这一特色如，国际会计准则体系中并没有单独的“长期股权投资”准则，相应的有关内容散见于《国际财务报告准则第 10 号——合并报表》、《国际财务报告准则第 11 号——合营安排》以及 2011 年修订的《国际会计准则第 28 号——在联营与合营企业中的投资》等准则当中。此外，对于同一控制下企业形成的长期股权投资也和国际财务报告准则的规定有所差异。

另一方面，新修订的长期股权投资会计准则将 2006 年版的准则发布与实施之后的几年中作出的个别调整进行了整合，把近年来的会计准则的应用指南、解释等文件中的有关内容也充实了进来。因此下面关于新旧会计准则的比较，并不是简单地将 2014 年版的准则与 2006 年版的准则进行比较，而是将修订后与修订前的有关原则、规则与实务变化进行比较。修订后的主要变化主要体现在如下几个方面：

（一）长期股权投资核算范围发生变化

根据修订后的新准则，长期股权投资，是指投资方对被投资单位实施控制、重大影响的权益性投资，以及对其合营企业的权益性投资。而旧准则除了包括新准则所涵盖的三种投资类型之外，还包括企业持有的对被投资单位不具有控制、共同控制或重大影响，并且在活跃市场中没有报价、公允价值不能可靠计量的权益性工具投资。对于此类权益性工具投资，按照新准则，将按照《企业会计准则第 22 号——金融工具确认和计量》的有关规定进行处理。

（二）长期股权投资后续计量模式的成本法的适用范围发生变化

这一修订是由于长期股权投资的核算范围发生变化而引起的。长期股权投资的后续计量模式包括成本法和权益法两种计量模式，根据旧准则，适用于成本法的投资类型包括企业持有的能够对被投资单位施加控制的长期股权投资，即对子公司的长期股权投资，以及对被投资单位不具有控制、共同控制或重大影响，并且在活跃市场中没有报价、公允价值不能可靠计量的权益性工具投资。而根据新准则，由于长期股权投资核算范围发生变化，导致成本法的适用范围少了其中的一种类型，即仅仅适用于对子公司的投资。原来所谓的对被投资单位不具有控制、共同控制和重大影响，且活跃市场没有报价，公允价值不能可靠计量的权益性投资由于作为金融资产处理，自然也就无所谓按照成本法核算。另外，值得注意的是，即便是对子公司的投资，如果投资主体属于《企业会计准则第 33 号——合并财务报表》规定的投资性主体，其所持有的子公司不纳入合并财务报表范围，则对该子公司的投资也视同一般性金融资产处理，不再按照成本法进行相应的会计处理。

此外，对于采用成本法核算的投资收益的计量，根据2006年版的企业会计准则条款，投资企业在根据被投资单位宣告分派的现金股利或利润，而按照应分配的金额确认当期投资收益时，要仅限于被投资单位接受投资后产生的累计净利润的分配额，所获得的利润或现金股利超过上述数额的部分作为初始投资成本的收回。这从理论上的确无可非议，我们经常把投资方获得的投资前被投资单位累计净利润的分配视为清算性股利，有些类似于投资“本钱”的返还。其实这一规定，在随后2009年财政部制定的《企业会计准则解释第3号》中就删除了，而改为不再区分被投资单位用于分配的净利润是在投资前还是在投资后实现，统统作为投资收益对待。对于由此产生的影响，比如长期股权投资是否会发生减值，导致长期股权投资账面价值大于所享有的被投资单位净资产账面价值的份额，进而要进行减值测试，考虑计提资产减值损失等。在新修订的会计准则当中，也明确规定投资期间所分配的现金股利，直接作为当期的投资收益，不再冲减投资成本。

（三）长期股权投资核算权益法的核算变化

首先，对于权益法的适用范围，虽然在基本层面上，新旧准则没有什么本质的变化，即对被投资单位具有共同控制或重大影响的权益性工具投资，都采用权益法进行后续计量。但新准则有了进一步比较具体的细节调整。

第一，对于投资主体直接持有部分股权，并通过所控制的风险投资机构、共同基金、信托公司或包括投连险基金在内的类似投资主体间接持有部分股权，而取得重大影响的权益性投资，在旧准则体系下，一般作为一个整体全部采用权益法核算。而在新准则框架下，需要将上述投资划分为不同的计量单元，投资方直接持有的那部分股权，作为一个计量单元采用权益法核算，而间接通过投资性主体所持有的那部分股权，则允许采用按公允价值计量，公允价值变动计入当期损益来进行核算，当然也允许采用权益法进行核算。

第二，采用权益法核算的长期股权投资，如果有一部分被划作持有待售资产，旧准则对此没有明确规定，通常我们依然采用权益法进行后续计量，而在新准则中则作出明确规定，对于原来整体采用权益法核算的长期股权投资，划分为两个计量单元，被划分为持有待售的那个部分作为一个投资单元，按照《企业会计准则第4号——固定资产》中有关持有待售资产的规定进行相应的会计处理，而未被划分为持有待售的那部分股权投资，则继续采用权益法进行后续计量。

其次，在旧准则框架之下，关于长期股权投资核算的权益法基本属于“不完全权益法”，这在修订准则出台之前，有关的解释公告和官方发布的准则讲解对此已经进行了纠正，只不过在新准则得以正式地加以规范了。即旧准则并没有考虑投资双方发生的未实现内部交易损益的影响。新准则则采用的是完全权益法，即除了根据投资时被投资方公允价值加以调整外，还要针对投资双方发生的为实现内部交易损益进行相应的投资损益调整。还有一点新变化，在旧准则没有提及，新准则规定，对于主体采用权益法核算的长期股权投资，针对被投资单位除了净利润、其他综合收益以及利润分配以外的所有者权益在其他方面的变动，不管投资方的持股比例是否发生变化，投资方都要根据持股比例调整自身的所有者权益，也计入所有者权益其他变动。

（四）长期股权投资会计政策转换的处理发生很大变化

由于旧准则规定了长期股权投资有四种核算范围，并分别适用于成本法和权益法两种后续计量模式，当由于持股比例发生增减变化导致对被投资单位的影响程度发生变化，则调整投资比例后，将导致本来采用成本法核算的长期股权投资而改用权益法核算，或者相反。而在新准则下，投资类型被认定为三种，于是成本法与权益法之间的核算方法转换类型也将明显不同，并导致相关的会计处理发生变化。主要区别在于：

第一，原持有的对被投资单位不具有控制、共同控制或重大影响、在活跃市场中没有报价、公允价值不能可靠计量的长期股权投资，因追加投资导致持股比例上升，能够对被投资单位施加重大影响或者实施控制的，在旧准则下将导致采用成本法核算的原长期股权投资与追加投资一道，开始采用权益法核算，并导致对原投资在原账面价值基础上在持续计算的基础上进行调整，具体会计处理这里不予赘述。而在新准则下，原投资将按照一般性金融资产处理，自然也无所谓成本法转换为权益法，但毫无疑问的是全投资将由一般性的金融资产转化为权益法核算的长期股权投资，对于原投资该如何进行调整，下文会有具体解释。

第二，企业持有的能够对被投资单位实施共同控制或具有重大影响的权益工具投资因处置部分投资而对被投资单位不具有共同控制和重大影响的，处置后的剩余股权在新准则框架下因要转换为改按《企业会计准则第22号——金融工具确认和计量》核算的一般性金融资产处理，所以自然就无所谓在旧准则框架下改按成本法进行核算，相关处理也会有较大差异，关于新准则框架下的处理办法见下文。

第三，因追加投资而能够对被投资单位实施控制的，或者因减少投资而失去了被投资方的控制但还是能够对被投资单位实施共同控制或重大影响的，对于原投资的核算在实质上并没有发生太大变化，前者依然属于分步实现企业合并，后者基本还是按照追溯调整的思路进行。但在一些处理细节上将会出现一些差别，随后的讲解中会有具有阐释。

（五）信息披露要求的有关规定发生调整

大家不难发现，新发布的长期股权投资会计准则并没有在本准则不再对相关披露方面的要求作出规定，单独的准则予以规范。具体参见我国新发布的《企业会计准则第41号——在其他主体中权益的披露》。这里不了赘述。

此外，在新准则当中对一些特殊的结构化投资性主体进行了特别规定，而在旧准则下则是一个没有提及的领域。其他一些具体交易和事项处理细节上的差别，主要参见下文要具体阐释的新准则。以下内容就是关于新准则的具体解释和分析。

二、长期股权投资的初始计量

（一）长期股权投的核算范围

1. 能够对被投资单位实施控制的权益性投资。投资方能够对被投资单位实施控制的，被投资单位为其子公司。因此此类投资可以简称为对子公司的投资。在确定能否对被投资单位实施控制时，投资方应当按照《企业会计准则第 33 号——合并财务报表》的有关规定进行判断。根据最新准则，所谓控制，是指投资方拥有对被投资方的权力，通过参与被投资方的相关活动而享有可变回报，并且有能力运用对被投资方的权力影响其回报金额。投资方应当在综合考虑所有相关事实和情况的基础上对是否控制被投资方进行判断。另外请注意，如果投资方属于《企业会计准则第 33 号——合并财务报表》规定的投资性主体且子公司不纳入合并财务报表的，则该投资性主体对于子公司的权益性投资不作为长期股权投资核算。相关内容具体可参见本书第四讲中关于《企业会计准则第 33 号——合并财务报表》的讲解。

2. 能够对被投资单位施加重大影响的权益性投资。重大影响，是指投资方对被投资单位的财务和经营政策有参与决策的权力，但并不能够控制或者与其他方一起共同控制这些政策的制定。在确定能否对被投资单位施加重大影响时，应当考虑投资方和其他方持有的被投资单位当期可转换公司债券、当期可执行认股权证等潜在表决权因素。对于投资方能够对被投资单位施加重大影响的，在新准则中把该被投资单位称为投资方的联营企业。其实这种说法未必妥当，因为下面要讲述的合营安排中，有的企业对于合营企业的投资，该企业可能是对合营企业并不享有共同控制的参与方，而却有可能对合营企业具有重大影响。

3. 对其合营企业的权益性投资。根据《企业会计准则第40号——合营安排》的规定，合营企业，是指这样一种合营安排，合营方仅对该安排的净资产享有权利。该合营安排一般应当是一个单独主体。这里并不是说对合营企业的权益性投资都作为长期股权投资核算，而是指对其合营企业享有共同控制或具有重大影响的权益性投资。所谓共同控制，是指按照相关约定对某项安排所共有的控制，并且该安排的相关活动必须经过分享控制权的参与方一致同意后才能决策。对合营企业不享有共同控制的参与方，如果对该合营企业具有重大影响的，也应当按照本准则的规定进行会计处理。对于对该合营企业不具有重大影响的参与方而言，则应当按照《企业会计准则第22号——金融工具确认和计量》的规定进行会计处理。

（二）长期股权投资的初始计量

所谓初始计量，即在初始确认长期股权投资时确定其所计量的金额。长期股权投投资的初始计量属性基本可以定性为按成本计量。关于长期股权投资的初始投资成本的确定，应当区分企业合并形成的长期股权投资以及除了企业合并之外的其他方式形成的长期股权投资。其中企业合并又进一步区分为同一控制下企业合并与非同一控制下企业合并两种类型。因此对于长期股权投资的初始投资成本的计量具体可分为以下三种情况予以确定。

1. 同一控制下企业合并形成的长期股权投资

同一控制下的企业合并，是指参与合并的企业在合并前后均受同一方或相同的多方最终控制且该控制并非暂时性的。通常而言，企业取得某项资产，比较自然地按照所支付的金额入账，比如公司支付2 000元现金购买了一批商品，该商品基本上就按照2 000元作为入账成本了。如此看来，同一控制下企业合并的会计处理就多少显得有些“另类”，即同一控制下企业合并所形成的长期股权投资，其初始投资成本的确定与取得投资所付出的代价毫无关系。

根据新准则的规定，合并方以支付现金、转让非现金资产或承担债务方式作为合并对价的，应当在合并日按照被合并方所有者权益在最终控制方合并财务报表中的账面价值的份额作为长期股权投资的初始投资成本。长期股权投资初始投资成本与支付的现金、转让的非现金资产以及所承担债务账面价值之间的差额，应当调整资本公积；资本公积（指的是溢价）不足冲减的，调整留存收益。这一规定对旧准则进行了修订和补充，显得更加严谨和完善。具体做法可以举例说明如下：

【例 1 -1】 假如甲公司旗下拥有两家子公司 A 公司和 B 公司。具体背景如下：甲公司在 2003 年通过正当的市场交易并购了之前不存在关联方关系的 A 公司，A 公司成为当时甲公司唯一的一家子公司。10 年后，也即 2013 年 1 月 1 日，甲公司又出资8 000万元购买另一家之前不存在关联方关系的 B 公司 80% 的股份，该日，B 公司可辨认净资产账面价值为 9 000 万元，公允价值为10 200万元，系无形资产评估增值 1 200 万元所致（采用直线法摊销，剩余摊销期限为 10 年，无残值）。2013 年度 B 公司实现账面净利润 2 000 万元，对投资者分配现金股利 500 万元，当年 B 公司所持有的可供出售金融资产的公允价值增加 300 万元，对此 B 公司确认资本公积 300 万元，假定除上述内容之外，当年 B 公司不存在所有者权益其他方面的变动。2014 年初，甲公司将持有 B 公司的全部股权都转让给了 A 公司，从而把 B 公司变成了 A 公司的子公司。A 公司将所拥有的一套设备和 2 000 万元现金作为对价支付给母公司甲公司。合并日，A 公司账面上该设备原值 8 000 万元，已提折旧 1 500 万元，设备公允价值为 7 000 万元。从目前的迹象表明，甲公司还将继续长期控制这两家子公司。

根据上述资料，基本可以认定 A 公司对于 B 公司的股权投资属于同一控制下的企业合并。根据新准则规定，A 公司对于 B 公司的长期股权投资，其初始投资成本应当立足于最终控制方甲公司的立场加以认定。计算过程与结果如下：

（1）2013 年 1 月 1 日 B 公司所有者权益在最终控制方甲公司合并财务报表中的账面价值为 10 200 万元。

（2）2013年度，B公司净利润为2 000元，而立足于甲公司所编制的合并报表，B公司无形资产应当加计摊销额120万元（1 200÷10），即B公司的净利润应当被调整为：

2 000－（1 200÷10）＝1 880（万元）

（3）B公司经调整后的所有者权益（包括留存利润和资本公积，不考虑所得税的影响）总额为：

1 880－500＋300＝1 680（万元）

（4）2014年初，也即A公司并购B公司的合并日，B公司所有者权益在最终控制方甲公司合并财务报表中的账面价值为：

10 200＋1 680＝11 880（万元）

（5）A公司对于B公司的长期股权投资的初始投资成本为B公司所有者权益在最终控制方甲公司合并财务报表中的账面价值的份额，即：

11 880×80%＝9 504（万元）

（6）A公司投资B公司的有关账务处理如下（单位：万元）：

①将固定资产转入“固定资产清理”

借：固定资产清理	6 500	
累计折旧	1 500	
贷：固定资产		8 000

②取得B公司80%的股权

借：长期股权投资	9 504	
贷：固定资产清理		6 500
银行存款		2 000
资本公积——股本溢价		1 004

对于合并方以发行权益性证券作为合并对价的，同样也应当在合并日按照被合并方所有者权益在最终控制方合并财务报表中的账面价值的份额作为长期股权投资的初始投资成本。对于所发行的股份，则按照发行股份的面值总额作为股本，长期股权投资初始投资成本与所发行股份面值总额之间的差额，应当调整资本公积；资本

公积不足冲减的，依然调整留存收益。

【**例1-2**】2014年6月30日，甲公司通过向母公司A公司定向增发普通股2 000万股而换取A公司所持有的另一家子公司乙公司70%的股权，假定属于同一控制下的企业合并。甲公司发行在外的普通股的每股面值为1元，每股公允市价为3元，另用现金支付发行费用20万元。合并日，乙公司所有者权益账面金额为9 000万元。假定乙公司账面所有者权益无需进行调整，并假定甲公司在合并日前账面上的资本溢价为1 200万元，盈余公积计提比例为10%。

解析：在合并日，甲公司对乙公司的长期股权投资的初始成本为6 300万元（9 000×70%），其大于所发行股份面值2 000万元的差额调整资本公积（股份溢价），发行费用从股本溢价中扣除。具体账务处理如下（单位：万元）：

借：长期股权投资	6 300	
贷：股本		2 000
资本公积——股本溢价		4 280
银行存款		20

对于同一控制下企业合并所形成的长期股权投资，其初始投资成本为何与所支付对价不具有任何关系，很多人都会感到莫名其妙。其实仔细分析不难发现，这正是实质重于形式的信息质量要求的体现。首先，同一控制下的企业合并往往是同一个企业集团内部的资源整合与股权转让行为，既然该资源转移发生在集团内部，而且该合并基本是在最终控制者的“统一部署”之下完成的，这种发生在类似于“家庭内部”的交换行为，几乎谈不上是“买卖交易”，进而也谈不上等价交换，支付的对价并不能代表股权的公允价值，因为这个“内部”价格很难保证是公允与合理的，起码在外界看来便是如此。既然投资所支付的对价并不能准确衡量股权的公允价值，那么按照支付对价确定投资账面价值就失去了应有的意义，该投资账面成本恐怕只能流于形式。所以，投资并不按照支付

对价（公允价值）确定其成本也是可以理解的。同时，尽管存在“兄弟之间明算账”的可能，也即同一控制下企业合并所支付的对价是按照公允价值达成的，按此规定处理就显得有些“武断”，但却保证了此类合并会计处理的统一性与可比性。其次，在同一控制下企业合并过程中，投资方作为投资对价而需要让渡或转移一部分资源，而该资源转移在最终控制者看来，可能不过是左右换右手的行为。既然是“内部交换”，而不视同为市场销售（税法上视同销售另当别论），不能按照公允价值处置作为对价付出的资源，否则，在集团内部很可能通过这种关联方交易进行盈余管理，也为公司操纵利润带来可乘之机。因此，根据现行的会计准则设计精神，对于合并方作为合并对价转移的资源，不得形成资产转让损益，于是就按照账面成本予以转销。第三，既然所支付对价，无论其账面价值还是公允价值都无法体现所取得投资的真正成本，也许长期股权投资按照该股权自身的公允价值进行初始计量就可能比较合理了。但如此一来，却打破了长期股权投资贯有的历史成本计量属性。当前的会计准则制定机构显然目前还不打算“颠覆”这种历史成本概念框架基础。于是，长期股权投资就“索性”取其法律上或者章程上颇具象征意义的金额，即按照所拥有的被投资方的所有者权益的份额入账。而且，站在最终控制方的立场，该合并并没有引起其所控制的资源发生变化，参与合并的双方，就如同最终控制方的左手与右手，左手持有右手的股权，对于左手来说叫作“投资”，对于“右手”而言叫作所有者权益，而合并为一体的话，自然就完全抵消，进而形成一种比较理想的勾稽平衡关系。

2. 非同一控制下企业合并形成的长期股权投资

非同一控制下的企业合并，购买方在购买日应当按照《企业会计准则第20号——企业合并》的有关规定确定的合并成本作为长期股权投资的初始投资成本。根据企业合并准则的有关规定，该合并成本通常为所支付对价的公允价值。

【例1-3】 承【例1-1】，2014年初，A公司通过公平交易购买了B公司80%的股权，A公司将所拥有的一套设备和2 000万元现金作为对价支付给原投资者，假定属于非同一控制下的企业合并。购买日，A公司账面上该设备原值8 000万元，已提折旧1 500万元，设备公允价值为7 000万元。

解析：A公司对于B公司的长期股权投资基本按照所支付对价的公允价值进行入账，该公允价值为9 000万元（2 000 +7 000）。相关账务处理如下（单位：万元）：

①将固定资产转入“固定资产清理”

借：固定资产清理	6 500	
累计折旧	1 500	
贷：固定资产		8 000

②取得B公司80%的股权

借：长期股权投资	9 000	
贷：固定资产清理		6 500
营业外收入——非货币性资产交换损益		500
银行存款		2 000

【例1－4】 承【例1－2】，2014年6月30日，甲公司通过增发普通股2 000万股而换取乙公司70%的股权，假定属于非同一控制下的企业合并。甲公司发行在外的普通股的每股面值为1元，每股公允市价为3元，另用现金支付发行费用20万元。

解析：在购买日，甲公司对乙公司的长期股权投资的初始成本为所发行股份的公允价值，即6 000万元，其大于所发行股份面值2 000万元的差额调整资本公积（股本溢价），发行费用从股本溢价中扣除。具体账务处理如下（单位：万元）：

借：长期股权投资	6 000	
贷：股本		2 000
资本公积——股本溢价		3 980
银行存款		20

另外要注意，无论是在同一控制下企业合并还是在非同一控制

下企业合并中，合并方或购买方为企业合并发生的审计、法律服务、评估咨询等中介费用以及其他相关管理费用，应当于发生时计入当期损益（管理费用）。

3. 除企业合并以外的其他方式取得的长期股权投资

除企业合并形成的长期股权投资以外，其他方式取得的长期股权投资，在新准则框架之下，主要是指对联营企业与合营企业的投资。对此，应当按照下列规定确定其初始投资成本：

（1）以支付现金取得的长期股权投资，应当按照实际支付的购买价款作为初始投资成本。初始投资成本包括与取得长期股权投资直接相关的费用、税金及其他必要支出。

【例1－5】2014年2月20日，甲公司支付现金3 700万元购买了乙公司30%的股权，支付价款中包括已经宣告发放而尚未支取的现金股利600万元。投资后能够对乙公司施加重大影响。

解析：不考虑其他影响，该投资的初始投资成本为3 100万元（3 700－600）。相关会计处理如下（单位：万元）：

借：长期股权投资　　3 100

　　应收股利　　600

　　贷：银行存款等　　3 700

（2）以发行权益性证券取得的长期股权投资，应当按照发行权益性证券的公允价值作为初始投资成本。与发行权益性证券直接相关的费用，应当按照《企业会计准则第37号——金融工具列报》的有关规定确定。根据最新金融工具列报准则的规定，企业发行或取得自身权益工具时发生的交易费用（例如登记费，承销费，法律、会计、评估及其他专业服务费用，印刷成本和印花税等），可直接归属于权益性交易的，应当从权益中扣减。

【例1－6】2014年7月1日，甲公司发行自身普通股300万股换取乙公司20%的股权，能够对乙公司施加重大影响。甲公司普通股的面值为每股1元，公允市价为7元，甲公司发行股票过程中支付发行费用50万元。

解析：甲公司取得的乙公司投资的成本为 2 100 万元，发行费用从股本溢价中扣除。相关会计处理如下（单位：万元）：

借：长期股权投资　　2 100

　　贷：股本　　300

　　　　资本公积——股本溢价　　1 750

　　　　银行存款等　　50

（3）通过非货币性资产交换取得的长期股权投资，其初始投资成本应当按照《企业会计准则第 7 号——非货币性资产交换》的有关规定确定。根据非货币性资产交换会计准则的规定，如果交换具有商业实质，而且换入或者换出资产的公允价值能够可靠计量，则通过非货币性资产交换取得的长期股权投资一般按照换出资产公允价值加上与换入资产有关的相关税费作为初始投资成本。如果换出资产公允价值不能可靠计量，或者有确凿证据表明换入资产的公允价值比换出资产公允价值更为可靠，则以换入资产的公允价值为依据计算换入的投资成本。至于交换不具有商业实质，或者换入、换出资产的公允价值不能可靠计量的，那么通过非货币性资产交换取得的长期股权投资则按照换出资产的账面价值加上相关税费作为初始入账价值。

【例 1－7】假如甲公司和乙公司都属于增值税一般纳税人，适用增值税税率为 17%，2014 年 12 月 20 日，甲公司利用自身所生产的产品一批换入乙公司 30% 的股权，乙公司成为甲公司的联营企业，该交换具有商业实质。该批商品的成本为 5 000 万元，公允市价（等同于计税价格）为 6 000 万元，商品已经交付，并开具增值税专用发票，同时办妥股权转让手续。

解析：甲公司采用公允价值模式计量所取得的投资成本。相关会计处理如下（单位：万元）：

①确认投资。

借：长期股权投资　　7 020

　　贷：主营业务收入　　6 000

应交税费——应交增值税　　　　1 020

②结转商品成本。

借：主营业务成本　　　　5 000

　贷：库存商品　　　　5 000

（4）通过债务重组取得的长期股权投资，其初始投资成本应当按照《企业会计准则第12号——债务重组》的有关规定确定。根据债务重组准则的规定，通过债务重组取得的长期股权投资一般按照所取得的投资的公允价值进行计量。

【例1-8】2014年5月，甲公司应收乙公司的销货款共计3 600万元到期，乙公司因陷入资金周转困难而无力足额支付，甲公司已经在上年年末计提坏账准备720万元。经调解，双方达成债务重组协议，由乙公司通过向甲公司定向增发500万股普通股票抵消所欠全部债务。乙公司股票面值为每股1元，公允市价为6元。甲公司收取的乙公司股份作为长期股权投资加以确认和计量。

解析：甲公司获取的长期股权投资按照该投资的公允价值即3 000万元入账。相关会计处理如下（单位：万元）：

借：长期股权投资　　　　3 000

　　坏账准备　　　　720

　贷：应收账款　　　　3 600

　　　资产减值损失　　　　120

三、长期股权投资核算的成本法

长期股权投资的后续计量模式包括两种类型，即成本法和权益法。首先来看成本法。根据新准则，成本法仅仅适用于企业对子公司的长期股权投资。采用成本法核算的长期股权投资应当按照初始投资成本计价。追加或收回投资应当调整长期股权投资的成本。被投资单位宣告分派的现金股利或利润，应当确认为当期投资收益。

【例1-9】2014年3月20日，甲公司将库存商品200万件作为对价换取乙公司70%的股权，属于非同一控制下企业合并。该批商品的账面成本为3 000万元，公允价值（等同于计税价格）为5 000万元，适用增值税税率为17%。另支付评估、审计费用160万元。2014年4月25日，乙公司宣告发放2013年度的现金股利共计1 200万元。

解析：甲公司作相应的会计处理如下（单位：万元）：

（1）投资时，按照初始成本（合并成本）入账

借：长期股权投资　　5 850

　　贷：主营业务收入　　5 000

　　　　应交税费——应交增值税　　850

同时结转销售成本

借：主营业务成本　　3 000

　　贷：库存商品　　3 000

（2）支付评估、审计费用

借：管理费用　　160

　　贷：银行存款等　　160

（3）乙公司宣告发放现金股利时

借：应收股利　　840

　　贷：投资收益　　840

（4）收取现金股利时

借：银行存款等　　840

　　贷：应收股利　　840

四、长期股权投资核算的权益法

（一）权益法的适用范围

根据新准则，投资方对联营企业和合营企业的长期股权投资，应当采用权益法进行核算。另外又规定，投资方对联营企业的权益性投资，其中一部分通过风险投资机构、共同基金、信托公司或包

括投连险基金在内的类似主体间接持有的，无论以上主体是否对这部分投资具有重大影响，投资方都可以按照《企业会计准则第22号——金融工具确认和计量》的有关规定，对间接持有的该部分投资选择以公允价值计量且其变动计入损益，并对其余部分采用权益法核算。

（二）权益法的主要核算环节

1. 初始取得投资

初始取得投资，长期股权投资在按照初始投资成本入账后，将该初始投资成本与投资时应享有被投资单位可辨认净资产公允价值份额相比较。如果长期股权投资的初始投资成本大于投资时应享有被投资单位可辨认净资产公允价值份额的，不调整长期股权投资的初始投资成本；长期股权投资的初始投资成本小于投资时应享有被投资单位可辨认净资产公允价值份额的，其差额应当计入当期损益（营业外收入），同时调整长期股权投资的成本。

【例1－10】甲公司在2011年7月初支付现金4 200万元，购入B公司30%的股权，能够对B公司施加重大影响，甲公司采用权益法对投资进行后续计量。该日B公司净资产（全部可辨认）账面金额1.5亿元（假定与公允价值相同）。

甲公司作如下会计处理（单位：万元）：

借：长期股权投资——成本　　4 200

　　贷：银行存款　　4 200

借：长期股权投资——成本　　300

　　贷：营业外收入　　300

2. 被投资方实现净利润

投资方取得长期股权投资后，在具体的每个会计期间，根据被投资单位净利润确认投资收益，同时调整增加投资账面价值。

【例1－11】承【例1－10】，2011年度，B公司实现净利400万元（假定全年均匀分布，而且甲公司无需对该利润作出调整）。

甲公司作如下会计处理（单位：万元）：

借：长期股权投资——损益调整　　　　60

　　贷：投资收益　　　　60

3. 被投资方发放现金股利

在投资期间，被投资方宣告发放现金股利时，投资方按照被投资单位宣告分派的利润或现金股利计算应享有的部分，相应减少长期股权投资的账面价值。

【例 1－12】 承【例 1－10】与【例 1－11】，2012 年 3 月 20 日，B 公司宣告分配现金股利共计 300 万元。甲公司在 4 月 5 日收到应收股利。

甲公司作如下会计处理（单位：万元）：

借：应收股利　　　　90

　　贷：长期股权投资——损益调整　　　　60

　　　　　　　　　　——成本　　　　30

借：银行存款等　　　　90

　　贷：应收股利　　　　90

4. 被投资方发生亏损

投资方根据被投资单位亏损计算应承担的份额，作为投资损失，同时调减长期股权投资的账面价值。

【例 1－13】，承【例 1－10】到【例 1－12】，2012 年度，B 公司发生亏损 7 000 万元。

不考虑其他因素，甲公司应作如下会计处理：

借：投资收益　　　　2 100

　　贷：长期股权投资——损益调整　　　　2 100

需要注意，投资方确认被投资单位发生的净亏损，应当以长期股权投资的账面价值以及其他实质上构成对被投资单位净投资的长期权益减记至零为限，投资方负有承担额外损失义务的除外。对于额外的损益义务，按照最佳估计数确认应承担义务金额，符合负债确认条件的，确认为预计负债。

【例 1－14】，承【例 1－10】到【例 1－13】，2013 年度，B 公

司发生亏损9 000万元。假如甲公司没有其他实质上构成对被投资单位净投资的长期权益，也不负有承担额外损失义务。

根据资料，甲公司应当冲减的投资账面金额为2 700万元，但长期股权投资账面价值仅有2 370万元（4 500＋60－90－2 100），因此仅能冲减投资账面价值2 370万元，不足冲减的部分，即330万元应作备查登记。

不考虑其他因素，甲公司应作如下会计处理（单位：万元）：

借：投资收益　　　　　　　　　　　　　　2 370

　　贷：长期股权投资——损益调整　　　　　　　2 370

被投资单位以后实现净利润的，投资方在其收益分享额弥补未确认的亏损分担额后，恢复确认收益分享额。

【例1－15】，承【例1－10】到【例1－14】，2014年度，B公司实现净利润1 200万元。

正常情况下，甲公司应当确认投资收益360万元，但存有尚未确认的投资损失330万元，因此当期确认的投资收益为30万元（360－330）。

不考虑其他因素，甲公司应作如下会计处理（单位：万元）：

借：长期股权投资——损益调整　　　　　　30

　　贷：投资收益　　　　　　　　　　　　　　30

5. 被投资方发生净损益及利润分配之外的所有者权益其他变动

被投资方的所有者权益其他变动变动包括其他综合收益以及其他所有者权益变动。投资方取得长期股权投资后，应当按照应享有或应分担的被投资单位实现的其他综合收益的份额，一方面确认为其他综合收益，另一方面同时调整长期股权投资的账面价值；投资方对于被投资单位除净损益、其他综合收益和利润分配以外所有者权益的其他变动，也应当调整长期股权投资的账面价值，并相应计入所有者权益。

【例1－16】假如甲公司拥有乙公司40%的股权，甲公司作为长期股权投资核算，并采用权益法进行后续计量。2014年度，乙公司针对其可供出售金融资产的公允价值变动，而确认增加资本公积600万元。

不考虑其他因素，甲公司应作如下会计处理（单位：万元）：

借：长期股权投资——所有者权益其他变动　　240

　　贷：其他综合收益[①]　　240

（三）权益法下对于被投资单位净利润的有关调整

前已述及，投资方在取得长期股权投资之后，应当按照应享有或者应承担被投资单位所实现的净利润或所发生的亏损的份额，调整长期股权投资账面价值，并确认为当期投资损益。但是在确认应享有或者应承担相关的损益份额的时候，应当考虑在被投资单位账面净损益的基础上，考虑有关因素的影响而进行相应的调整。以上关于权益法的举例中，所谓被投资方实现的净利润或者发生的亏损，其实准确地说是指"调整后的净利润或者亏损"，只不过前面的示例将此简化处理了。针对被投资单位账面净利润所作出的调整主要涉及以下三种主要情形：

第一种是被投资单位所采用的会计政策或会计期间与投资企业不一致时，应按照投资企业的会计政策与会计期间对被投资单位的财务报表进行调整，其中自然可能涉及对账面净利润的调整。

第二种是投资企业在对被投资单位进行投资时，如果被投资单位有关资产负债的账面价值不等于投资企业所评估的公允价值，那么随后应以投资时被投资单位净资产公允价值为基础进行持续计算的应有结果对被投资单位的账面净损益进行调整。下文将此类调整简称为基于被投资单位净资产公允价值的损益调整。

第三种是对于投资企业与被投资单位之间发生的未实现的内部交易损益应考虑予以抵消。

以下针对第二种和第三种情形分别予以讲述。

---

① 在过去的会计实务中，其他综合收益被计入"资本公积——其他资本公积"，这里改为"其他综合收益"科目，但并不是所有的其他资本公积都是其他综合收益。

1. 基于被投资单位净资产公允价值的损益调整

理论上讲，如果被投资对象在投资期间实现净利润或发生亏损，归根结底都由投资者来分享或者承受，对于投资者而言就是投资的收益或者损失。权益法的精髓就在于将投资双方荣损与共的关联方关系形象地用快捷语言表达出来。于是就有了前面的基本会计处理设计：投资方将按照持股比例计算可分享的利润份额或者应承担的亏损份额，调整长期股权投资账面价值，相应增加或减少投资收益。既然投资者在计算自身应分配的损益份额，自然就应当站在投资方的立场上，由其来认定被投资单位“应当”的净利润或亏损，而不是简单地以被投资单位账面记录的净利润或亏损为依据。投资企业所认定的被投资单位的净利润之所以不同于被投资方账面净利润，原因之一就在于在投资之初，被投资方净资产的公允价值不同于当时的账面价值，由于准则并不要求被投资方将净资产的账面价值调整为公允价值，于是投资企业应当将这个公允价值进行备查登记，随后期间就应以其为依据进行持续计算，得出所谓投资企业认定的被投资单位净利润。为了进一步理解这种方法的处理思路，可以来看一个简单例子：A公司在年初投资于B公司30%的股权，并采用权益法核算，投资时，B公司净资产账面价值为6 000万元，公允价值为7 000万元，两者的差额在于B公司无形资产的账面价值为600万元，而公允价值为1 600万元，进而导致净资产公允价值比账面价值高出1 000万元。假定其他资产、负债账面价值等同于公允价值，而且该无形资产在后续期间按10年采用直线法摊销（不考虑残值）。正如大家所看到的那样，B公司在随后年份，对于该无形资产依然以原账面价值600万元为基础进行摊销，当年摊销额60万元，假设当年B公司实现净利润2 000万元，其中就扣除了无形资产摊销费60万元。现在我们作出假设，如果投资企业A公司把被投资单位B公司的资源吸收合并过来，那么A公司账表上将对该无形资产按照公允价值1 600万元进行计量，以此为基数，当年无形资产的摊销额就应当是160万元了（比B公司自身多计摊销额 100 万元），如此一来，在投资企业 A 公司看来，B 公司的净利润也就被认定为 1 900 万元（2 000 - 100），于是当年 A 公司在确认投资损益时，就按照调整后的净利润 1 900 万元乘以 30% 的持股比例计算而得，即为 570 万元（1 900 × 30%）。会计实务中类似的损益调整还包括固定资产折旧、存货销售成本以及相关资产减值损失的调整等。下面我们通过一个完整示例加以说明。

【例 1 - 17】 甲公司 2014 年 6 月 30 日支付现金 6 000 万元购入乙公司 25% 的股权，能够对乙公司施加重大影响，甲公司将其作为长期股权投资核算，并采用权益法进行后续计量。投资时，乙公司可辨认净资产账面价值为 17 600 万元，公允价值为 20 000 万元，两者之间的差额如表 1 - 1 所示。

表 1 - 1 单位：万元

项目	账面原值	累计折旧或累计摊销	公允价值	乙公司预计使用年限	甲公司投资时的后续使用年限
商品存货	2 000	—	3 000		
固定资产	3 600	1 800	1 400	20	10
无形资产	1 500	600	2 700	15	9

假定乙公司在 2014 年后半年实现净利润 3 000 万元。其中在甲公司进行投资时已有的商品存货有 60% 对外销售出去。固定资产、无形资产均采用直线法计提折旧或摊销，预计净残值为 0，并假定甲公司与乙公司的会计政策与会计期间保持一致，甲公司在根据被投资单位净资产公允价值调整折旧或摊销额时均从 2013 年 7 月 1 日开始计算，不存在其他需要调整的事项，并且不考虑所得税方面的影响。

解析：甲公司在确定其应享有的收益份额时，应当以投资时的被投资单位净资产的公允价值为依据进行持续计算，进而对被投资单位的账面净利润进行调整。有关调整金额如下：

（1）因存货公允价值大于账面价值的差额应调整增加销售成本：

（3 000 - 2 000）×60% = 600（万元）

（2）因固定资产公允价值小于账面价值的差额应调整减少折旧费：

（1 400/10 - 3 600/20）÷2 = -20（万元）

（3）因无形资产公允价值大于账面价值的差额应调整增加摊销费：

（2 700/9 - 1 500/15）÷2 = 100（万元）

（4）调整后的净利润 = 3 000 - 600 + 20 - 100 = 2 320（万元）

（5）甲公司应确认的投资收益 = 2 320 × 25% = 580（万元）

相关会计处理如下（单位：万元）：

借：长期股权投资——损益调整　　580

　　贷：投资收益　　580

2. 基于与联营企业、合营企业之间发生的未实现内部交易损益的调整

根据新准则规定，投资方计算确认应享有或应分担被投资单位的净损益时，与联营企业、合营企业之间发生的未实现内部交易损益按照应享有的比例计算归属于投资方的部分，应当予以抵消，在此基础上确认投资收益。这里主要以投资方与其联营或合营企业之间发生的顺销、逆销交易形成的未实现内部交易损益加以解释。

关于投资双方之间顺销、逆销形成的未实现内部交易损益的调整是大家公认的最难理解一项内容，流行的教科书对此的解释可谓语焉不详。通常只是简单地告诉我们，无论联营或合营企业向投资企业出售资产的逆流交易还是投资企业向联营或合营企业出售资产的顺流交易，在该交易存在未实现的内部交易损益的情况下（也即有关资产尚未向独立的第三方出售出去），应当抵消该未实现内部交易损益的影响。简言之，无论对于顺销还是逆销，只要是未实现的内部交易损益，投资方在计算投资收益时，都需要从被投资方账

面净利润中予以扣除。对此下面通过示例给出进一步的具体解释。

【例1－18】 假如A公司拥有B公司30%的股权，也即B公司是A公司的联营企业，整个2014年度B公司实现净利润900万元，不考虑税收问题。我们分别以下两种情形作出解释。

第一种情形：当年A公司向B公司销售一批商品存货，其成本为800万元，销售价格为1 000万元，当年B公司未将该商品存货对外出售。不考虑其他因素。

第二种情形：B公司向A公司销售商品存货，其成本为800万元，销售价格为1 000万元，当年A公司未将该商品存货对外出售。不考虑其他因素。

首先来看第一种情形，也即顺销。A公司向B销售一批商品存货，获取营业利润200万元，即A公司从B公司那里赚取200万元，但由于A公司拥有B公司30%的所有权，那就相当于“左手”赚“右手”60万元，一方面这60万元的营业利润在某种意义上就属于“虚增”（自己赚取自己的钱不能叫利润），理应予以冲减，另一方面，从被投资方那里赚取的这60万元，就如同变相抽走投资，所以应冲减相应的投资金额。所以合理的观念就形成了，一方面冲减营业利润，另一方面冲减投资。但是这60万元既然已经在A公司账面上作为营业利润存在着，说明符合会计要素的确认计量要求，不能随便冲减，考虑这部分利润是以牺牲对B公司未来期间的利润也即A公司未来期间的“投资收益”为代价的。因此，A公司取得营业利润应当与因此发生的费用损失保持合理的配比关系，即能够在同一个会计期间予以确认，那么就应当将获取该收益而发生的相应的投资损失同时予以确认，于是我们就相对稳妥地改为冲减投资收益，在这里冲减投资收益就是对冲减营业利润的一个变相替代。于是整个下来，正好作出如下会计处理（单位：万元）：

首先，假定不存在该笔内部交易，甲公司应确认投资收益

借：长期股权投资　　　　270

　　贷：投资收益　　　　　270

另一方面，将未实现内部交易损益的影响予以调整

借：投资收益　　60

　　贷：长期股权投资　　60

两笔分录合在一起，即

借：长期股权投资　　［（900－200）×30%］210

　　贷：投资收益　　210

但是在合并财务报表上，更加关注实质重于形式，对个别报表上“用冲减投资收益变相替代冲减营业利润”的做法予以更正，于是我们就在编制合并报表时，在工作底稿上编制一个“更正”的分录：

借：营业收入　　300

　　贷：营业成本　　240

　　　　投资收益　　60

这就相当于把个别报表上的营业利润又还原为合并报表上的投资收益了。

进一步地，如果B公司将该商品对外售出，B公司的净利润当中自然就有了该内部交易损益所产生的影响，A公司所“虚增”的营业利润就可以通过被减少的“投资收益”所纠正，因此就不需要再对被投资单位的净利润作出调整了。

再来看第二种情形，也即逆销。如果是B公司向A公司销售商品存货，其成本为800万元，销售价格为1 000万元，不考虑其他因素。此时B公司当年实现的净利润900万元中已经包含该笔销售形成的利润200万元（不考虑所得税）。对此我们可以作出类似的解释，即依据内部销售利润200万元计算的投资收益是以牺牲投资方未来期间的销售利润为代价取得的，鉴于收益应当与因此而发生的费用、损失达成合理的因果配比，所以两者应当在同一会计期间确认和计量。鉴于该笔存货并没有出售给独立的第三方，则意味着为获得相应投资收益而导致牺牲的销售利润并不能予以确认，所以由其转换的投资收益也不能在当期予以确认，换言之，应当在计算

投资收益时从B公司净利润中扣减该未实现的内部交易损益。另一方面，投资企业向被投资单位支付的200万元中，有归属于其自身的份额60万元，实际上就是变相的“投资”，但考虑这已经在投资企业账上作为“存货”的一部分了，如果再增计“投资”，就会导致资产的虚增。似乎合理的做法应当是，冲减存货，增加投资，但这将破坏存货的历史成本记账基础，于是我们就把存货当作是投资的替代，而不再增计投资了。综合考虑这些方面，于是个别报表上作如下会计处理（单位：万元）：

借：长期股权投资　　　［（900－200）×30%］210

　　贷：投资收益　　　　　　　　　　　　　　210

相反地，如果A公司将该笔商品外销出去，则意味着被减少了的销售利润已经体现在账面上，对应的投资收益30万元也应当同期予以确认，换言之，就不需要对B公司的净利润调减200万元计算投资收益了。

再来考虑合并报表编制问题。在本例中，A公司通过顺销而向B公司输送的利益200万元中，有多少属于投资企业的权益呢？那就是60万元。这归属于投资企业的权益份额60万元本质上就成为变相的投资了，但这60万元在个别报表上并没有叫“投资”，而被叫成了“存货”，于是就可以在合并报表上对此进行“纠正”，即在编制合并报表工作底稿时作如下调整分录（单位：万元）：

借：长期股权投资　　　　　　　　　　60

　　贷：存货　　　　　　　　　　　　　　60

五、长期股权投资会计处理方法的转换

长期股权投资在整个投资期间，可能因为持股比例变化等原因，导致对被投资单位的影响程度发生改变，也进而导致对相关的会计核算方法发生改变，甚至导致原投资不再作为长期股权投资核算，或者发生相反的情形。具体可分为以下几种转换情形：

情形1：追加投资，导致投资企业能够对被投资单位施加重大影响或实施共同控制。

情形2：追加投资，导致投资企业能够对被投资单位实施控制。

情形3：处置部分股权，导致投资企业丧失了对被投资单位的共同控制或重大影响。

情形4：处置部分股权，导致投资企业丧失了对被投资单位的控制。

针对以上四种基本情形，在这次会计准则修订之前，这四种情形“各自为政”，各有不同的会计处理办法，其中没有什么逻辑规律和标准化的思维可言。这让大家感到十分困惑，笔者仔细揣摩个中缘由，似乎可以看出准则制定者在这方面的纠结和“深层考虑”。比如，出于整个财务会计概念框架内在的一致性而作出的选择，以及合并报表与个别报表信息在重要性方面的取舍，云云。好在这些令人莫名其妙的不同做法已经成为“历史”，在新修订的会计准则当中，大家可以看到相对思路比较清晰、内在逻辑比较一致的处理规范。下面就对以上四种情形分别述之。

（一）追加投资，导致投资企业能够对被投资单位施加重大影响或实施共同控制

这里是指投资企业持有的原股权投资对于被投资单位不具有控制、共同控制与重大影响，随后由于增持股权投资等原因，开始能够对被投资单位施加重大影响或实施共同控制了，于是，整个投资在随后就要开始采用权益法进行后续计量。但这里并不排除，即便没有追加股权投资，原持有的股权投资依然可能会由于其他特殊原因而导致投资企业能够对被投资单位施加重大影响或实施共同控制，这样，原股权投资也需要开始采用权益法进行后续计量。

根据新准则的规定，投资方因追加投资等原因能够对被投资单位施加重大影响或实施共同控制但不构成控制的，应当按照《企业会计准则第22号——金融工具确认和计量》确定的原持有的股权投资的公允价值加上新增投资成本之和，作为改按权益法核算的初始投资成本。原持有的股权投资分类为可供出售金融资产的，其公允价值与账面价值之间的差额，以及原计入其他综合收益的累计公允价值变动应当转入改按权益法核算的当期损益。

需要注意的是，在新准则背景之下，如果投资企业对于被投资单位不具有重大影响或不能实施共同控制的，该股权投资则不属于“长期股权投资”核算范畴了，而是被认定为一般性的金融资产，比如被作为“可供出售金融资产”或“交易性金融资产”核算。这里就相当于把“可供出售金融资产”或“交易性金融资产”改变为“长期股权投资”，并采用权益法进行后续计量，此时，“长期股权投资”的初始入账成本如何确定呢？思路已经变得比较简单易懂，就相当于把“金融资产”进行了“处置”（终止确认），而换取了“长期股权投资”一样，被“处置”的金融资产的公允价值就成为取得“长期股权投资”而支付的对价。所以“长期股权投资”就按照转换时所持股权的公允价值进行“初始”计量，这不仅显得科学合理，而且逻辑上十分“自然”。至于被“处置”的金融资产，其公允价值与账面价值的差额就如同金融资产的“买卖价差”，自然而然地确认为“投资收益”。与处置可供出售金融资产的处理保持应有的一致性，原来因可供出售金融资产公允价值变动而计入资本公积的部分也要随着其“处置”，转化为当期损益。由此及彼，尽管准则上没有明确说明，对于交易性金融资产而言，原来因该金融资产的公允价值变动而形成“公允价值变动损益”，似乎也应当随着该投资的“处置”而转化为“投资收益”，只不过这个转换有些偏重于“形式”而非“实质”，即所谓的“持产利得”转化成已“实现”了的收益。

【例 1 – 19】 甲公司在 2012 年初在活跃市场中购买了乙公司公开发行和流通转让的股票 1 200 万股，支付价款 4 800 万元，占乙公司全部表决权股份的 6%，公司将其作为“可供出售金融资产”核算。截止到 2013 年 12 月 31 日，该项金融资产账面价值为 5 760 万元，其中公允价值变动净额为 960 万元。2014 年 3 月 10 日，甲公司又在公开市场上购买乙公司股票3 600万股，并按其当时的公允市价即每股5元的价格支付全部股款。至此，甲公司持有乙公司发行在外具有表决权的权益份额为24%，并能够对乙公司施加重大影响。甲公司自此之后开始采用权益法核算。

解析：对于追加投资，仍按照实际支付的公允价值入账，相应的会计处理为（单位：万元）：

借：长期股权投资——成本 18 000

贷：银行存款 18 000

对于原股权，则按照追加投资时的公允价值转换为“长期股权投资”，即

借：长期股权投资——成本 6 000

其他综合收益[①] 960

贷：可供出售金融资产——成本 4 800

——公允价值变动 960

投资收益 1 200

改按权益法核算时的长期股权投资的初始投资成本为24 000万元。

由于追加投资后，长期股权投资开始采用权益法进行后续计量，对于上述由原投资与追加投资共同确定的初始投资成本，随后应当将该初始投资成本与按照追加投资后的整个投资持股比例计算确定的应享有被投资方可辨认净资产公允价值的份额相比较，如果前者大于后者，则投资成本保持该初始投资成本不变，如果前者小于后者，则差额应当调整整个长期股权投资的账面价值，同时计入当期损益（营业外收入）。

（二）追加投资，导致投资企业能够对被投资单位实施控制

投资方因追加投资等原因能够对非同一控制下的被投资单位实施控制的，在编制个别财务报表时，应当按照原持有的股权投资账

① 该科目原来的称谓是“资本公积——其他资本公积”。

面价值加上新增投资成本之和，作为改按成本法核算的初始投资成本。购买日之前持有的股权投资因采用权益法核算而确认的其他综合收益，应当在处置该项投资时采用与被投资单位直接处置相关资产或负债相同的基础进行会计处理。购买日之前持有的股权投资按照《企业会计准则第22号——金融工具确认和计量》的有关规定进行会计处理的，原计入其他综合收益的累计公允价值变动应当在改按成本法核算时转入当期损益。在编制合并财务报表时，应当按照《企业会计准则第33号——合并财务报表》的有关规定进行会计处理。具体解释如下：

第一，对于购买日之前持有的股权作为长期股权投资，并采用权益法核算的，对于新增投资，仍然按照通过除了企业合并之外的其他方式取得的长期股权投资一样进行处理，一般按照所支付对价的公允价值作为新增投资的入账价值，而对于原投资，则保持其现有的账面价值不动，原投资的账面价值与新增投资所支付对价公允价值之和即为在购买日的全部投资的初始投资成本，并在此基础上，投资企业个别报表上开始采用成本法进行后续计量。至于原投资在采用权益法核算的期间，针对被投资单位其他综合收益变动作出调整而形成的投资企业的其他综合收益（多年来被并入“资本公积——其他资本公积“核算），在开始转为成本法进行后续计量时并不作出处理，等到处置该项投资时再采用与被投资单位直接处置相关资产或负债相同的基础进行会计处理。这一提法具有较大的回旋余地，毕竟当前会计准则关于其他综合收益方面的处理还处于不断调整当中。

第二，对于购买日之前持有的股权投资按照《企业会计准则第22号——金融工具确认和计量》的有关规定进行会计处理的，原计入其他综合收益的累计公允价值变动应当在改按成本法核算时转入当期损益。同样地，在追加投资时，新增投资直接作为长期股权投资核算，并按照所支付对价的公允价值为基础确定其入账价值，而对于原投资，由于在追加投资前是作为一般性金融资产来核算的，比如作为“可供出售金融资产”或者“交易性金融资产”，如果对照准则条款，不难发现此时仍然是按照它们现有的账面价值（由于该类金融资产应采用公允价值进行后续计量，而可能导致该现有账面价值等于转换日时的公允价值）将其从“可供出售金融资产”或“交易性金融资产”转化为“长期股权投资”核算，原投资的现有账面价值加上新增投资的成本即为在购买日的全部投资的初始投资成本，随后开始在个别报表上采用成本法进行后续计量。与采用权益法核算的原投资有所不同的是，对于原投资在转化为成本法核算的长期股权投资之前，原计入其他综合收益的累计公允价值变动（在现行会计实务中，主要是指可供出售金融资产的公允价值变动形成的其他综合收益）应当在改按成本法核算时转入当期损益。

【例1－20】 A公司在2012年10月以2 000万元取得B公司5%的股权，对B公司不具有重大影响，A公司将其作为可供出售金融资产核算，并假定每年末采用公允价值进行后续计量。2012年12月31日，所持有B公司的股权的公允价值上升到2 300万元，2013年12月31日，所持有B公司股权进一步上升到2 700万元。2014年3月10日，A公司又斥资30 000万元增持B公司50%的股权，至此整个持股比例为55%，B公司成为A公司的子公司，假如属于同一控制下的企业合并。原持有的B公司5%的股权的公允价值为3 000万元。

解析：购买日，A公司所原持有B公司5%的股权应当将其账面价值从“可供出售金融资产”转化为“长期股权投资”。A公司在个别报表上对于原投资应作如下会计处理（单位：万元）：

借：长期股权投资　　2 700

　　贷：可供出售金融资产——成本　　2 000

　　　　　　　　　　　　——公允价值变动　　700

同时，将其他综合收益（原来通过“其他资本公积”核算）转化为投资收益，即

借：其他综合收益　　　　　　　　　　　　　　700
　　贷：投资收益　　　　　　　　　　　　　　　　700

对于新增投资，依然按支付的公允价值入账，即

借：长期股权投资　　　　　　　　　　　　30 000
　　贷：银行存款等　　　　　　　　　　　　　　30 000

即在购买日，全部长期股权投资的初始投资成本为32 700万元（30 000 +2 700）。

这里可能存在的争议在于可供出售金融资产在转化为长期股权投资时，要不要首先对作为一般金融资产核算的投资按照其在转换日的公允价值进行计量，对于本例而言，即是否将可供出售金融资产的账面价值首先调整为转换日的公允价值，然后再将其转化为长期股权投资。这种想法的确是比较合理的，而且不排除下一步的改革会有如此考虑，但对照现行的准则条款，笔者认为大可不必，毕竟对于子公司的投资在个别报表上是"从简"处理的，没有必要作出大量调整，因为在合并报表会提供更加规范的相关信息。

第三，在编制合并财务报表时，应当按照《企业会计准则第33号——合并财务报表》的有关规定进行会计处理。具体规定如下：

企业因追加投资等原因能够对非同一控制下的被投资方实施控制的，在合并财务报表中，对于购买日之前持有的被购买方的股权，应当按照该股权在购买日的公允价值进行重新计量，公允价值与其账面价值的差额计入当期投资收益；购买日之前持有的、被购买方的股权涉及权益法核算下的其他综合收益等的，与其相关的其他综合收益等应当转为购买日所属当期损益。

【例1－21】2013年1月1日，甲公司斥资5 000万元购买乙公司22%的股权，能够对乙公司产生重大影响，甲公司作为长期股权投资核算，并采用权益法进行后续计量。当日乙公司可辨认净资产的公允价值为20 000万元。2013年度乙公司实现净利润3 000万元（假定不需要作出任何调整），并因其持有的可供出售金融资产公允

价值上升而确认资本公积600万元，假定除此之外，乙公司账面所有者权益不存在其他方面的变动。2014年1月1日，甲公司又斥资9 000万元购买乙公司另外30%的股权，自此乙公司成为甲公司的子公司，属于非同一控制下的企业合并。购买日，乙公司全部股权的公允价值为30 000万元。

解析：对于追加投资而达到企业合并时，下面分别甲公司编制的个别报表以及甲公司要编制的合并报表进行如下会计处理（单位：万元）：

（1）甲公司个别报表上作的相关会计处理。

追加投资时：

借：长期股权投资　　9 000

　　贷：银行存款　　9 000

购买日，个别报表上长期股权投资的账面价值总额为：

[5 000 +（3 000 + 600）×22%] + 9 000 = 5 792 + 9 000 = 14 792（万元）

（2）甲公司在合并报表上作的处理。

合并成本 = 30 000 × 22% + 9 000 = 15 600（万元）

原投资按公允价值调整：

借：长期股权投资　　（30 000 × 22% − 5 792）808

　　贷：投资收益　　808

原投资涉及的其他综合收益转化为当期损益：

借：其他综合收益　　（600 × 22%）132

　　贷：投资收益　　132

（三）处置部分股权，导致投资企业丧失了对被投资单位的共同控制或重大影响

根据新准则的有关规定，投资方因处置部分股权投资等原因丧失了对被投资单位的共同控制或重大影响的，处置后的剩余股权应当改按《企业会计准则第22号——金融工具确认和计量》核算，其在丧失共同控制或重大影响之日的公允价值与账面价值之间的差额计入当期损益。原股权投资因采用权益法核算而确认的其他综合收益，应当在终止采用权益法核算时采用与被投资单位直接处置相关资产或负债相同的基础进行会计处理。

【例1-22】 2012年1月初，甲公司斥资8 000万元购买乙公司40%的股权，能够和其他方共同控制乙公司，即乙公司是甲公司的合营企业。甲公司将该投资作为长期股权投资核算，并采用权益法进行后续计量。该日乙公司可辨认净资产公允价值为18 000万元。截至2013年12月31日，甲公司针对乙公司实现的净利润而调增长期股权投资账面价值（计入“长期股权投资——损益调整”科目借方）1 200万元，针对乙公司可供出售金融资产公允价值上升而调增投资份额（计入“长期股权投资——其他所有者权益变动”科目借方）300万元。2014年3月1日，甲公司将所持有乙公司股份的80%转让，股权转让所得为9 600万元。甲公司尚保留乙公司8%的股权，不再对乙公司共同控制，也不存在重大影响，甲公司按规定将剩余股权转换为“可供出售金融资产”加以核算，该剩余股权在转换日的公允价值为2 400万元。

解析：甲公司在丧失对乙公司的共同控制和重大影响时应作如下会计处理（单位：万元）：

（1）出售大部分股权。

借：银行存款	9 600	
贷：长期股权投资——成本		6 400
——损益调整		960
——其他权益变动		240
投资收益		2 000

（2）剩余股权作为可供出售金融资产核算。

借：可供出售金融资产	2 400	
贷：长期股权投资——成本		1 600
——损益调整		240
——其他权益变动		60

投资收益 500

（3）原股权投资因采用权益法核算而确认的其他综合收益予以转销，计入当期损益。

借：其他综合收益 300

贷：投资收益 300

（四）处置部分股权，导致投资企业丧失了对被投资单位的控制

新准则规定，投资方因处置部分权益性投资等原因丧失了对被投资单位的控制的，在编制个别财务报表时，处置后的剩余股权能够对被投资单位实施共同控制或施加重大影响的，应当改按权益法核算，并对该剩余股权视同自取得时即采用权益法核算进行调整；处置后的剩余股权不能对被投资单位实施共同控制或施加重大影响的，应当改按《企业会计准则第 22 号——金融工具确认和计量》的有关规定进行会计处理，其在丧失控制之日的公允价值与账面价值间的差额计入当期损益。在编制合并财务报表时，应当按照《企业会计准则第 33 号——合并财务报表》的有关规定进行会计处理。

对于以上规定，具体解释如下：

第一，因处置投资导致对被投资单位的影响能力由控制转为具有重大影响或是与其他投资方一起实施共同控制的情况下，准则修订前后没有什么变化，无论合并报表还是个别报表上的相关处理都比较中规中矩。在个别报表上，首先对于所处置的部分投资，自然按照处置或收回投资的比例终止确认相应的股权投资成本。其次，对于剩余的仍然对被投资单位实施共同控制或者施加重大影响的股权投资，会计处理思路比较规范，即视同为会计政策变更，相关规定其实就是要求采取追溯调整法进行调整。

【例 1－23】 自 2012 年初，A 公司开始取得 B 公司 100% 的股权，初始投资成本为 6 000 万元，当时 B 公司可辨认净资产公允价值为 5 200 万元；截至 2013 年末，B 公司按被购买日的公允价值持续计算的净利润为 700 万元，可供出售金融资产公允价值上升导致资本公积增加 300 万元，别无其他所有者权益变化；2014 年初，A 公司转让出 B 公司 60% 的股权，转让所得为 4 800 万元，继续持有其 40% 的股权，并失去了对于 B 公司的控制权，还能对 B 公司施加重大影响。假定两公司的盈余公积计提比例均为 10%，不考虑其他可能影响因素。

解析：对于个别报表，确认出售投资部分的投资收益为 1 200 万元（4 800 - 6 000 × 60%），并将剩余投资按照权益法调整为 2 800万元（6 000 ×40% +1 000 ×40%）。具体会计处理如下（单位：万元）：

（1）出售部分股权。

借：银行存款	4 800	
贷：长期股权投资		3 600
投资收益		1 200

（2）剩余股权投资改按权益法进行追溯调整。

借：长期股权投资	400	
贷：盈余公积		28
利润分配——未分配利润		252
资本公积——其他资本公积		120

调整后的剩余股权的账面价值为

（6 000 - 3 600） + 400 = 2 800（万元）

第二，处置后的剩余股权不能对被投资单位实施共同控制或施加重大影响的，应当改按《企业会计准则第 22 号——金融工具确认和计量》的有关规定进行会计处理，其在丧失控制之日的公允价值与账面价值间的差额计入当期损益。这其实意味着该股权投资发生“性质”的改变，从“长期股权投资”转变成“可供出售金融资产”或“交易性金融资产”等一般性的金融资产，这些金融资产要求采用公允价值进行初始计量。此时对于剩余股权而言，依然视同为“处置”，并同时将处置所得“购入”金融资产。如此一来，相关会计处理就已经昭然若揭。

【例1-24】 2012年初，甲公司斥资15 000万元购买乙公司80%的股权，能够控制乙公司，即乙公司是甲公司的子公司。由于个别报表上甲公司对乙公司的投资采用成本法核算，所以投资期间不会因被投资单位的所有者权益的变动而作出调整。2014年3月1日，甲公司将所持有乙公司股份的80%转让，股权转让所得为16 000万元。甲公司尚保留乙公司16%的股权，进而失去了对乙公司的控制权，同时也无法对乙公司实施共同控制或施加重大影响。甲公司按规定将剩余股权转换为“可供出售金融资产”加以核算，该剩余股权在转换日的公允价值为4 000万元。

解析：甲公司在丧失对乙公司的控制时作如下会计处理（单位：万元）：

（1）出售大部分股权。

借：银行存款	16 000	
贷：长期股权投资		12 000
投资收益		4 000

（2）剩余股权作为可供出售金融资产核算。

借：可供出售金融资产	4 000	
贷：长期股权投资		3 000
投资收益		1 000

第三，既然因处置部分股权而丧失了对某子公司的控制权，其就不应再纳入合并财务报表范围，即意味着该子公司在当期被移出合并报表，而投资企业还可能存在别的子公司，因此在当期该投资企业仍然需要编制合并报表，只不过新的合并报表已经不再包括被处置的子公司。根据合并财务报表准则的规定，企业因处置部分股权投资等原因丧失了对被投资方的控制权的，在编制合并财务报表时，对于剩余股权，应当按照其在丧失控制权日的公允价值进行重新计量。处置股权取得的对价与剩余股权公允价值之和，减去按原持股比例计算应享有原有子公司自购买日或合并日开始持续计算的净资产的份额之间的差额，计入丧失控制权当期的投资收益，同时

冲减商誉。与原有子公司股权投资相关的其他综合收益等，应当在丧失控制权时转为当期投资收益。

【例1－25】 承【例1－23】，假定甲公司在丧失对乙公司的控制权的时候，所持有B公司40%的剩余股权的公允价值为3 200万元。其他资料不变，并且不考虑其他可能影响因素。

解析：合并报表上应确认的投资收益为

（4 800＋3 200）－［6 000＋（700＋300）］＋300＝1 300（万元）

可能有人会对上述“冲减商誉”的提法不太理解，下面我们就“刻板”地对照准则条款，对上式作一改动，就可以看得比较清楚了，即

合并报表确认的相关投资收益＝（4 800＋3 200）－［5 200＋（700＋300）］－（6 000－5 200）＋300＝1 300（万元）

对于该改动后的式子，就可以套用准则条款逐字逐句表述为：

“处置股权取得的对价”（4 800万元）与“剩余股权公允价值”（3 200万元）之和，减去“按原持股比例计算应享有的原有子公司自购买日开始持续计算的净资产的份额”（5 200＋700＋300），同时冲减“商誉”（6 000－5 200），为计入丧失控制权当期的“投资收益”（即为1 000万元），与原有子公司股权投资相关的其他综合收益（300万元），应当在丧失控制权时转为当期“投资收益”（增加300万元）。综合在一起，即合并报表确认的投资收益为1 300万元。

至于投资时形成的合并商誉800万元（6 000－5 200），如果被包含在投资成本6 000万元之内一并冲减，自然就无须再进行单独处理。

在合并报表上，相关调整可以通过以下会计处理来完成（单位：万元）：

（1）对剩余股权投资按照丧失控制权日的公允价值进行调整”。即

借：长期股权投资　　3 200
　　贷：长期股权投资　　2 800
　　　　投资收益　　400

（2）将属于以前年度的收益420万元（700×60%）转化为期初未分配利润。即

借：投资收益　　420
　　贷：未分配利润——年初　　420

（3）剩余股权投资所对应的资本公积120万元（300×40%）予以转出。即

借：资本公积——其他资本公积　　120
　　贷：投资收益　　120

经过上述处理，结合个别报表上的处理（见【例1－23】），可以验证合并报表上确认的相关投资收益最终为：

1 200＋400－420＋120＝1 300（万元）

六、新准则的影响与应对

实施新的长期股权投资会计准则之后，由于长期股权投资的核算范围发生变化，原来公司持有的不具有控制、共同控制和重大影响，而且活跃市场上没有报价、公允价值不能可靠计量的权益性投资将执行《企业会计准则第22号——金融工具确认和计量》，即作为一般性的金融工具进行确认和计量，其计量属性将发生改变，这就可能在后续计量过程中对公司资产状况与各期损益计算产生影响，进而可能影响到公司的资本结构设计和绩效评价过程。建议公司一方面本着实质重于形式原则，严格按照新准则进行核算，同时能够合理预期采用新准则对公司资产状况和各期损益指标的影响以及由此引发的资本市场效应，并在利用这些指标的时候能够作出符合决策与评价设计初衷的调整和判断。

第二讲　企业会计准则第9号——职工薪酬（修订）

一、新旧准则差异对比

（一）提出了职工薪酬的分类方法

原准则对职工薪酬没有分类，侧重于短期薪酬的核算方法。新准则将职工薪酬划分为短期薪酬、离职后福利、辞退福利和其他长期职工福利四种类型，并对不同类型的职工薪酬提供了具体的确认和计量方法。

（二）规定了带薪缺勤和利润分享计划的核算方法

原准则对于带薪缺勤和利润分享计划两种方式职工薪酬的会计核算并没有明确的规定。新准则对实务中比较普遍的带薪缺勤和利润分享计划提供了具体的确认和计量方法。

（三）引入了设定受益计划的核算方法

原准则没有规定设定受益计划的核算方法，原因是我国目前养老金基本上都实施设定提存计划。随着我国社会保障体系的不断加强和完善，企业正在逐步引入设定受益计划，为此新准则首次引入了设定收益计划的确认和计量方法，从而恰当地体现了不同性质离职后福利对企业承担负债金额的影响，也保持了与国际财务报告准则的趋同。

（四）提出了其他长期福利的会计处理

原准则没有考虑其他长期福利的会计处理方法。新准则考虑到实务中企业对职工提供薪酬的种类繁多，因而在列举常见的短期薪酬、离职后福利和辞退福利的基础上，增加其他长期福利的核算方法，从而有助于包含所有实务中可能遇到的职工薪酬形式。

（五）完善了职工薪酬的披露方法

原准则对职工薪酬的披露规定非常简单。新准则强化了对各种类型职工薪酬的披露方法，要求企业对各类职工薪酬的性质、金额和计算依据等进行充分披露，特别是对设定受益计划，企业应当披露该计划的特征、风险、精算假设、金额变动、敏感性分析等重要信息。

二、职工薪酬的含义及分类

（一）职工薪酬的定义

职工薪酬，是指企业为获得职工提供的服务或解除劳动关系而给予的各种形式的报酬或补偿。

（二）职工薪酬的特点

1. 职工包括所有为企业提供服务的人员。职工的范畴非常广泛，既包括与企业订立劳动合同的所有人员，含全职、兼职和临时职工；也包括虽未与企业订立劳动合同但由企业正式任命的人员，比如公司任命的董事会和监事会成员；还包括未与企业订立劳动合同或未由其正式任命，但向企业所提供服务与职工所提供服务类似的人员，比如企业通过与劳务中介公司签订用工合同而向企业提供服务的人员。

2. 职工薪酬既包括提供给职工本人的各种报酬和补偿，还包括企业提供给职工配偶、子女、受赡养人、已故员工遗属及其他受益人等的福利。因为这些提供给职工亲属的福利本质上与职工为企业提供服务有关，因而也属于职工薪酬的范畴。

3. 企业为职工提供各种薪酬的原因有两个：一是为了获取职工为企业提供服务而提供报酬，比如企业支付给职工的工资和奖金；二是为了解除与职工的劳动关系而给予的补偿，比如企业提前与职工解约而给予职工的补偿。

4. 职工薪酬的形式多样，既包括支付给职工的货币性薪酬，比如工资；也包括提供给职工的非货币性福利，比如为职工提供健康体检；还包括为职工支付的各种社会保险，比如为职工定期缴纳的养老保险和医疗保险。

三、职工薪酬的类型

职工薪酬具体包括短期薪酬、离职后福利、辞退福利和其他长期职工福利四种类型。

（一）短期薪酬

短期薪酬，是指企业在职工提供相关服务的年度报告期间结束后 12 个月内需要全部予以支付的职工薪酬，因解除与职工的劳动关系给予的补偿除外。

（二）离职后福利

离职后福利，是指企业为获得职工提供的服务而在职工退休或与企业解除劳动关系后，提供的各种形式的报酬和福利，短期薪酬和辞退福利除外。

（三）辞退福利

辞退福利，是指企业在职工劳动合同到期之前解除与职工的劳动关系，或者为鼓励职工自愿接受裁减而给予职工的补偿。

（四）其他长期福利

其他长期职工福利，是指除短期薪酬、离职后福利、辞退福利之外所有的职工薪酬，包括长期带薪缺勤、长期残疾福利、长期利润分享计划等。

四、短期薪酬的核算

（一）短期薪酬的核算内容

短期薪酬是职工薪酬的主要形式，一般在职工提供服务的当期或下一期间予以支付。短期薪酬具体包括：职工工资、奖金、津贴和补贴，职工福利费，医疗保险费、工伤保险费和生育保险费等社会保险费，住房公积金，工会经费和职工教育经费，短期带薪缺勤，短期利润分享计划，非货币性福利以及其他短期薪酬。

1. 职工工资、奖金、津贴和补贴

职工工资、奖金、津贴和补贴统称为职工工资总额，是指按照国家有关规定构成职工工资总额的计时工资、计件工资、各种因职工超额劳动报酬和增收节支而支付的奖金、为补偿职工特殊贡献或额外劳动而支付的津贴、为保证职工工资水平不受物价影响而支付给职工的物价补贴、交通补贴、通讯补贴、住房补贴等。

2. 职工福利费

职工福利费，是指职工因工负伤赴外地就医路费、职工生活困难补助、未实行医疗统筹企业的职工医疗费用、离退休人员统筹外费用，以及按规定发生的其他职工福利支出。

3. 社会保险费

社会保险费，是指企业按照国家规定的基准和比例计算，并向社会保障经办机构缴纳的医疗保险费、工伤保险费和生育保险费等。

4. 住房公积金

住房公积金，是指企业按照国家有关规定的基准和比例计算，并向住房公积金管理机构缴存的住房公积金。

5. 工会经费和职工教育经费

工会经费和职工教育经费，是指为改善职工文化生活、为职工学习先进技术和提高文化水平和业务素质，用于开展工会活动和职工教育及职业技能培训等的相关支出。

6. 非货币性福利

非货币性福利，是指企业以自产产品或外购商品发放给职工作为福利，或者将自己拥有的资产或租赁的资产无偿提供给职工使用，比如企业向高级管理人员提供住房供其使用，免费为职工无偿提供医疗保健服务，或向职工提供企业支付了一定补贴的商品或服务等。

7. 带薪缺勤

带薪缺勤，是指企业支付工资或提供补偿的职工缺勤，包括年休假、病假、短期伤残、婚假、产假、丧假、探亲假等。

8. 利润分享计划

利润分享计划，是指因职工提供服务而与职工达成的基于利润或其他经营成果提供薪酬的协议。

9. 其他短期薪酬

其他短期薪酬，是指除以上形式之外的在职工提供相关服务的年度报告期间结束后一年内全部予以支付的职工薪酬。

（二）短期薪酬的确认

1. 短期薪酬确认的具体原则

企业应当在职工为其提供服务的会计期间，将实际发生的短期薪酬确认为负债，并计入当期损益或资产成本。

2. 短期薪酬的具体确认方法

短期薪酬的确认应当根据职工所在部门及工作性质进行确认，具体来说：

（1）企业生产产品或提供劳务部门的职工薪酬，应当计入产品成本或劳务成本，在相关收入确认时再结转至当期营业成本。

（2）企业管理部门的职工薪酬，应当直接计入当期管理费用。

（3）企业单设销售机构的职工薪酬，应当直接计入当期销售费用。

（4）企业工程部门、研发部门的职工薪酬，如果符合资本化条件，应当予以资本化，计入固定资产或无形资产的初始成本。

（三）短期薪酬的计量方法

1. 货币性职工薪酬的计量方法

货币性职工薪酬，包括企业以货币形式支付给职工或为职工支付的工资、奖金、津贴和补贴、社会保险、住房公积金、工会经费以及职工教育经费等。对于货币性职工薪酬的计量，应当根据有关规定确定的实际发生额计入当期损益或相关资产成本。需要注意的是，职工福利费不再按照职工工资的14%计提，而和其他货币性职工薪酬相同，按照实际发生额进行计量。

企业一般于每月期末，按照货币性职工薪酬的实际发生额，贷记“应付职工薪酬”科目，并根据职工所在部门和提供服务的受益对象，借记当期损益或相关资产科目。

【例2－1】甲公司2×14年9月份的职工薪酬明细表如表2－1所示，假定甲公司职工的医疗保险费、住房公积金、工会经费和职工教育经费分别按照基本工资的10%、5%、2%和1.5%提取。

甲公司职工薪酬明细表

表2－1　　**2×14年9月**　　单位：元

薪酬 部门	基本工资	医疗保险费（10%）	住房公积金（5%）	工会经费（2%）	职工教育经费（1.5%）	合计
基本生产部门	100 000	10 000	5 000	2 000	1 500	118 500
车间管理部门	20 000	2 000	1 000	400	300	23 700
行政管理部门	80 000	8 000	4 000	1 600	1 200	94 800
财务部门	30 000	3 000	1 500	600	450	35 550
销售部门	50 000	5 000	2 500	1 000	750	59 250
合计	280 000	28 000	14 000	5 600	4 200	331 800

2×14年9月30日，甲公司计算分配当月职工薪酬，并编制下列会计分录：

借：生产成本　　　　　　　　　　　　　118 500
　　制造费用　　　　　　　　　　　　　　23 700
　　管理费用　　　　　　　　　　　　　130 350
　　销售费用　　　　　　　　　　　　　　59 250
　　贷：应付职工薪酬——工资　　　　　　　　280 000
　　　　　　　　　　——社会保险费　　　　　28 000
　　　　　　　　　　——住房公积金　　　　　14 000
　　　　　　　　　　——工会经费　　　　　　5 600
　　　　　　　　　　——职工教育经费　　　　4 200

企业在实际支付货币性职工薪酬时，应当按照实际应支付给职工的金额，借记“应付职工薪酬”科目；按照实际支付的金额，贷记“银行存款”或“库存现金”科目；将企业代扣代缴的职工个人所得税，贷记“应交税费——应交个人所得税”科目；将企业代扣代缴的医疗保险费、住房公积金等，贷记“其他应付款”科目。

【例 2-2】2×14 年 5 月 15 日，甲公司实际发放当月职工工资。根据甲公司职工薪酬计算表，甲公司本月应付职工工资总额为 280 000 元，其中应由公司代扣代缴的个人所得税为 50 000 元，应由公司代扣代缴的职工社会保险费和住房公积金为 60 000 元，其余金额已经通过银行转账支付。

甲公司应当在实际支付职工薪酬时编制以下会计分录：

借：应付职工薪酬　　　　　　　　　　　280 000
　　贷：银行存款　　　　　　　　　　　　　170 000
　　　　应交税费——应交个人所得税　　　　　50 000
　　　　其他应付款　　　　　　　　　　　　　60 000

2. 非货币性职工薪酬的计量

在某些情况下，企业会以非货币性资产的形式向职工支付薪酬。企业发放的非货币性职工薪酬应当以公允价值为基础进行计量。具体来说包括以下几种情形：

（1）企业以自产产品或外购商品发放给职工作为职工福利。企业将自产产品作为非货币性福利发放给职工时，应当按照该产品的公允价值和相关税费进行计量；企业将外购商品作为非货币性福利发放给职工时，应当按照企业购买该商品的公允价值和相关税费进行计量。

【例2-3】 甲公司生产平板电脑，共有职工60人。2×14年2月，甲公司决定向每位职工发放一台其生产的平板电脑作为职工福利。已知甲公司生产一台平板电脑的成本为每台2 000元，售价为每台3 000元（不含税）。甲公司适用的增值税税率为17%。假定甲公司的职工中直接参加生产的职工有30人、车间管理人员有5人、销售人员有10人、行政管理人员有15人。

分析：本例中，甲公司以自产产品作为非货币性福利发放给职工，应当以产品的售价（即公允价值）加上增值税的销项税额来计量应付职工薪酬，同时确认产品销售收入，并结转产品销售成本。

该批产品的公允价值加相关税费合计 = 3 000 × 60 ×（1 + 17%）= 210 600（元）

计入生产成本的非货币性福利 = 210 600 × 30 ÷ 60 = 105 300（元）

计入制造费用的非货币性福利 = 210 600 × 5 ÷ 60 = 17 550（元）

计入销售费用的非货币性福利 = 210 600 × 10 ÷ 60 = 35 100（元）

计入管理费用的非货币性福利 = 210 600 × 15 ÷ 60 = 52 650（元）

该批产品的成本 = 2 000 × 60 = 120 000（元）

具体的账务处理如下：

甲公司确认向职工发放平板电脑作为职工福利时：

借：生产成本	105 300
制造费用	17 550
销售费用	35 100
管理费用	52 650

贷：应付职工薪酬——非货币性福利 210 600

甲公司向职工实际发放平板电脑时：

借：应付职工薪酬 210 600

贷：主营业务收入 180 000

应交税费——应交增值税（销项税额） 30 600

同时结转该批产品成本：

借：主营业务成本 120 000

贷：库存商品 120 000

【例 2-4】 2×14 年 9 月，甲公司决定购买 30 件服装作为福利发放给职工。甲公司共有职工 30 人，其中，生产职工 10 人，车间管理人员 5 人，行政管理人员 8 人，单设销售机构人员 7 人。购买该批商品所支付的价款合计为 30 000 元。

分析：本例中，甲公司外购服装作为非货币性福利发放给职工，应当以该批服装的买价（公允价值）加上相关税费计入相关成本费用。

计入生产成本的非货币性福利 = 30 000 × 10 ÷ 30 = 10 000（元）

计入制造费用的非货币性福利 = 30 000 × 5 ÷ 30 = 5 000（元）

计入管理费用的非货币性福利 = 30 000 × 8 ÷ 30 = 8 000（元）

计入销售费用的非货币性福利 = 30 000 × 7 ÷ 30 = 7 000（元）

甲公司确认非货币性福利时：

借：生产成本 10 000

制造费用 5 000

管理费用 8 000

销售费用 7 000

贷：应付职工薪酬——非货币性福利 30 000

甲公司支付价款购买服装时：

借：应付职工薪酬——非货币性福利 30 000

贷：银行存款 30 000

（2）将拥有的住房或租赁的住房等固定资产无偿提供给职工作

为非货币性福利。企业将拥有的住房等固定资产无偿提供给职工作为非货币性福利时，应当按照企业对该固定资产每期计提的折旧金额来计量应付职工薪酬，同时根据职工所在部门和工作的受益对象计入相关当期损益或资产成本。企业将租赁的住房等固定资产无偿提供给职工作为非货币性福利时，应当按照企业每期支付的租金金额来计量应付职工薪酬，计入当期损益或资产成本。

【例2-5】 2×14年1月1日，甲公司租入一单元房屋提供给公司的一名高级管理人员居住，并于当日预付上半年的租金24 000元。

分析：本例中，甲公司应当按照租入房屋的租金来计量应付职工薪酬。

甲公司支付房屋租金时：

借：预付账款　　24 000

　　贷：银行存款　　24 000

甲公司每月月末确认对该高级管理人员提供的非货币性福利：

该房屋每月的租金 = 24 000 ÷ 6 = 4 000（元）

借：管理费用　　4 000

　　贷：应付职工薪酬——非货币性福利　　4 000

借：应付职工薪酬——非货币性福利　　4 000

　　贷：预付账款　　4 000

（3）向职工提供企业支付了补贴的商品或服务。

在某些情况下，企业会向职工提供支付了补贴的商品或服务，比如以低于成本的价格向职工提供住房、医疗保健等资产或服务，这相当于为职工提供一项非货币性福利。该非货币性福利的金额等于企业向职工提供的资产的成本与从职工收到的价款之间的差额。

对于此类非货币性福利的确认，应当考虑职工接受企业提供的补贴是否附有条件。如果企业与职工签订了合同或类似协议，要求职工在接受补贴之后必须在企业服务一定年限，那么企业应当将为职工提供的补贴金额先确认为长期待摊费用，在服务期内平均分摊，计入各期损益或资产成本。如果企业未与职工签订合同或类似协议，没有规定职工与接受补贴相关的服务期，则企业应当将向职工提供的补贴立即确认为当期损益或资产成本。

企业应当将以补贴后价格向职工提供商品或服务的非货币性福利，与企业直接向职工提供的购房补贴、购车补贴等进行区分。后者属于货币性补贴，与其他短期货币性薪酬一样，应当在职工提供服务的会计期间，按照企业各期预计向职工提供补贴的金额，计入当期损益或资产成本。

【例 2-6】2014 年 1 月 1 日，甲公司按照市价以 150 万元购入一套房屋，并将其以 120 万元的价格提供给一名高级管理人员。合同规定，该高级管理人员应当至少为公司服务 5 年，否则将按市价返还房屋差价给公司。

分析：由于甲公司将房屋以低于账面价值的金额提供给职工，因而属于向职工提供了支付补贴的商品。同时合同中规定了服务年限，所以该补贴应当在服务年限内平均分摊。

甲公司向该研发人员提供的补贴 = 150 - 120 = 30（万元）

甲公司每年应当确认的职工薪酬费用 = 30 ÷ 5 = 6（万元）

2014 年 1 月 1 日，甲公司支付补贴时应编制的会计分录为：

借：长期待摊费用　　300 000

　　贷：银行存款　　300 000

2014 年 12 月 31 日，甲公司确认应付职工薪酬时应当编制的会计分录为：

借：管理费用　　60 000

　　贷：应付职工薪酬　　60 000

借：应付职工薪酬　　60 000

　　贷：长期待摊费用　　60 000

如果甲公司 2014 年 12 月 31 日编制的上述两个会计分录合并，则编制的会计分录为：

借：管理费用　　60 000

　　贷：长期待摊费用　　60 000

将上述两个会计分录合并后，虽然对财务报表的列报没有影响，但是合并后没有将该项补贴反映在应付职工薪酬账户中，不利于企业全面正确核算当期的职工薪酬，因而不应当进行合并处理。

在上例中，如果合同中没有规定该管理人员的服务年限，则 2014 年 1 月 1 日，甲公司支付补贴时应当编制的会计分录为：

借：应付职工薪酬　　300 000

　　贷：银行存款　　300 000

2014 年 12 月 31 日，甲公司确认应付职工薪酬时应当编制的会计分录为：

借：管理费用　　300 000

　　贷：应付职工薪酬　　300 000

3. 带薪缺勤的确认

带薪缺勤，是指企业在职工因病假、休假等原因缺勤期间支付的薪酬。带薪缺勤可以分为累积带薪缺勤和非累积带薪缺勤两种形式。

（1）累积带薪缺勤。

累积带薪缺勤，是指带薪缺勤的权利可以结转下期的带薪缺勤，本期尚未用完的带薪缺勤权利可以在未来期间使用。比如，企业允许将职工将本期未休的假期结转至下一年度，就属于累积带薪缺勤。

对于累积带薪缺勤，职工本期没有使用的缺勤天数会产生一种未来使用的权利，因而企业应当在职工提供服务从而增加了其未来享有的带薪缺勤权利时，确认与累积带薪缺勤相关的职工薪酬，并以累积未行使权利而增加的预期支付金额进行计量，并考虑累积未使用的权利是否存在使用期限的因素。

【例 2－7】甲公司从 2014 年开始实行累积带薪缺勤制度。小张是甲公司的财务人员，每个工作日工资为 200 元。制度规定：小张每年有 5 天带薪休假。对其当年未使用的休假，可以无限期向后结转，而且职工在离开公司时以现金结算。2014 年，小张实际休假 3 天。

分析：在本例中，由于甲公司实行累积带薪缺勤制度而且可以无限期向后结转，因而甲公司应当于期末确认与该职工有关的未使用的累积带薪缺勤。

小张未使用的累积带薪缺勤 =（5 - 3）×200 = 400（元）

2014 年年末甲公司确认小张的累积带薪缺勤时应当编制的会计分录为：

借：管理费用　　　　　　　　　　　　　　400

　　贷：应付职工薪酬——累积带薪缺勤　　　　　　400

【例 2 - 8】 甲公司 2014 年开始实行累积带薪缺勤制度。小张是甲公司的财务人员，每个工作日工资为 150 元。制度规定：小张每年有 5 天带薪休假。对其当年未使用的休假，只能向后结转一个年度，超过一年未使用的权利将作废。而且职工休假应当首先从当期可享受的权利中扣除，再从上年结转的带薪缺勤中扣除。2014 年，小张实际休假 3 天。2015 年，小张实际休假 6 天。

分析：在本例中，由于甲公司实行累积带薪缺勤制度，但累积的带薪缺勤只能向后结转一年，因而 2015 年年末小张未使用的带薪缺勤将作废，予以转回。

2014 年小张未使用的累积带薪缺勤 = 200 × 2 = 400（元）

2014 年 12 月 31 日，甲公司张确认小张的累积带薪缺勤时应当编制的会计分录为：

借：管理费用　　　　　　　　　　　　　　400

　　贷：应付职工薪酬——累积带薪缺勤　　　　　　400

2015 年小张使用的上年累积带薪缺勤本年随同工资一同支付，剩余的 1 天累积带薪缺勤作废，予以转回。

2015 年 12 月 31 日，甲公司确认支付给小张的累积带薪缺勤和作废的累积带薪缺勤时应当编制的会计分录为：

借：应付职工薪酬——累积带薪缺勤　　　　400

贷：银行存款　　200

　　管理费用　　200

（2）非累积带薪缺勤。

非累积带薪缺勤，是指带薪缺勤权利不能结转下期的带薪缺勤，本期尚未用完的带薪缺勤权利将予以取消，并且职工离开企业时也无权获得现金支付。我国企业职工可享有的婚假、产假、丧假、探亲假、病假期间的工资通常都属于非累积带薪缺勤。

对于非累积带薪缺勤，由于职工本期未使用的缺勤天数不会产生一种权利，因而企业不会增加额外的义务。企业应当在职工实际发生缺勤的会计期间确认与非累积带薪缺勤相关的职工薪酬，并计入当期损益或资产成本。实务中，企业一般在职工发生缺勤期间计提应付工资时一并处理。

【例2－9】甲公司2014年开始实行非累积带薪缺勤制度。小张是甲公司的财务人员，月标准工资为4 000元，平均每月工作日为20天，每个工作日的标准工资为200元。制度规定：小张每年有5天带薪休假，当期未使用的休假不能结转至下一年度，但公司将支付双倍工资。假定2014年小张实际休假3天。

分析：2014年小张实际休假3天，剩余2天将支付双倍工资，因而年末应当计提小张当期未使用的非累积带薪缺勤部分。

2014年小张未使用的非累积带薪缺勤＝200×（5－3）＝400（元）

2014年12月31日，甲公司确认小张未使用的非累积带薪缺勤时应当编制的会计分录为：

借：管理费用　　400

　　贷：应付职工薪酬——非累积带薪缺勤　　400

4. 利润分享计划的确认

利润分享计划，是企业为了鼓励管理人员长久地为企业服务，允许职工享有按照净利润一定比例计算的奖金。比如，企业规定公司的部门经理可以按照当期净利润的5%取得奖金。

如果利润分享计划是企业的一种惯例，则会形成一项推定义务。当利润分享计划同时满足下列条件的，企业应当确认相关的应付职工薪酬：

(1) 企业因过去事项导致现在具有支付职工薪酬的法定义务或推定义务；

(2) 因利润分享计划所产生的应付职工薪酬义务金额能够可靠估计。

当利润分享计划属于下列三种情形之一的，利润分享计划产生的义务金额能够可靠估计：

(1) 在财务报告批准报出之前企业已经确定应支付的薪酬金额。

(2) 该短期利润分享计划的正式条款中包括确定薪酬金额的方式。

(3) 过去的惯例为企业确定推定义务金额提供了明显证据。

由于利润分享计划的本质是由于职工向企业提供服务而支付的奖金，不是企业与其投资者之间发生的交易，因而不能将其视为利润分配行为。

【例 2-10】 甲公司为了向管理层进行激励，于 2014 年开始实施一项利润分享计划。该计划规定：如果公司当期的净利润超过 100 万元，则超出部分的 10% 将支付给管理层作为额外报酬。

2014 年甲公司实际完成净利润金额为 160 万元。

分析：由于甲公司实施的利润分享计划产生了一项现实义务，并且金额能够可靠地计量，因而应当在期末确认为一项负债。

利润分享计划的金额 = (160 - 100) × 10% = 6 (万元)

2014 年 12 月 31 日，甲公司确认利润分享计划时应当编制的会计分录为：

借：管理费用　　　　　　　　　　　　60 000

　　贷：应付职工薪酬——利润分享计划　　　　60 000

一般情况下，职工只有在企业工作一段特定期间才能参与分享利润，因而企业在计量利润分享计划产生的应付职工薪酬时，应当估计职工因提前离职而无法享受利润分享计划福利的可能性。

如果企业在职工为其提供相关服务的年度报告期间结束后12个月内，不需要全部支付利润分享计划产生的应付职工薪酬，则该利润分享计划应当划分为其他长期福利。

五、离职后福利的核算

（一）离职后福利的含义及分类

离职后福利，是指企业为获得职工提供的服务而在职工退休或与企业解除劳动关系后，提供的各种形式的报酬和福利。

（二）离职后福利计划的分类

离职后福利计划，是指企业与职工就离职后福利达成的协议，或者企业为向职工提供离职后福利制定的规章或办法等。

离职后福利计划根据缴费模式的不同可以分为两种类型：设定提存计划和设定受益计划。

1. 设定提存计划

设定提存计划，也称缴费确定型计划，是指向独立的基金缴存固定费用后，企业不再承担进一步支付义务的离职后福利计划。由于设定提存计划并不确定未来对职工实际支付福利的水平，也不提供最低保证，因而职工在退休时每期所能获得的福利水平主要取决于企业和职工的缴费金额以及投资运营产生的投资收益，投资风险完全由职工承担。

2. 设定受益计划

设定受益计划，也称待遇确定型计划，是指除设定提存计划以外的离职后福利计划。在设定受益计划中，由于职工在离职后每期所能获得的福利是事先确定的，因而投资运营的风险由企业承担。

（三）我国养老保险体系的构成

在人口老龄化问题日益显现的今天，我国正在建立多层次的社会养老保险体系。目前我国的社会养老保险主要分为三个层次：

1. 基本养老保险

我国职工的基本养老保险实行社会统筹与职工个人账户相结合的方式。根据我国养老保险制度的相关规定，企业为职工缴纳基本养老保险费的比例，一般不得超过企业工资总额的20%（包括划入个人账户的部分），具体比例由省、自治区、直辖市人民政府确定。在我国，基本养老保险制度均采用设定提存计划，职工养老保险待遇即受益水平与企业在职工提供服务各期的缴费水平并不直接挂钩，企业承担的义务仅限于按照规定标准提存的金额。

2. 企业年金

企业年金是一种补充养老保险制度。企业年金是企业及其职工在依法参加基本养老保险的基础上，自愿建立的一种补充养老保险制度，目的是更好地保障企业职工退休后的生活。有资料表明：在西方发达国家，企业年金的覆盖率很高，已经成为居民退休后收入的主要来源。目前，我国也有很多公司已经建立了企业年金制度。企业年金既是一项社会保障制度，又是企业实施人才战略的重要组成部分，对促进社会稳定、推动金融市场发展、增强企业竞争力、改善个人生活水平都具有积极意义。

根据国家有关规定，企业建立年金所需资金由企业和职工个人共同缴纳，其中，企业缴费金额每年不超过本企业上年度职工工资总额的1/12，企业和职工个人缴费的合计金额一般不超过本企业上年度职工工资总额的1/6。目前我国企业已经建立的企业年金计划，基本上都属于设定提存计划，以事先确定的缴费金额来确定企业年金待遇，职工退休后的年金待遇无法确定。未来一段时间内，我国企业年金制度将逐步引入设定受益计划，即在企业年金计划中承诺职工退休后的年金待遇，根据职工的职位、工龄、工资水平等因素确定该职工在退休后每期能够获得的年金水平，由此倒算出企业每期应为其缴费的金额。

3. 个人储蓄性养老保险，即由职工个人从保险公司购买商业养老保险，这属于职工个人的行为，因而不属于职工薪酬的范畴。

（四）离职后福利的确认原则

职工在退休后获得的养老金等形式的离职后福利，是职工与企业签订的劳动合同到期或者职工达到了国家规定的退休年龄时，获得的离职后生活补偿金额。从本质上讲，企业给予职工补偿的原因是职工在职期间向企业提供了服务，企业因此获得了经济利益。所以，企业应当在职工向企业提供服务的期间确认和计量离职后福利。

（五）设定提存计划的核算

设定提存计划的核算方法非常直接。企业应当在职工为其提供服务的会计期间，将根据设定提存计划计算的应缴存金额确认为负债，并计入当期损益或相关资产成本。企业为职工发生的缴费金额是根据参加计划职工的工资、级别、工龄等因素在计划中明确规定的。由于设定提存的金额一般在职工服务当期或一年之内缴纳，因而企业确定的离职后福利金额不需要进行折现。

【例2－11】2014年1月1日，甲公司经过与职工协商建立了企业年金计划，类型为设定提存计划。该计划规定：企业和职工将分别按照职工工资的5%向养老金管理公司缴纳年金。甲公司2014年1月份的工资明细如下：管理人员工资为200 000元，生产人员工资为100 000元，车间管理人员工资为20 000元，销售人员工资为60 000元。

分析：在此例中，甲公司实行设定提存计划，应当按照年金计划中规定的当期应缴费金额确认为应付职工薪酬，同时计入当期损益或资产成本。年金计划中规定的应由职工个人缴费的金额，应当从职工的工资总额中予以扣除。

甲公司应付工资总额＝200 000＋100 000＋20 000＋60 000＝380 000（元）

应付离职后福利金额＝380 000×5%＝19 000（元）

管理人员的离职后福利＝200 000×5%＝10 000（元）

生产人员的离职后福利 = 100 000 × 5% = 5 000（元）

车间管理人员的离职后福利 = 20 000 × 5% = 1 000（元）

销售人员的离职后福利 = 60 000 × 5% = 3 000（元）

应由职工负担的金额 = 380 000 × 5% = 19 000（元）

2014 年 1 月 31 日，企业确认应付职工离职后福利时应当编制的会计分录为：

借：管理费用　　　　　　　　　　　　10 000

　　生产成本　　　　　　　　　　　　 5 000

　　制造费用　　　　　　　　　　　　 1 000

　　销售费用　　　　　　　　　　　　 3 000

　　贷：应付职工薪酬——设定提存计划　　　　19 000

甲公司实际向企业年金计划缴费时应当编制的会计分录为：

借：应付职工薪酬——设定提存计划　　19 000

　　其他应收款　　　　　　　　　　　19 000

　　贷：银行存款　　　　　　　　　　　　　　38 000

在特定情况下，根据设定提存计划，预期不会在职工提供相关服务的年度报告期结束后 12 个月内支付全部应缴存金额的，企业应当将全部应缴存金额以折现后的金额计量应付职工薪酬。采用的折现率应当根据资产负债表日与设定受益计划义务期限和币种相匹配的国债或活跃市场上的高质量公司债券的市场收益率确定。

（六）设定受益计划的核算

与设定提存计划相比，设定受益计划的核算要复杂很多。假定一个设定受益计划规定：当职工在企业服务年限超过 10 年，将有权获得离职后福利。职工每在公司服务一年，将获得其退休当年工资 2% 的离职后福利。那么在这样一个计划中，我们需要考虑的问题包括：

（1）公司的哪些职工将获得离职后福利？

（2）每位职工在退休后每年获得的离职后福利金额是多少？

（3）企业当期应当为每位职工确认的费用金额是多少？

要回答上述问题，首先需要对设定受益计划进行精算，这需要有经验的专业精算师来负责。精算师的主要任务是在当前环境下依据一定假设对每位职工的年金价值进行合理的精算，并采用专门的方法来确定每期应为职工缴费的金额。而会计人员的主要任务则是根据精算师的精算结果计算确定企业每期应确认的年金费用水平，并进行确认和列报。

1. 设定受益计划的核算特点

（1）在设定受益计划里，企业需要通过精算假设来计量每期的负债金额和年金费用。精算假设是对确定企业年金费用各种变量的最佳估计，包括统计假设和财务假设两种。前者主要包括死亡率、职工离职率以及职工寿命等；后者主要包括折现率、未来的工资水平以及年金基金的投资回报率等。

（2）设定受益计划经常会产生精算损益。精算损益是由于精算假设变动以及已实现损益等原因产生的应计年金负债的变化，主要包括对职工离职率的调整、对折现率的调整、职工寿命超出预期产生的差异以及年金基金实际投资回报与预计投资回报的差异等。

（3）在设定受益计划中确认的应付职工薪酬是一项非流动负债，反映企业根据年金计划确定的期末对职工未来应付年金的现值，因而需要选择一定的折现率进行折现。

（4）企业年金费用的确定需要考虑的因素较多，既包括当期服务成本，还包括过去服务成本，还要考虑负债利息、精算损益等因素的影响。因而企业各期确认的企业年金费用的金额一般与企业当期实际缴费的金额并不相等。

2. 设定受益计划中年金成本的影响因素

（1）当期服务成本，是指职工当期向企业提供服务所导致的应付年金义务现值的增加额。企业应当采用预期累计福利单位法，采用无偏且相互一致的精算假设计算确定当期服务成本的金额。

在预期累计福利单位法下，每一服务期间会增加一个单位的福利权利，并且需对每一个单位单独计量，以形成最终义务。企业应当将福利归属于提供设定受益计划的义务发生的期间。这一期间是指从职工提供服务以获取企业在未来报告期间预计支付的设定受益计划福利开始，至职工的继续服务不会导致这一福利金额显著增加之日为止。

精算假设，是指企业对影响离职后福利最终义务的各种变量的最佳估计。精算假设应当是客观公正、相互可比、无偏且相互一致的。精算假设包括人口统计假设和财务假设。其中，人口统计假设包括死亡率、职工的离职率、伤残率、提前退休率等；财务假设包括折现率、福利水平和职工未来期间的薪酬水平等。

（2）过去服务成本，是指企业首次建立设定受益计划或修改已有的年金计划所导致的与以前期间职工服务相关的应付年金义务的现值。比如，某公司建立一个年金计划，对职工以前期间提供的服务也计算年金待遇。

（3）设定受益计划净负债或净资产的利息净额。设定受益计划净负债或净资产，是指企业为职工离职后福利建立的设定受益计划产生的资产公允价值与负债期初余额之间的差额。如果应付年金义务的金额超过年金计划资产的公允价值，则为设定受益计划净负债；如果应付年金义务的金额小于年金计划资产的公允价值，则为设定受益计划净资产。设定受益计划净负债或净资产的利息净额，等于设定受益计划净负债或净资产乘以适当的利率。利率应当选择资产负债表日高质量公司债券的利率。对于设定受益计划净资产，还应当考虑资产上限的影响。

（4）精算损益。当设定受益计划义务的现值发生变动时，就会产生一项精算损益。精算损益产生的原因有两种：

①经验调整，这是指以前期间采用精算假设确定的设定受益计划义务现值金额和实际发生额之间的差额。比如，因为工资增长水平超过预期而导致设定受益计划的现值金额超出估计金额，则产生了一项经验调整金额。

②精算假设调整的影响。比如，精算师决定调整设定受益计划

的折现率，就会导致精算假设进行调整。

（5）企业年金资产实际回报与预期回报的差额。企业年金资产产生的回报包括：利息收益、股利收益、投资处置损益、投资公允价值的变动等。企业年金资产的计划回报等于企业年金资产的期初余额乘以预期投资回报率。这样，企业年金资产的实际投资回报与预期回报之间就会产生一项差额。

（6）资产上限的影响。资产上限，是指因为年金计划退款或未来缴费金额减少产生的经济利益的现值。比如，企业年金计划净资产的金额超过了资产上限，则由于资产上限的影响，超出的部分就会产生一项损失。

（7）年金计划缩减或结算的影响。年金计划缩减，是指企业大幅缩减年金计划所涉及的职工人数。年金计划结算，是指年金计划因为修改或缩减而终止并结算相关的应付年金义务。年金计划缩减或结算的影响，是指要缩减或结算的应付年金义务在缩减或结算当天的现值与结算价格之间的差额。

3. 直接确认为损益的年金费用项目

下列构成年金费用的项目中，除非其他准则要求计入相关资产成本，否则应当直接计入当期损益。

（1）当期服务成本。当期服务成本应当在职工提供服务的当期直接计入当期损益。

（2）过去服务成本。企业应当将过去服务成本在下列两个时间中的较早时间确认为当期损益：

①设定受益计划修订或缩减发生时；

②企业确认相关的重组义务成本或辞退福利时。

【例2－12】2014年1月1日，甲公司决定修改五年前设立的年金计划。根据修改后的计划，企业对职工2014年之前的服务增加200 000元的年金义务。企业职工的当期服务成本为50 000元。假定甲公司的职工薪酬70%计入管理费用，30%计入销售费用。

分析：甲公司修改年金计划产生的过去服务成本为200 000元，

在修改当期全部计入当期损益。

服务成本 = 200 000 + 50 000 = 250 000（元）

计入管理费用的服务成本 = 250 000 × 70% = 175 000（元）

计入销售费用的服务成本 = 250 000 × 30% = 75 000（元）

则 2014 年 12 月 31 日，甲公司确认年金计划的服务成本时应当编制的会计分录为：

借：管理费用	175 000	
销售费用	75 000	
贷：应付职工薪酬——设定受益计划		250 000

（3）设定受益计划净负债或净资产的利息净额。设定受益计划净负债或净资产的利息净额，应当在资产负债表日直接计入当期财务费用。

【例 2－13】 2014 年 1 月 1 日，甲公司为职工离职后福利建立的设定受益计划产生的应付年金义务期初余额为 8 000 000 元，年金资产期初的公允价值为 6 500 000 元。公司选择的折现率为高质量公司债券的市场平均利率 8%。

分析：

应付年金义务的期初余额	8 000 000 元
年金资产的期初余额	6 500 000 元
设定受益计划净负债	1 500 000 元
设定受益计划净负债的净利息（8%）	120 000 元

2014 年 12 月 31 日，甲公司确认设定受益计划净负债利息净额时应当编制的会计分录为：

借：财务费用	120 000	
贷：应付职工薪酬——设定受益计划		120 000

（4）年金计划缩减或结算产生的影响。年金计划因缩减或结算产生的利得或损失，应当在缩减或结算当期直接计入当期损益。

4. 直接确认为其他综合收益的年金成本项目

下列企业年金成本项目发生时应当直接计入其他综合收益，并且在后续会计期间不允许转回至损益，但企业可以在权益范围内转移这些在其他综合收益中确认的金额：

（1）精算利得或损失。精算师计算确定的利得或损失，应当直接计入当期的其他综合收益。具体来说，精算利得会增加当期的其他综合收益，而精算损失会减少当期的其他综合收益。

【例2-14】甲公司对企业年金采用设定受益计划。2014年12月31日，甲公司设定受益计划的精算师确定由于职工离职率低于预期导致当期产生一项经验损失，金额为50 000元。

分析：对于甲公司当期产生的经验损失，应当直接计入其他综合收益。

2014年12月31日，甲公司编制的会计分录为：

借：其他综合收益——设定受益计划　　50 000

　　贷：应付职工薪酬——设定受益计划　　50 000

（2）企业年金资产实际回报与预期回报的差额，直接计入其他综合收益。

【例2-15】甲公司企业年金采用设定受益计划。2014年1月1日，甲公司企业年金资产的期初余额为900 000元，精算师的预期收益率为8%。2014年甲公司年金资产的实际回报金额为75 000元。

分析：甲公司应当将年金资产的实际回报与预期回报的差额直接计入其他综合收益。

年金资产预期回报 = 900 000 × 8% = 72 000（元）

年金资产实际回报与预期回报的差额 = 75 000 - 72 000 = 3 000（元）

2014年12月31日，甲公司应当编制的会计分录为：

借：应付职工薪酬——设定受益计划　　3 000

　　贷：其他综合收益　　3 000

（3）资产上限的影响，直接计入其他综合收益。

【例2-16】甲公司企业年金采用设定受益计划。2014年12月31日，甲公司年金资产超过年金负债的金额为60 000元。根据计划规定，该超出金额将返还给企业。

分析：甲公司由于资产上限产生的影响60 000元，应当直接借记其他综合收益。

2014年12月31日，甲公司应当编制的会计分录为：

借：其他综合收益——设定受益计划　　　　60 000

　　贷：应付职工薪酬——设定受益计划　　　　60 000

【例2-17】甲公司现有职工200人，其中生产人员为120人，管理人员为80人。甲公司与职工共同协商，建立企业年金制度，并采用设定受益计划。2014年1月1日，甲公司应付年金义务的金额为4 210 000元，企业年金资产的公允价值为3 650 000元，采用的折现率为10%。

2014年，甲公司精算师采用应付预期累计福利单位法计算的职工当期服务成本为320 000元。由于本年年金计划修改产生的过去服务成本为270 000元。本年因精算假设修改产生的损失为20 000元。本年年金资产实现的实际回报为196 000元。2014年12月31日，甲公司向年金计划缴费的金额为650 000元。

分析：甲公司设定受益计划本年产生的年金成本项目包括：(1) 当期服务成本；(2) 过去服务成本；(3) 企业年金净负债的利息净额；(4) 精算损益；(5) 年金资产的实际回报与预期回报的差额。其中，前三项应当直接计入当期损益，后两项直接计入其他综合收益。

企业年金净负债的利息净额＝(4 210 000－3 650 000)×10%＝56 000(元)

服务成本＝320 000＋270 000＝590 000(元)

计入管理费用的服务成本＝590 000×80÷200＝236 000(元)

计入生产成本的服务成本＝590 000×120÷200＝354 000(元)

年金资产实际回报与预期回报的差额

＝196 000－3 650 000×10%＝－169 000(元)

计入其他综合收益的年金成本＝20 000＋169 000＝189 000

（元）

2014年12月31日，甲公司确认年金成本并向年金计划缴费时应当编制的会计分录为：

借：生产成本	354 000	
管理费用	236 000	
财务费用	56 000	
其他综合收益	189 000	
贷：银行存款		650 000
应付职工薪酬——设定提存计划		185 000

需要注意的是，当职工由于后续年度的服务将导致其享有的设定受益计划福利水平显著高于以前年度时，企业应当按照直线法将累计设定受益计划义务进行分摊。分摊期间为职工提供服务导致企业第一次产生设定受益计划福利义务开始至职工提供服务不再导致该福利义务显著增加时为止。在确定该归属期间时，不应考虑仅因未来工资水平提高而导致设定受益计划义务显著增加的情况。

六、辞退福利的核算

（一）辞退福利的含义

辞退福利，是指在职工劳动合同到期之前给予的以下两种补偿：（1）在职工劳动合同到期之前，无论职工本人是否愿意，企业决定解除与职工的劳动关系而给予的补偿；（2）职工劳动合同尚未到期前，为鼓励职工自愿接受裁减而给予的补偿，职工有权利选择继续在职或接受补偿离职。

辞退福利还包括当公司控制权发生变动时，公司对辞退的管理层进行的补偿。

（二）辞退福利的特点

1. 辞退福利与离职后福利不同。辞退福利是在职工与企业签订的劳动合同到期之前，企业因辞退职工而提前终止对职工的雇佣关系时支付的补偿，应当在辞退时进行确认和计量。而离职后福利是企业由于职工退休而支付给职工的退休后生活补偿，应当在职工提供服务的期间进行确认和计量。

2. 辞退福利的方式通常是在采取解除劳动关系时向职工支付一次性补偿。其他补偿方式还包括：提高退休后养老金或其他离职后福利的标准；在职工不再为企业服务后将职工工资支付到辞退后未来某一期间。

3. 如果职工尽管没有与企业解除劳动合同，但未来不再为企业提供服务，不能为企业带来经济利益，比如企业的内部退休计划。此时企业如果承诺提供实质上具有辞退福利性质的经济补偿，应当比照辞退福利处理。

（三）辞退福利的确认方法

企业发生的辞退福利应当在同时满足下列条件时确认为一项负债，同时计入当期管理费用：

1. 企业已经制定正式的解除劳动关系计划或提出自愿裁减建议，经过董事会或类似权力机构的批准，并在一年内即将实施。该计划或建议的内容应当包括：拟解除劳动关系或裁减的职工所在部门、职位及数量；根据有关规定按工作类别或职位确定的解除劳动关系或裁减补偿金额；拟解除劳动关系或裁减的时间等。

2. 企业不能单方面撤回解除劳动关系计划或裁减建议。如果企业能够单方面撤回解除劳动关系计划或裁减建议，则表明未来经济利益流出的可能性不超过50%，因而不应当确认一项负债。

由于被辞退的职工不再为企业带来未来经济利益，因此，对于所有的辞退福利，企业均应当于辞退计划满足上述条件时一次性计入当期费用，而不能计入资产成本。

辞退福利的确认时点，是以下两个时间中的较早者：

（1）企业不能单方面撤回因解除劳动关系计划或裁减建议所提供的辞退福利时。

（2）企业确认与涉及支付辞退福利的重组相关的成本或费

用时。

（四）辞退福利的计量方法

辞退福利的计量，应当区分辞退福利的具体类型加以确定。

1. 对于职工没有选择权的辞退计划，企业应当根据辞退计划中规定的拟解除劳动关系的职工数量乘以每一职位的辞退补偿确定应付职工薪酬的金额。

2. 对于自愿接受裁减的建议，因接受裁减的职工数量不确定，因而企业应当根据《企业会计准则第13号——或有事项》的规定，合理预计将会接受裁减建议的职工数量，根据预计接受建议的职工数量乘以每一职位的辞退补偿确定应付职工薪酬的金额。

3. 辞退福利支付时间将在一年以上完成的，企业应当选择恰当的折现率，以折现后的金额计量当期辞退福利金额。折现率应当选取同期国债利率或替代利率。辞退福利现值与实际支付金额之间的差额，应当在实际支付辞退福利的期间采用实际利率法计算确认各期的财务费用。

【例2－18】2014年，甲公司因为经济不景气造成了业绩下滑。2014年年末甲公司董事会通过一项裁员计划。该计划规定，企业将提前与30名管理人员和80名生产职工解除劳动关系。企业将支付给每位管理人员100 000元的补偿，支付给每位生产职工120 000元的补偿。该计划已经传达给每位受影响的职工，并预期将在一年内实施完毕。

分析：对于该辞退福利计划，甲公司应当根据拟解除劳动关系的人员和提供的补偿金额确认一项负债，同时计入当期的管理费用。

辞退福利的金额 = 30 × 100 000 + 80 × 120 000 = 12 600 000（元）

2014年12月31日，甲公司应当编制的会计分录为：

借：管理费用　　12 600 000

　　贷：应付职工薪酬——辞退福利　　12 600 000

七、其他长期福利的核算

（一）其他长期福利的内容

其他长期福利，是指除短期薪酬、离职后福利、辞退福利之外所有的支付期限在报告期末一年以上的职工薪酬，具体包括：(1) 长期带薪缺勤；(2) 长期辞退福利；(3) 长期残疾福利；(4) 长期利润分享计划。

（二）其他长期福利的确认与计量

企业应当根据设定受益计划的方法，确认和计量其他长期职工福利净负债或净资产。在财务报表日，企业应当将其他长期职工福利产生的职工薪酬成本确认为下列组成部分，直接计入当期损益或资产成本：(1) 服务成本；(2) 其他长期职工福利净负债或净资产的利息净额；(3) 重新计量其他长期职工福利净负债或净资产所产生的变动。

（三）长期残疾福利的确认

1. 长期残疾福利水平取决于职工提供服务期间长短的，企业应当在职工提供服务的期间确认应付长期残疾福利义务，计量时应当考虑长期残疾福利支付的可能性和预期支付的期限。

2. 长期残疾福利与职工提供服务期间长短无关的，企业应当在导致职工长期残疾事件发生的当期确认应付长期残疾福利义务。

八、职工薪酬的披露

（一）短期职工薪酬的披露

企业应当在财务报表附注中披露与短期职工薪酬有关的下列信息：

1. 应当支付给职工的工资、奖金、津贴和补贴及其期末应付未付金额。

2. 应当为职工缴纳的医疗保险费、工伤保险费和生育保险费等社会保险费及其期末应付未付金额。

3. 应当为职工缴存的住房公积金及其期末应付未付金额。

4. 为职工提供的非货币性福利及其计算依据。

5. 依据短期利润分享计划提供的职工薪酬金额及其计算依据。

6. 其他短期薪酬项目及具体情况。

（二）离职后福利的披露

1. 企业应当在财务报表附注中披露所设立或参与的设定提存计划的性质、计算缴费金额的公式或依据，当期缴费金额以及期末应付未付金额。

2. 企业应当在财务报表附注中披露与设定受益计划有关的下列信息：

（1）设定受益计划的特征及与之相关的风险。企业应当披露设定受益计划的特征，包括设定受益计划所提供福利的性质、企业在该计划管理中的职责、国家对该类计划的监管要求等。企业还应当披露设定受益计划相关的风险，即设定受益计划是企业面临的风险，并重点关注企业特有或计划特有的异常风险，以及重要风险的集中程度。企业如果对设定受益计划进行修改或结算的，还应当披露修改或结算计划等有关情况。

（2）设定受益计划在财务报表中确认的金额及其变动。企业应当披露设定受益净负债（或净资产）及其组成部分，以及设定受益计划产生的职工薪酬成本及其组成部分的期初余额和期末余额的调解情况。企业存在年金计划资产的，还应当按照年金计划资产的性质和风险类别披露年金计划资产的公允价值，以及各类年金计划资产是否存在活跃市场公开报价。

（3）设定受益计划对企业未来现金流量金额、时间和不确定性的影响。企业应当披露影响设定受益计划未来缴存金额的有关筹资政策和计划、下一会计年度预期将缴存的金额，并披露设定受益义务有关到期情况的信息，包括设定受益义务的加权平均期间、对有关福利支付的到期日分析等。

（4）设定受益计划义务现值所依赖的重大精算假设及有关敏感性分析的结果。企业应当披露重大的精算假设，披露各项重大假设对设定受益义务的敏感性分析，并披露用于编制敏感性分析的方法和假设，以及有关方法的局限性。企业用于编制敏感性分析的方法和假设如果发生了变动，企业还应当披露这一事实，并说明变动的理由。

（三）辞退福利的披露

企业应当在财务报表附注中披露支付的因解除劳动关系所提供辞退福利及其期末应付未付金额。

（四）其他长期职工福利的披露

企业应当在财务报表附注中披露提供的其他长期职工福利的性质、金额及其计算依据。

九、新准则的影响与应对

实施新的职工薪酬会计准则，所有执行企业会计准则的企业均会受到影响。企业需按照修订后的准则判断其分类及适用的会计处理方法。特别是对于存在设定受益计划（如部分补充养老计划等）而以前未对其进行会计处理的企业，修订后的准则可能会对企业的会计核算工作、财务状况和经营成果产生较大影响。以前准则没有明确设定受益计划的会计处理，在实务中仅在国有企业改制等特定情况下，按照财务和国资管理方面的规定对统筹外离退休福利等予以预提，并未建立起确认此类职工福利的常态化机制。现在新准则将这些内容纳入，也就是建立了确认和计量这些事项的常态化机制，因此原告很多没有予以确认和计划的表外职工福利负债将纳入表内，对不少国有和国有控股企业的报表将产生重大影响。

建议企业迟早开始对各项福利进行梳理和评价，如判断为设定受益计划，还需要与相关专家进行及时沟通。

第三讲　企业会计准则第30号——财务报表列报（修订）

一、新旧准则差异对比

（一）修订背景

为了提高财务报表列报信息的有用性，国际会计准则理事会（IASB）2007年以来曾两次对IAS1财务报表列报准则进行修订。为了保持与国际列报准则持续趋同、规范财务报表的列报，保证同一企业不同期间和同一期间不同企业的财务报表相互可比，我国财政部对《企业会计准则第30号——财务报表列报》进行了修订，将企业会计准则的解释公告和准则讲解中的有些内容补充纳入准则正文，同时，对我国会计准则应用指南、解释、讲解中相应的规范性条款内容进行整合。总的来说，修订后的准则内容更加全面，列报要求更为具体。

（二）新旧准则差异对比分析

修订后的《企业会计准则第30号——财务报表列报》与旧准则相比，新增、补充了一部分内容，同时对个别内容的位置进行了调整，比如，旧准则的“第六章 附注”中第三十五条的内容被重新放在新准则的“第六章 附注”中的第三十九条中。下面主要对准则的新增及补充内容进行对比分析，具体分析如表3－1所示。

表 3-1　修订后《企业会计准则第 30 号——财务报表列报》与旧准则的对比

所在章	新准则	旧准则
第一章 总则	1. 规定财务报表组成部分（即四张主要报表和附注）具有同等的重要性（参见第二条）。 2. 对该准则的适用范围进行了重新表述，指出本准则适用于个别财务报表和合并财务报表，以及年度财务报表和中期财务报表，《企业会计准则第 32 号——中期财务报告》另有规定的除外。合并财务报表的编制和列报，还应遵循《企业会计准则第 33 号——合并财务报表》；现金流量表的编制和列报，还应遵循《企业会计准则第 31 号——现金流量表》；其他会计准则的特殊列报要求，适用其他相关会计准则（参见第三条）。	关于第一点，旧准则未作出规定。根据新准则的规定，企业不得强调某张或某些报表（或附注）较其他报表（或附注）更为重要。 关于该准则的适用范围，旧准则的规定是：现金流量表的编制和列报，以及其他会计准则的特殊列报要求，适用《企业会计准则第 31 号——现金流量表》和其他相关会计准则。通过对比可以看出，新准则的规定更清楚地表明了该准则与其他准则的关系。
第二章 基本要求	新增或补充了部分内容，主要涉及以下四个方面： 1. 对持续经营能力的评估给出了更为具体的规范，包括企业如何评价持续经营能力以及如何根据评价结果进行附注披露（参见第五、六条）。 2. 根据权责发生制，还是收付实现制原则编制报表（参见第七条）。 3. 对重要性的判断——如何判断项目性质的重要性和如何判断项目金额的重要性，也规定了详细和明确的标准（参见第十条）。 4. 关于报表项目的抵消，在原有的基础上作出了补充规定：直接计入当期利润的利得项目和损失项目的金额不得相互抵消，但其他会计准则另有规定的除外。一组类似交易形成的利得和损失应当以净额列示，但具有重要性的除外（参见第十一条）。	未规定或规定不够具体。

续表

所在章	新准则	旧准则
第三章 资产负债表	1. 补充规定了从事多种经营的企业资产、负债如何列报（参见第十六条）。 2. 明确给出“正常营业周期”概念的定义，并对企业如何确定其正常营业周期作出指导性规定（参见第十七条）。 3. “被划分为持有待售的非流动资产”和“被划分为持有待售的非流动负债”应当分别归类为流动资产和流动负债，在资产负债表中单独列示（参见第十八、二十条）。 4. 流动资产和流动负债中分别列示“以公允价值计量且其变动计入当期损益的金融资产”和“以公允价值计量且其变动计入当期损益的金融负债”（参见第二十三、二十五条）。	前三项内容，旧准则中没有作出规定。但是会计准则讲解中曾给出“正常营业周期”概念的定义以及企业如何判断其正常营业周期。 “以公允价值计量且其变动计入当期损益的金融资产”和“以公允价值计量且其变动计入当期损益的金融负债”项目分别替代了原资产负债表中的“交易性金融资产”和“交易性金融负债”项目。
第四章 利润表	1. 利润表中新增了关于其他综合收益和综合收益总额项目的列报（参见第三十一条）。 2. 给出了综合收益和其他综合收益的定义，并要求在利润表上将其他综合收益项目进一步划分为“以后会计期间不能重分类进损益的其他综合收益项目”和“以后会计期间在满足规定条件时将重分类进损益的其他综合收益项目”两类列报（参见第三十二、三十三条）。	旧准则中没有作出规定。但是根据会计准则解释公告的有关规定，企业自2009年起在利润表中列报其他综合收益和综合收益总额项目。
第五章 所有者权益变动表	在所有者权益变动表中列报“综合收益”，不再列报“净利润”和“直接计入所有者权益的利得和损失”。同时，明确给出了“与所有者的资本交易”的定义（参见第三十五条）。	在所有者权益变动表中列报“净利润”和“直接计入所有者权益的利得和损失”。

续表

所在章	新准则	旧准则
第六章 附注	1. 报表重要项目的说明以及有关终止经营的信息披露规定更为明确，如企业应当披露终止经营的收入、费用、利润总额、所得税费用和净利润，以及归属于母公司所有者的终止经营利润。同时，补充了费用按照性质分类的信息披露（参见第四十一条、第三十九条）。 2. 分别给出了“终止经营”以及“持有待售”这两个概念的定义和判断标准（参见第四十二条）。 3. 增加了有助于财务报表使用者评价企业管理资本的目标、政策及程序的信息披露（参见第三十九条）。 4. 增加了其他综合收益各项目的信息披露（参见第四十条）。	在报表重要项目的说明中披露对已在资产负债利润表、现金流量表和所有者权益变动表中列示的主要项目的进一步说明，包括终止经营税后利润的金额及其构成情况等。 其他内容未作规定。

二、财务报表列报的基本要求

财务报表列报，既包括交易和事项在财务报表中的列示，也包括在财务报表附注中的披露。财务报表列报准则对财务报表列报的原则性和框架性的规定，是财务报表列报的最低要求，企业还要当同时遵循其他会计准则中规定的特殊列报要求。

对财务报表列报进行了是为了确保企业财务报表的可比性，本准则规定了通用财务报表列报的基本要求，具体包括下列内容：

（一）列报基础

持续经营是会计确认、计量和编制财务报表的基础，财务报表列报准则的规定是以持续经营为基础的，企业会计准则规范的是持续经营条件下企业对所发生的交易和事项进行的确认、计量和报表列报；如果企业出现了非持续经营，则不能按照各企业会计准则的规定进行会计确认和计量，应当采用其他基础编制财务报表。

在编制财务报表过程中，企业需要对其持续经营能力进行评价。具体来说，企业管理当局应当利用所有可获得信息来评价企业自报告期末起至少12个月的持续经营能力。

评价持续经营能力时，企业需要考虑的因素主要有：宏观政策风险、市场经营风险、企业目前或长期的盈利能力、偿债能力、财务弹性以及企业管理层改变经营政策的意向等。评价结果表明对持续经营能力产生重大怀疑的，企业应当在附注中披露导致对持续经营能力产生重大怀疑的因素以及企业拟采取的改善措施。

通常情况下，企业如果有近期获利经营的历史，且易于获取所需的财务资源，则表明以持续经营为基础编制财务报表是合理的，因而无需进行详细的分析。但是如果企业过去有亏损的记录，则需要考虑目前和预期未来的获利能力、债务清偿计划、替代融资的潜在来源等各种相关因素来作出评价。企业若存在下列情况之一，通常表明其处于非持续经营状态：

（1）企业已在当期进行清算或停止营业；

（2）企业已正式决定在下一个会计期间进行清算或停止营业；

（3）企业已确定在当期或下一个会计期间没有其他可供选择的方案而将被迫进行清算或停止营业。

如果企业管理当局判断企业处于非持续经营状态，则以持续经营为基础编制财务报表将不再合理。在这种情况下，企业应当采用其他基础编制财务报表，比如，破产企业的资产可采用可变现净值计量、负债按照其预计的结算金额计量等。同时，为了使财务报表使用者更好地理解企业的财务状况和经营成果，企业还应当在附注中声明财务报表未以持续经营为基础编制的事实、披露未以持续经营为基础编制的原因和财务报表的编制基础。

（二）依据各项会计准则确认和计量的结果编制财务报表

修订后的准则不仅指出企业进行会计确认和计量时的依据，同时也明确规定了确认和计量与披露的关系。企业应当根据实际发生的交易和事项，按照《企业会计准则——基本准则》和其他各项会计准则的规定进行确认和计量，在此基础上编制财务报表。企业不应以附注披露代替确认和计量，不恰当的确认和计量也不能通过充分披露相关会计政策而纠正。总之，企业应当对交易和事项进行正确的确认和计量。

如果按照各项会计准则规定披露的信息不足以让报表使用者了解特定交易或事项对企业财务状况和经营成果的影响时，企业还应当披露其他的必要信息。

（三）权责发生制原则

除现金流量表按照收付实现制原则编制外，企业应当按照权责发生制原则编制其他财务报表。按照权责发生制原则编制财务报表要求，当项目符合基本准则中财务报表要素的定义和确认标准时，企业就应当确认相应的资产、负债、收入和费用，并在财务报表中予以反映。

（四）列报的一致性与可比信息的列报

会计信息质量的可比性要求，同一企业不同期间和相同期间不同企业的财务报表相互可比。为此，财务报表项目的列报应当在各个会计期间保持一致，不得随意变更，但下列情况除外：

（1）会计准则要求改变财务报表项目的列报；

（2）企业经营业务的性质发生重大变化或对企业经营影响较大的交易或事项发生后，变更财务报表项目的列报能够提供更可靠、更相关的会计信息。

为了向财务报表使用者提供对比数据，提高会计信息在各会计期间的可比性，当期财务报表的列报至少应当提供所有列报项目上一个可比会计期间的比较数据（如资产负债表中列报年初余额，利润表中列报上年金额或上年同期金额等）以及与理解当期财务报表相关的说明，这样能够反映企业财务状况、经营成果和现金流量的发展趋势，有助于报表使用者的判断和决策。

需要指出的是，如果财务报表的列报项目当期发生变更，应当至少对可比期间的数据按照当期的列报要求进行调整，并在附注中披露调整的原因和性质以及调整的各项目金额。对可比数据进行调整不切实可行的，应当在附注中披露不能调整的原因。所谓“不切实可行”，是指企业在作出所有合理努力后仍然无法采用某项会计准则规定。

（五）根据重要性原则进行项目的列报

财务报表是通过对大量的交易或事项进行处理而生成的，这些交易或事项按照其性质或功能汇总归类形成了财务报表中的项目。项目在财务报表中是单独列报还是汇总列报，应当根据重要性原则来判断。

一般来说，性质或功能不同的项目，应当在财务报表中单独列报，但不具有重要性的项目可以汇总列报。比如，固定资产和投资性房地产在功能上具有本质差别，所以在资产负债表中要单独列报；管理费用和财务费用在功能上具有本质差别，因此需要在利润表中单独列报。性质或功能类似的项目，其所属类别具有重要性的，应当按其类别在财务报表中单独列报。如果项目不具有重要性，则应当汇总列报。

项目单独列报的原则不仅适用于报表，还适用于附注。某些项目的重要性程度不足以在资产负债表、利润表、现金流量表或所有者权益变动表中单独列示，但对附注却具有重要性，则应当在附注中单独披露。比如，预计负债一般包含几个不同的项目，每一项目的重要性程度不足以在资产负债表中单独列示，但对附注却具有重要性，因此应当在附注中单独披露。

重要性，是指在合理预期下，财务报表某项目的省略或错报会影响使用者据此作出经济决策的，该项目具有重要性。重要性应当根据企业所处的具体环境，从项目的性质和金额两方面予以判断：(1) 判断项目性质的重要性。判断时应当考虑该项目在性质上是否属于企业日常活动，是否显著影响企业的财务状况、经营成果和现金流量等因素；（2）判断项目金额大小的重要性。判断时应当考虑该项目金额占资产总额、负债总额、所有者权益总额、营业收入总额、营业成本总额、净利润、综合收益总额等直接相关项目金额的比重或所属报表单列项目金额的比重。需要注意的是，对各项目重要性的判断标准一经确定，不得随意变更。

还需指出的是，按照财务报表列报准则规定在财务报表中单独列报的项目，企业应当单独列报。其他会计准则规定单独列报的项目，企业应当增加单独列报项目。

（六）抵消

财务报表项目应当以总额列报，财务报表项目金额之间通常不能相互抵消。比如，资产项目和负债项目的金额、收入项目和费用项目的金额、直接计入当期利润的利得项目和损失项目的金额不得相互抵消。如果将这些项目金额相互抵消，所提供的信息就不完整，信息的可比性降低，难以在同一企业不同期间以及同一期间不同企业的财务报表之间实现相互可比。

一组类似交易形成的利得和损失应当以净额列示，比如，汇兑损益应当以净额列报；为交易目的而持有的金融工具形成的利得和损失应当以净额列报。但是，如果这些利得和损失具有重要性，则应当单独列报。

下列两种情况均以净额列示，但不属于抵消：

（1）资产或负债项目按扣除备抵项目后的净额列示。资产计提的减值准备，实质上意味着资产价值发生了减损，资产项目按扣除相应的减值准备后的净额列示，才能反映资产当时的真实价值。

（2）非日常活动产生的利得和损失，以同一交易形成的收益扣减相关费用后的净额列示。非日常活动的发生具有偶然性，而且并非企业的主要业务，因此，非日常活动产生的利得和损失以同一交易形成的收益扣减相关费用后的净额列示更能反映交易的实质，也会更有利于报表使用者理解。比如，处置固定资产或无形资产形成的利得或损失，按照该交易形成的收益扣减相关费用后的净额列示，能更好地反映交易的经济实质。

（七）报告期间与财务报表表首的列报

企业至少应当按年编制财务报表。在我国，会计年度自公历1月1日起至12月31日止。年度财务报表涵盖的期间短于一年的，比如企业在年度中间（如5月28日）开始设立等，企业应当披露年度财务报表的实际涵盖期间及其短于一年的原因，并应当说明报表数据不具可比性的事实。

财务报表一般包括表首和正表两部分，在表首部分企业应当至少披露下列基本信息：(1）编报企业的名称。如企业名称在所属当期发生了变更，应当明确标明。(2）资产负债表日或财务报表涵盖的会计期间。(3）货币名称和单位。我国企业应当以人民币作为记账本位币列报，并标明金额单位，如人民币元，人民币千元等。(4）财务报表是合并财务报表的，应当予以标明。

三、资产负债表的最新编制要求

（一）资产负债表列报的总体要求

1. 分类别列报

资产负债表是反映企业报告期末财务状况的会计报表，它提供报告期末关于企业的资产、负债和所有者权益及其相互关系的信息。因此，资产负债表应当按照资产、负债和所有者权益三个类别分类列报。

2. 资产和负债按照流动性列报

资产负债表上，资产和负债应当分别流动资产和非流动资产、流动负债和非流动负债列示，而且先列报流动性强的资产或负债，后列报流动性弱的资产或负债。

银行、保险、证券等金融企业由于在经营内容上不同于一般工商企业，其资产和负债的构成项目也与一般工商企业有所不同，具有特殊性，金融企业的有些资产、负债无法严格区分为流动资产和非流动资产。因此准则规定，金融企业等销售产品或提供服务不具有明显可识别营业周期的企业，其各项资产或负债按照流动性列示能够提供可靠且更相关信息的，可以大体按照流动性顺序列示所有的资产或负债。

对于从事多种经营的企业，可以采用混合的列报基础进行列报，即对一部分资产和负债按照流动资产和非流动资产、流动负债和非流动负债列报，同时对其他资产和负债按照流动性顺序列报，但前提是能够提供可靠且更相关的信息。

此外，对于同时包含资产负债表日后一年内（含一年）和一年之后预期将收回或清偿金额的资产和负债单列项目，企业应当披露超过一年后预期收回或清偿的金额。比如，金融企业资产负债表中的资产或负债按照流动性顺序列示，有些资产或负债中同时包含了资产负债表日后一年内和一年之后预期收回或清偿的金额，对于这些项目，企业应当在附注中披露资产负债表日后一年之后预期收回或清偿的金额。

3. 列报相关的合计、总计项目

资产负债表中的资产类至少应当包括流动资产和非流动资产的合计项目；资产负债表中的负债类至少应当包括流动负债、非流动负债和负债的合计项目；资产负债表中的所有者权益类应当列示所有者权益的合计项目。但是按照企业的经济性质列报“流动资产合计”、“非流动资产合计”、“流动负债合计”、“非流动负债合计”等项目不切实可行的，则无需列报这些项目。比如，金融企业按照流动性顺序列示资产和负债的情况。

资产负债表应当列示资产总计项目，负债和所有者权益总计项目，并且这两者的金额应当相等。

（二）资产的列报

资产负债表中的资产反映过去的交易或事项形成的、由企业在某一特定日期所拥有或控制的、预期会给企业带来经济利益的资源。资产应当按照流动资产和非流动资产两大类别在资产负债表中列示，在流动资产和非流动资产类别下进一步按性质分项列示。

1. 流动资产与非流动资产的划分

资产负债表中，资产应当分别流动资产与非流动资产两个类别来列示。资产满足下列条件之一的，应当归类为流动资产：

（1）预计在一个正常营业周期中变现、出售或耗用。这类流动资产主要有应收账款、产成品、在产品和原材料等。变现一般针对应收账款而言，指将资产变为现金；出售一般针对产成品等存货而言，指将资产对外出售；耗用一般指将原材料等存货在生产经营过程中转变为另一种形态（如在产品、产成品）。

这里还有一个关键的概念，即“正常营业周期”，它也是判断流动负债时的关键概念。正常营业周期，是指企业从购买用于加工的资产起至实现现金或现金等价物的期间。正常营业周期的确定一般存在三种情况：①短于一年，如7个月。许多制造业企业从购买用于加工的材料起至实现现金或现金等价物，通常不超过一年，因此其正常营业周期短于一年。②某些企业因生产周期较长等导致正常营业周期长于一年的，尽管相关资产往往超过一年才变现、出售或耗用，仍应当将其划分为流动资产，予以列报。③正常营业周期不能确定的，应当以一年（12个月）作为正常营业周期。

（2）主要为交易目的而持有。主要是指按照《企业会计准则第22号——金融工具确认和计量》划分的交易性金融资产。但是，并非所有的交易性金融资产均为流动资产，比如，自资产负债表日起超过12个月到期且预期持有超过12个月的衍生工具应当划分为非流动资产或非流动负债。

（3）预计在资产负债表日起一年内变现。比如，长期应收款中将在资产负债表日起一年内收回的部分等。

（4）自资产负债表日起一年内，交换其他资产或清偿负债的能力不受限制的现金或现金等价物。

准则规定，同时满足下列条件的企业组成部分（或非流动资产）应当确认为持有待售：该组成部分必须在其当前状况下仅根据出售此类组成部分的惯常条款即可立即出售；企业已经就处置该组成部分作出决议，如按规定需得到股东批准的，应当已经取得股东大会或相应权力机构的批准；企业已经与受让方签订了不可撤销的转让协议；该项转让将在一年内完成。被划分为持有待售的非流动资产（如固定资产、无形资产、长期股权投资等）应当归类为流动资产。在资产负债表中应当单独列示被划分为持有待售的非流动资产及被划分为持有待售的处置组中的资产。

2. 非流动资产的列报

流动资产以外的资产应当归类为非流动资产，并应按其性质分类列示，包括可供出售金融资产、持有至到期投资、长期股权投资、投资性房地产、固定资产、生产性生物资产、无形资产和递延所得税资产等。

（三）负债的列报

资产负债表中的负债反映在某一特定日期企业所承担的、预期会导致经济利益流出企业的现时义务。负债应当按照流动负债和非流动负债在资产负债表中进行列示，在流动负债和非流动负债类别下再进一步按性质分项列示。

1. 流动负债与非流动负债的划分

流动负债的判断标准与流动资产的判断标准相类似。负债满足下列条件之一的，应当归类为流动负债：

（1）预计在一个正常营业周期中清偿。

（2）主要为交易目的而持有。

（3）自资产负债表日起一年内到期应予以清偿。

（4）企业无权自主地将清偿推迟至资产负债表日后一年以上。

关于可转换工具负债成分的分类，列报准则规定，负债在其对手方选择的情况下可通过发行权益进行清偿的条款与在资产负债表日负债的流动性划分无关。

需要补充说明的是，企业对资产和负债进行流动性分类时，应当采用相同的正常营业周期。企业正常营业周期中的经营性负债项目（包括应付账款、应付职工薪酬等）即使在资产负债表日后超过一年才予清偿的，仍应当划分为流动负债。

2. 资产负债表日后事项对流动负债与非流动负债划分的影响

流动负债与非流动负债的划分是否正确，直接影响到报表使用者对企业短期和长期偿债能力的判断。如果混淆了负债的类别，将歪曲企业的实际偿债能力，误导报表使用者的决策。对于资产负债表日后事项对流动负债与非流动负债划分的影响，需要特别加以考虑。

（1）资产负债表日起一年内到期的负债。

对于在资产负债表日起一年内到期的负债，企业有意图且有能力自主地将清偿义务展期至资产负债表日后一年以上的，应当归类为非流动负债；不能自主地将清偿义务展期的，即使在资产负债表日后、财务报告批准报出日前签订了重新安排清偿计划协议，该项负债在资产负债表日仍应当归类为流动负债。

【例 3－1】 20×2 年 6 月 11 日，运通公司向 G 银行借入 4 年期的长期借款，则在 20×5 年 12 月 31 日的资产负债表上，该长期借款应当划分为流动负债。

实务中，若出现下列情况，企业应当根据不同情况来考虑该长期借款的列报：

第一种情况：运通公司与 G 银行的贷款协议规定，运通公司在该借款到期前可以自行决定是否展期，无须征得银行的同意。运通公司打算要展期，则在 20×5 年 12 月 31 日的资产负债表上，该笔长期借款应当作为非流动负债列报。

第二种情况：运通公司在 20×5 年 12 月初与 G 银行完成长期再融资或展期，则在 20×5 年 12 月 31 日的资产负债表上，该笔长期借款应当作为非流动负债列报。

第三种情况：运通公司在 20×6 年 2 月 8 日（假定运通公司财务报告批准报出日为 20×6 年 3 月 25 日）与 G 银行完成长期再融资或展期，则在 20×5 年 12 月 31 日的资产负债表上，该笔长期借款应当划分为流动负债，予以列报。

(2) 违约长期债务。

企业在资产负债表日或之前违反了长期借款协议，导致贷款人可随时要求清偿的负债，应当归类为流动负债。这是因为，在这种情况下，债务清偿的主动权并不在企业，企业只能被动地无条件还款，而且该事实在资产负债表日已存在，所以该项负债仍应当归类为流动负债。

若贷款人在资产负债表日或之前同意提供在资产负债表日后一年以上的宽限期，在此期限内企业能够改正违约行为，且贷款人不能要求随时清偿的，该项负债应当归类为非流动负债。

企业的其他长期负债存在类似情况的，应当比照上述规定处理。

3. 非流动负债的列报

流动负债以外的负债应当归类为非流动负债，并应当按其性质分类列示，一般包括长期借款、应付债券、长期应付款、专项应付款、预计负债和递延所得税负债等项目。但是被划分为持有待售的非流动负债应当归类为流动负债，并在资产负债表中单独列示。

(四) 所有者权益的列报

所有者权益是企业资产扣除负债后由所有者享有的剩余权益，资产负债表中的所有者权益类一般按照净资产的不同来源和特定用途进行分类。资产负债表中，所有者权益类至少应当单独列示的项目有：(1) 实收资本（或股本）；(2) 资本公积；(3) 其他综合收益；(4) 盈余公积；(5) 未分配利润。

(五) 一般企业资产负债表的列报格式和填列方法

1. 一般企业资产负债表的列报格式

企业需要提供比较资产负债表，以便财务报表使用者通过比较不同时点资产负债表的数据，掌握企业财务状况的变动情况及发展趋势。所以，资产负债表的各项目分为“期末余额”和“年初余额”两栏列报，一般企业资产负债表的列报格式参见表3-2。金融企业的资产负债表列报格式应当遵循列报准则的规定，并根据金融企业经营活动的性质和要求，比照一般企业资产负债表的列报格式进行相应调整。

表3-2　　**资产负债表**　　会企01表

编制单位：利达股份有限公司　　20×5年12月31日　　单位：元

资产	期末余额	年初余额	负债和所有者权益	期末余额	年初余额
流动资产：			流动负债：		
货币资金			短期借款		
以公允价值计量且其变动计入当期损益的金融资产			以公允价值计量且其变动计入当期损益的金融负债		
应收票据			应付票据		
应收账款			应付账款		
预付款项			预收款项		
应收利息			应付职工薪酬		
应收股利			应交税费		
其他应收款			应付利息		
存货			应付股利		
划分为持有待售的资产(*注1*)			其他应付款		
一年内到期的非流动资产			划分为持有待售的负债(*注2*)		
其他流动资产			一年内到期的非流动负债		
流动资产合计			其他流动负债		
非流动资产：			流动负债合计		
可供出售金融资产			非流动负债：		

续表

资产	期末余额	年初余额	负债和所有者权益	期末余额	年初余额
持有至到期投资			长期借款		
长期应收款			应付债券		
长期股权投资			长期应付款		
投资性房地产			专项应付款		
固定资产			预计负债		
在建工程			递延收益		
工程物资			递延所得税负债		
固定资产清理			其他非流动负债		
生产性生物资产			非流动负债合计		
油气资产			负债合计		
无形资产			所有者权益（或股东权益）：		
开发支出			实收资本（或股本）		
商誉			资本公积		
长期待摊费用			减：库存股		
递延所得税资产			其他综合收益		
其他非流动资产			盈余公积		
非流动资产合计			未分配利润		
			所有者权益（或股东权益）合计		
资产总计			负债和所有者权益总计		

注1和注2："划分为持有待售的资产"项目反映资产负债表日划分为持有待售的非流动资产或划分为持有待售的处置组中的资产的期末余额；"划分为持有待售的负债"项目反映资产负债表日划分为持有待售的处置组中的负债的期末余额。如果企业不存在划分为持有待售的非流动资产或划分为持有待售的处置组，可以不列示这两项。

还需指出的是，企业可以根据需要在资产负债表中调整或增设相关项目。比如，若企业衍生金融工具业务具有重要性，应当在资产负债表中的“以公允价值计量且其变动计入当期损益的金融资产”项目的后面增设“衍生金融资产”项目，在“以公允价值计量且其变动计入当期损益的金融负债”项目的后面增设“衍生金融负债”项目，分别反映企业衍生金融工具形成的资产和负债的期末余额；高危行业企业如果按照国家规定提取安全生产费，则应当在资产负债表所有者权益项下“其他综合收益”项目的后面增设“专项储备”项目，反映企业提取的安全生产费的期末余额。

2. 一般企业资产负债表的填列方法

资产负债表“期末余额”栏一般应根据资产、负债和所有者权益类科目的期末余额填列。具体说明如下：

（1）根据总账科目余额填列。“以公允价值计量且其变动计入当期损益的金融资产”、“可供出售金融资产”、“工程物资”、“固定资产清理”、“投资性房地产”（假设投资性房地产采用公允价值模式进行后续计量）、“开发支出”、“递延所得税资产”、“短期借款”、“以公允价值计量且其变动计入当期损益的金融负债”、“应付票据”、“应付职工薪酬”、“应交税费”、“应付利息”、“应付股利”、“其他应付款”、“专项应付款”、“预计负债”、“递延收益”、“所得税负债”、“实收资本（或股本）”、“资本公积”、“库存股”、“其他综合收益”、“专项储备”、“盈余公积”等项目，应根据有关总账科目的期末余额填列。年末编制的资产负债表中，“未分配利润”项目应根据“利润分配”总账科目期末余额填列。

有的项目则根据几个总账科目的期末余额计算填列，比如，“货币资金”项目应根据“库存现金”、“银行存款”、“其他货币资金”三个总账科目的期末余额的合计数填列；“其他流动资产”、“其他流动负债”项目，应根据有关科目的期末余额分析计算填列；年度中间各月月末编制资产负债表时，“未分配利润”项目根据“利润分配”科目和“本年利润”科目的期末余额分析计算填列。

（2）根据明细账科目余额计算填列。“应付账款”项目，应根据“应付账款”和“预付账款”所属明细科目期末贷方余额合计数填列；“预收款项”项目，应根据“预收账款”和“应收账款”科目所属明细科目的期末贷方余额合计数填列；“一年内到期的非流动资产”、“一年内到期的非流动负债”项目，应根据有关非流动资产或非流动负债项目的明细科目期末余额分析填列。

（3）根据总账科目和明细账科目的余额计算填列。“长期借款”项目，应根据“长期借款”总账科目余额扣除“长期借款”所属明细科目中将在资产负债表日起一年内到期且企业不能自主地将清偿义务展期的长期借款后的金额计算填列。“应付债券”项目的填列与“长期借款”类似。“长期待摊费用”项目，应根据“长期待摊费用”总账科目的期末余额减去将于一年内（含一年）摊销的数额的金额填列；“其他非流动负债”项目，应根据有关科目的期末余额减去将于一年内（含一年）到期偿还数后的金额填列。

（4）根据有关总账科目余额减去其备抵科目余额后的净额填列。“持有至到期投资”、“长期股权投资”、“在建工程”、“商誉”等项目，应根据相关科目的期末余额填列，已计提减值准备的，还应扣减相应的减值准备；“固定资产”、“无形资产”、“投资性房地产”（假设投资性房地产采用成本模式进行后续计量）、“生产性生物资产”、“油气资产”等项目，应根据相关科目的期末余额扣减相关的累计折旧（或摊销、折耗）填列，已计提减值准备的，还应扣减相应的减值准备；“长期应收款”项目，应根据“长期应收款”科目的期末余额，减去相应的“未实现融资收益”科目余额和“坏账准备”科目所属相关明细科目期末余额后的金额填列；“长期应付款”项目，应根据“长期应付款”科目的期末余额，减去相应的“未确认融资费用”科目期末余额后的金额填列，如果“长期应付款”明细科目中有将在资产负债表日起一年内到期的部分，则还应当扣除这部分金额。

（5）综合运用上述填列方法分析填列。主要包括“应收票据”、“其他应收款”项目，应根据相关总账科目的期末余额，减去“坏账准备”科目中有关明细科目余额后的金额填列；“应收账款”科目应当根据“应收账款”和“预收账款”科目所属各明细科目的期末借方余额合计数，减去“坏账准备”明细科目中为应收账款计提的坏账准备余额后的金额填列；“预付账款”项目，应根据“预付账款”和“应付账款”科目所属各明细科目的期末借方余额合计数，减去“坏账准备”科目中为预付账款计提坏账准备的余额后的金额填列；“存货”项目，应根据“材料采购”或“在途物资”、“原材料”、“发出商品”、“库存商品”、“周转材料”、“委托加工物资”、“生产成本”、“受托代销商品”等科目的期末余额合计，减去“受托代销商品款”、“存货跌价准备”科目期末余额后的金额填列，材料采用计划成本核算的，还应加或减相应的材料成本差异；“划分为持有待售的资产”、“划分为持有待售的负债”项目，应根据相关科目的期末余额分析填列。

资产负债表中的“年初余额”栏通常根据上年末有关项目的期末余额直接填列。如果企业上年度资产负债表规定的项目名称和内容与本年度不一致，应当按照本年度的规定对上年末资产负债表的项目名称和内容进行调整。此外，如果企业发生了会计政策变更、前期差错更正，也应当根据情况对“年初余额”栏的有关项目进行相应调整。

四、利润表的最新编制要求

（一）修订后列报准则关于利润表的主要变化

1. 增加了综合收益和其他综合收益的定义

综合收益，是指企业在某一期间除与所有者以其所有者身份进行的交易之外的其他交易或事项所引起的所有者权益变动。“综合收益总额”项目反映净利润和其他综合收益扣除所得税影响后的净额相加后的合计金额。其他综合收益，是指企业根据其他会计准则规定未在当期损益中确认的各项利得和损失。

目前，无论是国际财务报告准则还是中国企业会计准则，均没有一致的概念来解释净收益和其他综合收益，哪些项目应当直接在净收益或在其他综合收益中确认也没有统一的原则，即对“其他综合收益”都还没有提出一个能够概括其所有组成项目的共同特征的描述性定义。准则指定者只能采用列举的方式，列举范围之外的项目都不属于其他综合收益。其他综合收益一般包括可供出售金融资产的未实现利得或损失、现金流量套期产生的利得或损失、外币财务报表折算调整、重新计量设定受益计划净负债或净资产导致的变动等，这些项目分别由不同的会计准则来规定。对于每一项目，准则制定机构出于种种理由认为它们是难以处理的：其可能产生自未实现利得或损失的确认、计量的不确定性、易波动性等等。

虽然我国企业从 2009 年起根据第 3 号准则解释公告的规定在利润表中列报其他综合收益和综合收益，但在财务报表列报准则中还是首次给出它们的定义。

2. 要求其他综合收益分两类列报

在利润表中不仅要列报其他综合收益和综合收益，而且还应当把其他综合收益各项目分为两类列报：一类是以后会计期间不能重分类进损益的其他综合收益，主要包括重新计量设定受益计划净负债或净资产导致的变动、按照权益法核算的在被投资单位以后会计期间不能重分类进损益的其他综合收益中所享有的份额；另一类是以后会计期间在满足规定条件时将重分类进损益的其他综合收益，主要包括：(1) 按照权益法核算的在被投资单位以后会计期间在满足规定条件时将重分类进损益的其他综合收益中所享有的份额；(2) 可供出售金融资产公允价值变动形成的利得或损失；(3) 持有至到期投资重分类为可供出售金融资产形成的利得或损失；(4) 现金流量套期工具产生的利得或损失中属于有效套期的部分；(5) 外币财务报表折算差额。利润表中每一项其他综合收益均按税后净额列报。

（二）一般企业利润表的列报格式

企业需要提供比较利润表，以便财务报表使用者通过比较不同期间利润的实现情况，判断企业经营成果的未来发展趋势。利润表的各项目分为“本期金额”和“上期金额”两栏列报。一般企业利润表的列报格式参见表3-3。金融企业的利润表列报格式应当遵循列报准则的规定，并根据金融企业经营活动的性质和要求，比照一般企业利润表的列报格式进行相应调整。

表3-3 **利润表** 会企02表

编制单位：利达股份有限公司 20×5年度 单位：元

项目	本期金额	上期金额
一、营业收入		
减：营业成本		
营业税金及附加		
销售费用		
管理费用		
财务费用		
资产减值损失		
加：公允价值变动收益（损失以“-”号填列）		
投资收益（损失以“-”号填列）		
其中：对联营企业和合营企业的投资收益		
二、营业利润（亏损以“-”号填列）		
加：营业外收入		
其中：非流动资产处置利得		
减：营业外支出		
其中：非流动资产处置损失		
三、利润总额（亏损总额以“-”号填列）		
减：所得税费用		

续表

项　目	本期金额	上期金额
四、净利润（净亏损以“－”号填列）		
五、其他综合收益的税后净额		
（一）以后不能重分类进损益的其他综合收益		
1. 重新计量设定受益计划净负债或净资产的变动		
2. 权益法下在被投资单位不能重分类进损益的其他综合收益中享有的份额		
……		
（二）以后将重分类进损益的其他综合收益		
1. 权益法下在被投资单位以后将重分类进损益的其他综合收益中享有的份额		
2. 可供出售金融资产公允价值变动损益		
3. 持有至到期投资重分类为可供出售金融资产损益		
4. 现金流量套期损益的有效部分		
5. 外币财务报表折算差额		
……		
六、综合收益总额		
七、每股收益		
（一）基本每股收益		
（二）稀释每股收益		

需要指出的是，企业可以根据需要在利润表中调整或增设相关项目。比如，企业应当根据自身相关的其他综合收益业务，在利润表中“以后不能重分类进损益的其他综合收益”和“以后将重分类进损益的其他综合收益”项下调整或增设有关其他综合收益项目。

可见，虽然利润表的名称没有改变，但是，从列报内容上来看，修订后的利润表实质上是一张利润和其他综合收益报表。这种列报方式既实现了在同一报表中列报所有者权益变动中除了与所有者的资本交易导致的所有者权益的变动外的所有其他变动，又保留了净利润（或损益）与其他综合收益之间的清晰界限，同时，把其他综合收益分为两类列报有助于报表使用者更好地理解这些项目。

（三）一般企业利润表的具体填列方法

利润表中各项目的本期金额的填列方法如下：

（1）按照损益类科目的本期发生额分析计算填列。“营业收入”项目，应当按照“主营业务收入”和“其他业务收入”科目的本期发生额分析计算填列；“营业成本”项目，应当按照“主营业务成本”和“其他业务成本”科目的本期发生额分析计算填列；“营业税金及附加”、“销售费用”、“管理费用”、“财务费用”、“资产减值损失”、“投资收益”、“营业外收入”、“营业外支出”和“所得税费用”项目，应当直接按照相应的损益类科目的本期发生额分析填列；“公允价值变动收益”项目应当按照“公允价值变动损益”科目的本期发生额分析填列。

（2）“其他综合收益的税后净额”项目及其各组成部分应当根据“其他综合收益”科目及其所属各明细科目的本期发生额分析计算填列。

（3）“营业利润”、“利润总额”、“净利润”和“综合收益总额”项目应当根据本表中相关项目计算填列。其中，综合收益总额等于“净利润”与“其他综合收益税后净额”之和。

（4）“基本每股收益”和“稀释每股收益”两个指标，应当根据《企业会计准则第34号——每股收益》的有关规定计算填列。《企业会计准则第34号——每股收益》规定，普通股或潜在普通股已公开交易的企业，以及正处于公开发行普通股或潜在普通股过程中的企业，应当在利润表中列示每股收益信息，并在附注中详细披露每股收益指标的计算过程。

利润表中各项目的“上期金额”应当根据上年该期利润表“本期金额”栏内所列数字填列。如果企业上年该期利润表规定的项目名称和内容与本期不一致，应当按照本期的规定对上年该期利润表各项目的名称和内容进行调整，然后填入该表的“上期金额”栏内。

【例3－2】 20×6年度，运通股份有限公司各损益类科目的发生额如下（见表3－4）：

表3－4　　20×6年度各损益类科目的发生额　　单位：元

科　　目	借方发生额	贷方发生额
主营业务收入	100 000	10 100 000
主营业务成本	6 807 000	65 300
其他业务收入		200 000
其他业务成本	148 000	
营业税金及附加	88 900	
销售费用	715 000	
管理费用	892 700	
财务费用	120 430	
资产减值损失	22 000	
投资收益		16 600
公允价值变动损益	9 200	5 000
营业外收入		20 000
营业外支出	63 000	
所得税费用	342 000	

其他相关资料如下：

(1) 本年的营业外支出中，非流动资产处置净损失为3 000元；营业外收入中没有非流动资产处置利得。

(2) 本年的投资收益中，不包括对联营企业和合营企业的投资收益。

（3）“其他综合收益”所属各明细科目中，只有“其他综合收益——可供出售金融资产公允价值变动”明细科目本年发生增减变动，其贷方发生额为80 000元，系因确认可供出售金融资产公允价值变动产生的利得，其所得税影响计入该明细科目的借方，金额为20 000元。本年度“其他综合收益”所属其他明细科目没有发生增减变动。

假定该公司年末一次结转利润。20×6年末结转利润的账务处理如下：

借：主营业务收入	10 000 000	
其他业务收入	200 000	
投资收益	16 600	
营业外收入	20 000	
贷：本年利润		10 236 600
借：本年利润	9 137 930	
贷：主营业务成本		6 741 700
其他业务成本		148 000
营业税金及附加		88 900
销售费用		715 000
管理费用		892 700
财务费用		120 430
资产减值损失		22 000
公允价值变动损益		4 200
营业外支出		63 000
所得税费用		342 000

根据上述资料，运通股份有限公司编制的20×6年度利润表如表3-5所示。

表 3－5 **利 润 表** 会企 02 表

编制单位：运通股份有限公司 20×6 年度 单位：元

项　　目	本期金额	上期金额（略）
一、营业收入	10 200 000	
减：营业成本	6 889 700	
营业税金及附加	88 900	
销售费用	715 000	
管理费用	892 700	
财务费用	120 430	
资产减值损失	22 000	
加：公允价值变动收益（损失以“－”号填列）	－4 200	
投资收益（损失以“－”号填列）	16 600	
其中：对联营企业和合营企业的投资收益		
二、营业利润（亏损以“－”号填列）	1 483 670	
加：营业外收入	20 000	
其中：非流动资产处置利得		
减：营业外支出	63 000	
其中：非流动资产处置损失	3 000	
三、利润总额（亏损总额以“－”号填列）	1 440 670	
减：所得税费用	342 000	
四、净利润（净亏损以“－”号填列）	1 098 670	
五、其他综合收益的税后净额	60 000	
（一）以后不能重分类进损益的其他综合收益		
（二）以后将重分类进损益的其他综合收益		
1. 权益法下在被投资单位以后将重分类进损益的其他综合收益中享有的份额		
2. 可供出售金融资产公允价值变动损益	60 000	
六、综合收益总额	1 158 670	

续表

项　目	本期金额	上期金额（略）
七、每股收益		
（一）基本每股收益	略	
（二）稀释每股收益	略	

五、所有者权益变动表的最新编制要求

（一）修订后列报准则关于所有者权益变动表的主要变化

所有者权益变动表是反映构成所有者权益各组成部分当期增减变动情况的报表。所有者权益变动表应当全面反映企业一定时期所有者权益变动的情况，不仅包括所有者权益总量的增减变动，还包括所有者权益增减变动的重要结构性信息，目的是让财务报表使用者理解所有者权益增减变动的根源。

修订前，所有者权益变动表中分别列示当期损益、直接计入所有者权益的利得和损失和与所有者（或股东）的资本交易导致的所有者权益的变动。财务报表中的信息应当根据相同的特征进行汇总，根据这一原则，修订后的列报准则要求分别列示综合收益和与所有者的资本交易导致的所有者权益的变动。与所有者的资本交易，是指企业与所有者以其所有者身份进行的、导致企业所有者权益变动的交易，这一定义也是首次在准则中给出，它有助于企业判断所有者权益变动的两个类别：与所有者的资本交易导致的权益变动和其他权益变动。

旧准则规定该表中单独列示“净利润”和“直接计入所有者权益的利得和损失及其总额”，而修订后准则要求单独列示“综合收益总额”。在合并所有者权益变动表中，还应单独列示归属于母公司所有者的综合收益总额和归属于少数股东的综合收益总额。

（二）一般企业所有者权益变动表的具体结构

为了清楚地反映构成所有者权益的各组成部分当期增减变动情况，所有者权益变动表应当以矩阵的形式列示：一方面，列示导致所有者权益变动的交易或事项，改变了以往仅仅按照所有者权益的各组成部分反映所有者权益变动情况，而是从所有者权益变动的来源对一定时期所有者权益变动情况进行全面反映；另一方面，按照所有者权益各组成部分（包括实收资本或股本，资本溢价或股本溢价、其他综合收益、盈余公积、未分配利润和库存股等）及其总额列示交易或事项对所有者权益的影响。企业需要提供比较所有者权益变动表，因此，所有者权益变动表还就各项目再分为“本年金额”和“上年金额”两栏分别填列。一般企业所有者权益变动表的列报格式如表 3-6 所示。

金融企业的所有者权益变动表列报格式，应当遵循列报准则的规定，并根据金融企业经营活动的性质和要求，比照一般企业的所有者权益变动表的列报格式进行相应调整。高危行业企业如果按照国家规定提取安全生产费，则应当在该表的“未分配利润”栏和“所有者权益合计”栏之间增设“专项储备”栏。

表 3－6

所有者权益变动表

会企 04 表

编制单位：利达股份有限公司　　20×5 年度　　单位：元

项目	本年金额							上年金额						
	实收资本（或股本）	资本公积	减：库存股	其他综合收益	盈余公积	未分配利润	所有者权益合计	实收资本（或股本）	资本公积	减：库存股	其他综合收益	盈余公积	未分配利润	所有者权益合计
一、上年年末余额														
加：会计政策变更														
前期差错更正														
二、本年年初余额														
三、本年增减变动金额（减少以“－”号填列）														
（一）综合收益总额														
（二）所有者投入和减少资本														
1. 所有者投入资本														
2. 股份支付计入所有者权益的金额														
3. 其他														

续表

项目	本年金额							上年金额						
	实收资本（或股本）	资本公积	减：库存股	其他综合收益	盈余公积	未分配利润	所有者权益合计	实收资本（或股本）	资本公积	减：库存股	其他综合收益	盈余公积	未分配利润	所有者权益合计
（三）利润分配														
1. 提取盈余公积														
2. 对所有者（或股东）的分配														
3. 其他														
（四）所有者权益内部结转														
1. 资本公积转增资本（或股本）														
2. 盈余公积转增（或股本）														
3. 盈余公积弥补亏损														
4. 其他														
四、本年年末余额														

（三）所有者权益变动表的填列方法

所有者权益变动表中“本年金额”栏内各项数字应当根据“实收资本”或“股本”、“资本公积”、“其他综合收益”、“盈余公积”、“利润分配”、“库存股”、“以前年度损益调整”等科目及其明细科目的发生额分析填列。所有者权益变动表中的“综合收益总额”项目，应当根据当年利润表中“其他综合收益的税后净额”和“净利润”项目填列，并对应填在“其他综合收益”和“未分配利润”栏内。

所有者权益变动表中“上年金额”栏内各项数字，应当根据上年度所有者权益变动表“本年金额”栏内所列数字填列。如果上年度所有者权益变动表规定的各个项目的名称和内容同本年度不一致，应当按照本年度的规定对上年度所有者权益变动表规定的各项目的名称和数字进行调整，填入该表的“上年金额”栏内。

【例 3－3】 20×6 年初，运通股份有限公司所有者权益总额为 7 640 170 元，其各组成部分的余额情况如下（单位为元）：

股本	3 600 000
资本公积	400 000
其中：股本溢价	400 000
其他综合收益	5 000
盈余公积	1 786 000
未分配利润	1 849 170

20×6 年度，运通股份有限公司各损益类科目和“其他综合收益”科目的发生额情况参见【例 3－2】。该公司按照当年净利润的 10% 提取法定盈余公积金 109 867 元，向股东分配现金股利 600 000 元。

根据上述资料，运通股份有限公司编制的 20×6 年度所有者权益变动表如表 3－7（上年金额略）所示。

表 3－7 **所有者权益变动表** 会企 04 表

编制单位：运通股份有限公司 20×6 年度 单位：元

项目	本年金额							上年金额
	实收资本（或股本）	资本公积	减：库存股	其他综合收益	盈余公积	未分配利润	所有者权益合计	……
一、上年年末余额	3 600 000	400 000		5 000	1 786 000	1 849 170	7 640 170	
加：会计政策变更								
前期差错更正								
二、本年年初余额	3 600 000	400 000		5 000	1 786 000	1 849 170	7 640 170	
三、本年增减变动金额（减少以“－”号填列）								
（一）综合收益总额				60 000		1 098 670	1 158 670	
（二）所有者投入和减少资本								
1. 所有者投入资本								
2. 股份支付计入所有者权益的金额								
3. 其他								
（三）利润分配								
1. 提取盈余公积					109 867	－109 867		

续表

项目	本年金额							上年金额
	实收资本（或股本）	资本公积	减：库存股	其他综合收益	盈余公积	未分配利润	所有者权益合计	……
2. 对所有者（或股东）的分配						-600 000	-600 000	
3. 其他								
（四）所有者权益的内部结转								
1. 资本公积转增资本（或股本）								
2. 盈余公积转增（或股本）								
3. 盈余公积弥补亏损								
4. 其他								
四、本年年末余额	3 600 000	400 000		65 000	1 895 867	2 237 973	8 198 840	

六、附注的最新列报要求

附注是财务报表的重要组成部分，它是对资产负债表、利润表、现金流量表和所有者权益变动表等报表中列示项目的文字描述或明细资料，以及未能在这些报表中列示项目的说明等。

企业应当按照如下顺序在附注中至少披露下列内容：

（一）企业的基本情况

1. 企业注册地、组织形式和总部地址。

2. 企业的业务性质和主要经营活动。

3. 母公司以及集团最终母公司的名称。

4. 财务报告的批准报出者和财务报告批准报出日，或者以签字人及其签字日期为准。

5. 经营期限有限的企业，还应当披露有关其营业期限的信息。

（二）财务报表的编制基础

企业应当根据财务报表列报准则的规定判断是否持续经营，并披露财务报表是否以持续经营为基础编制。

（三）遵循企业会计准则的声明

企业应当声明编制的财务报表符合企业会计准则的要求，真实、公允地反映了企业的财务状况、经营成果和现金流量等有关信息，以此明确企业编制财务报表所依据的制度基础。如果企业编制的财务报表只是部分地遵循了企业会计准则，附注中不得作出这种表述。

（四）重要会计政策和会计估计

企业应当结合其具体实际披露采用的重要会计政策和会计估计，不重要的会计政策和会计估计可以不披露。

1. 重要会计政策的说明

由于企业经济业务的复杂性和多样性，某些经济业务可以有多种会计处理方法，也即存在不止一种可供选择的会计政策。企业在发生某项经济业务时，必须从允许的会计处理方法中选择适合本企业特点的会计政策。企业选择不同的会计处理方法，可能极大地影响企业的财务状况和经营成果。为了有助于报表使用者理解，有必要对这些会计政策加以披露。

企业在说明会计政策时，还需要披露下列两项内容：

（1）财务报表项目的计量基础。会计计量基础包括历史成本、重置成本、可变现净值、现值和公允价值，这直接显著影响报表使用者的分析，这项披露要求便于使用者了解企业财务报表中的项目是按何种计量基础予以计量的，如存货是按成本还是可变现净值计量等。

（2）会计政策的确定依据。主要是指企业在运用会计政策过程中所作的对报表中确认的项目金额最具影响的判断。例如，企业如何判断持有的金融资产是持有至到期投资而不是交易性投资：又比如，对于拥有的持股不足50%的关联企业，企业如何判断企业拥有控制权，因此将其纳入合并范围；再比如，企业如何判断与租赁资产相关的所有风险和报酬已转移给企业，从而符合融资租赁的标准；以及投资性房地产的判断标准是什么等等。这些判断对在报表中确认的项目金额有重要的影响，因此，这项披露要求有助于报表使用者理解企业选择和运用会计政策的背景，增加财务报表的可理解性。

2. 重要会计估计的说明

企业应当披露会计估计中所采用的关键假设和不确定因素的确定依据，这些关键假设和不确定因素可能导致下一个会计期间内资产、负债账面价值进行重大调整。在确定报表中确认的资产和负债的账面金额过程中，企业有时需要对不确定的未来事项在资产负债表日对这些资产和负债的影响加以估计。例如，固定资产可收回金额的计算需要根据其公允价值减去处置费用后的净额与预计未来现金流量的现值两者之间的较高者确定，在计算资产预计未来现金流量的现值时需要对未来现金流量进行预测，并选择适当的折现率。

企业应当在附注中披露未来现金流量的预测所采用的假设及其依据、所选择的折现率为什么是合理的等。这些假设的变动对这些资产和负债项目金额的确定影响很大，有可能会在下一个会计年度内作出重大调整。因此，这一披露有助于提高财务报表的可理解性。

（五）会计政策和会计估计变更以及差错更正的说明

企业应当按照《企业会计准则第28号——会计政策、会计估计变更和差错更正》及其应用指南的规定，披露会计政策和会计估计变更以及差错更正的有关情况。

（六）报表重要项目的说明

企业应当按照资产负债表、利润表、现金流量表、所有者权益变动表及其项目列示的顺序，对报表重要项目的说明采用文字和数字描述相结合的方式进行披露。报表重要项目的明细金额合计，应当与报表项目金额相衔接。

财务报表列报准则规定，企业还应当在附注中披露如下信息：

1. 费用按照性质分类的利润表补充资料。费用按照性质分类将有助于报表使用者理解影响主体未来盈利能力的因素以及如何影响、提高预测未来现金流量的能力。企业可将费用分为耗用的原材料、职工薪酬费用、折旧费用、摊销费用等。具体的披露格式如表3-8所示。

表3-8　　费用按照性质分类的补充资料

项目	本期金额	上期金额
耗用的原材料		
产成品及在产品存货变动		
职工薪酬费用		
折旧费用和摊销费用		
非流动资产减值损失		

续表

项目	本期金额	上期金额
支付的租金		
财务费用		
其他费用		
……		
合计		

2. 关于其他综合收益各项目的信息，包括：（1）其他综合收益各项目及其所得税影响。因为其他综合收益的各个组成部分的税率可能与损益适用的税率不同，所以有必要披露其他综合收益的各个组成部分相关的所得税。（2）其他综合收益各项目原计入其他综合收益、当期转出计入当期损益的金额，即重分类调整。披露重分类调整信息是必要的，因为它能够使交易的经济意义不被模糊；如果没有这些信息，使用者将难以评估重分类对损益的影响。（3）其他综合收益各项目的期初和期末余额及其调节情况。

上述其他综合收益各项目信息的具体披露格式如表3－9和表3－10所示。

表3－9 其他综合收益各项目及其所得税影响和转入损益情况

项目	本期发生额			上期发生额		
	税前金额	所得税	税后金额	税前金额	所得税	税后金额
一、以后不能重分类进损益的其他综合收益						
1. 重新计量设定受益计划净负债或净资产的变动						
2. 权益法下在被投资单位不能重分类进损益的其他综合收益中享有的份额 ……						

续表

项目	本期发生额			上期发生额		
	税前金额	所得税	税后金额	税前金额	所得税	税后金额
二、以后将重分类进损益的其他综合收益						
1. 权益法下在被投资单位以后将重分类进损益的其他综合收益中享有的份额						
减：前期计入其他综合收益当期转入损益						
小计						
2. 可供出售金融资产公允价值变动损益						
减：前期计入其他综合收益当期转入损益						
小计						
3. 持有至到期投资重分类为可供出售金融资产损益						
减：前期计入其他综合收益当期转入损益						
小计						
4. 现金流量套期损益的有效部分						
减：前期计入其他综合收益当期转入损益						
转为被套期项目初始确认金额的调整额						
小计						
5. 外币财务报表折算差额						
减：前期计入其他综合收益当期转入损益						
小计						
……						
三、其他综合收益合计						

表3－10　　其他综合收益各项目的调节情况

项目	重新计量设定受益计划净负债或净资产的变动	权益法下在被投资单位不能重分类进损益的其他综合收益中享有的份额	权益法下在被投资单位以后将重分类进损益的其他综合收益中享有的份额	可供出售金融资产公允价值变动损益	持有至到期投资重分类为可供出售金融资产损益	现金流量套期损益的有效部分	外币财务报表折算差额	……	其他综合收益合计
一、上年年初余额									
二、上年增减变动金额（减少以“－”号填列）									
三、本年年初余额									
四、本年增减变动金额（减少以“－”号填列）									
五、本年年末余额									

3. 终止经营损益信息。我国企业的利润表中没有单独列报终止经营损益，而终止经营损益信息是十分重要的。报表使用者只有区分持续经营和终止经营，才能合理地预测企业未来现金流量和获利能力。终止经营，是指满足下列条件之一的已被企业处置或被企业划归为持有待售的、在经营和编制财务报表时能够单独区分的组成部分：

（1）该组成部分代表一项独立的主要业务或一个主要经营地区。

（2）该组成部分是拟对一项独立的主要业务或一个主要经营地区进行处置计划的一部分。

（3）该组成部分是仅仅为了再出售而取得的子公司。

上述所说的“企业组成部分”，是指企业的一个部分，其经营和现金流量无论从经营上或从财务报告目的上考虑，均能与企业内其他部分清楚划分。企业组成部分在其经营期间是一个现金产出单元或一组现金产出单元，通常可能是一个子公司、一个事业部或事业群，拥有经营的资产，也可能承担负债，由企业高管负责。

企业应当在附注中披露终止经营的相关损益，包括终止经营的收入、费用、利润总额、所得税费用和净利润，以及归属于母公司所有者的终止经营利润。上述数据应当是针对终止经营在整个报告期间的经营成果。

4. 在资产负债表日后、财务报告批准报出日前提议或宣布发放的股利总额和每股股利金额（或向投资者分配的利润总额）。

（七）其他需要说明的重要事项

企业还应当按照《企业会计准则第 13 号——或有事项》、《企业会计准则第 29 号——资产负债表日后事项》和《企业会计准则第 36 号——关联方披露》等准则及相关应用指南的规定，在附注中披露或有和承诺事项、资产负债表日后非调整事项、关联方关系及其交易等重要事项。

（八）有助于财务报表使用者评价企业管理资本的目标、政策及程序的信息

资本管理受行业监管部门监管要求的金融等行业企业，除了遵循相关监管要求外，还应当按照财务报表列报准则的规定，在财务报表附注中披露有助于财务报表使用者评价企业管理资本的目标、政策及程序的信息。这些信息主要包括：

1. 企业资本管理的目标、政策及程序的定性信息，具体包括：（1）对企业资本管理的说明；（2）受制于外部强制性资本要求的企业，应当披露这些要求的性质以及企业如何将这些要求纳入其资本管理之中；（3）企业如何实现其资本管理的目标。

2. 资本结构的定量数据摘要，包括资本与所有者权益之间的调节关系等。

3. 自前一个会计期间开始，上述两项内容的所有变动。

4. 企业当期是否遵循了其受制的外部强制性资本要求；以及当企业未遵循外部强制性资本要求时，其未遵循的后果。

企业按照总体对上述信息披露不能提供有用信息时，还应当对每项受管制的资本要求单独披露上述信息，比如，跨行业、跨国家或地区经营的企业集团可能受一系列不同的资本要求监管。

七、新准则的影响与应对

概括来说，财务报表列报准则此次修订的主要内容有：将综合收益相关内容补充纳入准则正文，在利润表中增加了“其他综合收益”和“综合收益总额”项目并进行了定义，同时将其他综合收益项目进一步划分为“以后会计期间不能重分类进损益的其他综合收益项目”和“以后会计期间在满足规定条件时将重分类进损益的其他综合收益项目”两类区别列报。此外，原在所有者权益变动表中反映的“综合收益”有关内容也作出相应调整，并在附注中增加有关披露内容。

修订后准则自2014年7月1日起在所有执行企业会计准则的企业范围内施行，鼓励在境外上市的企业提前执行。因此，所有执行企业会计准则的企业均会受到此次修订的影响，特别是存在其他综合收益和持有待售非流动资产的企业，对报表的列报和披露影响较大。

针对此次修订，企业可采取如下应对措施：

（1）积极组织相关财务人员进行新颁布或新修订准则的学习，熟悉各准则的规定及其对财务报表列报的影响。

（2）改进其他综合收益的核算。新准则实施前，其他综合收益基本上是在“资本公积——其他资本公积”明细科目中核算，而这一科目包含的内容过于繁杂，不仅包含其他综合收益项目、与计入其他综合收益项目相关的所得税影响，还包含不属于其他综合收益的情况，比如以权益结算的股份支付每期确认成本费用时形成的资本公积等。对于存在其他综合收益的企业来说，应当将其他综合收益从“资本公积——其他资本公积”明细科目中分离出来，单独设置“其他综合收益”科目，并针对其他综合收益各项目及其所得税影响等设置相应的二级或三级明细科目进行明细核算，这样将更有利于其他综合收益的列报与披露。

（3）改进持有待售资产的核算。对于存在划分为持有待售的非流动资产，或存在划分为持有待售的处置组的企业，可以把这些持有待售非流动资产从相应的非流动资产（如固定资产、无形资产、长期股权投资等）中分离出来，单独设置“持有待售资产”科目予以核算。如有划分为持有待售的处置组中的负债的，则可以单独设置“持有待售负债”科目进行会计处理。

八、案例分析及操作实务

财务报表列报准则主要修订了与综合收益有关的内容，但实际上，从2009年我国要求列报综合收益以来，我国上市公司中其他综合收益项目并不多见（金融类上市公司除外），主要的项目是可供出售金融资产公允价值变动。

下面举例说明利润表和所有者权益变动表中其他综合收益和综合收益等项目的列报，以及附注中有关其他综合收益的披露。

【例3-4】 A公司20×6年之前不存在与其他综合收益有关的业务。20×6年3月10日A公司购入B公司股票，将其划分为可供出售金融资产，其成本为300 000元，年末公允价值为340 000元。另外，A公司持有M公司30%的股份，能够对M公司施加重大影响，采用权益法核算。A公司20×6年实现净利润5 000 000元。20×6年M公司确认可供出售金融资产公允价值变动损失90 000元。假设A公司和M公司适用的所得税税率均为25%，假设不考虑其他因素的影响。

分析：

1. 20×6年，A公司对其持有的B公司股票的相关账务处理如下：

（1）3月10日购入B公司股票：

借：可供出售金融资产——B公司股票（成本）

300 000

贷：银行存款　300 000

（2）年末，确认可供出售金融资产公允价值变动：

借：可供出售金融资产——B公司股票（公允价值变动）

40 000

贷：其他综合收益　40 000

（3）年末，确认与该可供出售金融资产有关的所得税影响：

可供出售金融资产的账面价值为340 000元，计税基础为300 000元，因此，产生的应纳税暂时性差异为40 000元，应当确认递延所得税负债10 000元（40 000×25%），同时将其计入“其他综合收益”。

借：其他综合收益　10 000

贷：递延所得税负债 10 000

可见，A公司本年可供出售金融资产公允价值变动形成的利得为40 000元，其所得税影响为10 000元，税后净额为30 000元。

2. 按照权益法核算的在被投资单位的其他综合收益中所享有的份额的计算及账务处理如下：

M公司（被投资单位）的“其他综合收益”科目中核算的可供出售金融资产公允价值变动损失为90 000元，计入该科目的借方。因此，A公司按照权益法核算的在被投资单位的其他综合收益中所享有的份额为：

-90 000×30% = -27 000（元）

A公司的账务处理为：

借：其他综合收益 27 000

贷：长期股权投资——M公司（其他权益变动） 27 000

根据上述计算及相关账务处理，A公司编制的20×6年度利润表中有关项目如下（见表3-11）：

表3-11 利润表（简表）

20×6年度 单位：元

项目	本年金额	上年金额（略）
一、营业收入	略	
……	略	
四、净利润	5 000 000	
五、其他综合收益的税后净额	3 000	
（一）以后不能重分类进损益的其他综合收益		
（二）以后将重分类进损益的其他综合收益	3 000	
1. 权益法下在被投资单位以后将重分类进损益的其他综合收益中享有的份额	-27 000	

续表

项目	本年金额	上年金额（略）
2. 可供出售金融资产公允价值变动损益	30 000	
六、综合收益总额	5 003 000	
七、每股收益		
（一）基本每股收益	略	
（二）稀释每股收益	略	

利润表中，对应于综合收益总额项目，其他综合收益本年金额和未分配利润本年金额分别应当列示3 000元和5 000 000元，所有者权益合计应当列示5 003 000元。

此外，A公司还应当在20×6年度财务报表附注中披露其他综合收益各项目的信息，具体参见表3-12和表3-13。

表3-12 其他综合收益各项目及其所得税影响和转入损益情况

项目	本期发生额			上期发生额		
	税前金额	所得税	税后金额	税前金额	所得税	税后金额
一、以后不能重分类进损益的其他综合收益						
二、以后将重分类进损益的其他综合收益	13 000	10 000	3 000			
1. 权益法下在被投资单位以后将重分类进损益的其他综合收益中享有的份额	-27 000					
减：前期计入其他综合收益当期转入损益	0					
小计	-27 000	0	-27 000			

续表

项目	本期发生额			上期发生额		
	税前金额	所得税	税后金额	税前金额	所得税	税后金额
2. 可供出售金融资产公允价值变动损益	40 000					
减：前期计入其他综合收益当期转入损益	0					
小计	40 000	10 000	30 000			
三、其他综合收益合计	13 000	10 000	3 000			

表 3－13 其他综合收益各项目的调节情况

项目	重新计量设定受益计划净负债或净资产的变动	权益法下在被投资单位不能重分类进损益的其他综合收益中享有的份额	权益法下在被投资单位以后将重分类进损益的其他综合收益中享有的份额	可供出售金融资产公允价值变动损益	持有至到期投资重分类为可供出售金融资产损益	现金流量套期损益的有效部分	外币财务报表折算差额	……	其他综合收益合计
一、上年年初余额									
二、上年增减变动金额（减少以“－”号填列）									
三、本年年初余额									
四、本年增减变动金额（减少以“－”号填列）			－27 000	30 000					3 000
五、本年年末余额			－27 000	30 000					3 000

下面简要说明重分类调整信息的披露。

【例3-5】 接【例3-4】，20×7年3月18日A公司将其持有的可供出售金融资产全部出售，实际取得价款358 000元；A公司仍然持有M公司30%的股份，能够对其施加重大影响。假设20×7年M公司未确认可供出售金融资产公允价值变动利得或损失，且不考虑其他因素的影响。

A公司20×7年有关该可供出售金融资产的账务处理如下：

借：银行存款　　358 000

　贷：可供出售金融资产——B公司股票（成本）　　300 000

　　　　——B公司股票（公允价值变动）　　40 000

　　投资收益　　18 000

借：其他综合收益　　40 000

　贷：投资收益　　40 000

借：递延所得税负债　　10 000

　贷：其他综合收益　　10 000

20×7年度财务报表附注中披露的其他综合收益各项目信息中应当包括重分类调整信息，具体参见表3-14，有关其他综合收益各项目的调节情况参见表3-15。

表 3－14　　其他综合收益各项目及其所得税影响和转入损益情况

项目	本期发生额			上期发生额		
	税前金额	所得税	税后金额	税前金额	所得税	税后金额
一、以后不能重分类进损益的其他综合收益						
二、以后将重分类进损益的其他综合收益	－40 000	－10 000	－30 000	13 000	10 000	3 000
1. 权益法下在被投资单位以后将重分类进损益的其他综合收益中享有的份额				－27 000		
减：前期计入其他综合收益当期转入损益				0		
小计				－27 000	0	－27 000
2. 可供出售金融资产公允价值变动损益	0			40 000		
减：前期计入其他综合收益当期转入损益	40 000			0		
小计	－40 000	－10 000	－30 000	40 000	10 000	30 000
三、其他综合收益合计	－40 000	－10 000	－30 000	13 000	10 000	3 000

表 3－15 其他综合收益各项目的调节情况

项目	重新计量设定受益计划净负债或净资产的变动	权益法下在被投资单位不能重分类进损益的其他综合收益中享有的份额	权益法下在被投资单位以后将重分类进损益的其他综合收益中享有的份额	可供出售金融资产公允价值变动损益	持有至到期投资重分类为可供出售金融资产损益	现金流量套期损益的有效部分	外币财务报表折算差额	……	其他综合收益合计
一、上年年初余额									
二、上年增减变动金额（减少以“－”号填列）			－27 000	30 000					3 000
三、本年年初余额			－27 000	30 000					3 000
四、本年增减变动金额（减少以“－”号填列）				－30 000					－30 000
五、本年年末余额			－27 000						－27 000

第四讲　企业会计准则第33号——合并财务报表（修订）

一、新旧准则差异对比

修订后的《企业会计准则第33号——合并财务报表》与旧准则相比，主要有以下几个方面的差异：

（一）总则方面的变化

1. 拓宽了母公司、子公司的含义。

旧准则对母公司、子公司的概念分别是：母公司，是指有一个或一个以上子公司的企业（或主体）；子公司，是指被母公司控制的企业。

按照修订后的准则，母公司是指控制一个或一个以上主体（含企业、被投资单位中可分割的部分，以及企业所控制的结构化主体等）的主体；子公司是指被母公司控制的主体。

可见，修订后准则对母公司、子公司的界定上采用"主体"取代"企业"，内涵范围上要比旧准则宽泛，而这里的"主体"可能是企业，也可能是企业中可分割的部分，还可能是结构化主体。而企业中可分割的部分、结构化主体如何界定，是学习修订后准则时应格外予以关注的。

2. 与旧准则相比，修订后准则还增加或减少了一些具体条款或规定，包括：

（1）修订后准则强调，企业集团中期期末编制合并财务报表的，至少应当包括合并资产负债表、合并利润表、合并现金流量表和附注。

（2）修订后准则要求，关于子公司权益的披露，适用《企业会计准则第41号——在其他主体中权益的披露》。

（二）合并范围部分的变化

1. 增加了母公司豁免编制合并财务报表的规范

母公司应当编制合并财务报表，这一点，无论是修订后准则还是旧准则都有明确规定。但是，修订后准则强调，如果母公司是投资性主体，且不存在为其投资活动提供相关服务的子公司，则不应当编制合并财务报表。

那么，什么是投资性主体？母公司属于投资性主体时，什么情况下豁免编制合并财务报表、什么情况下需要编制合并财务报表？诸如此类的问题是我们需要格外关注的。

2. 修改了“控制”的定义

修订前、后的合并财务报表准则都要求以“控制”为基础确定合并财务报表的合并范围，但是，关于“控制”的定义以及如何具体界定，修订后准则与旧准则相比，则有较大变化。

旧准则下控制的概念是：控制，是指一个企业能够决定另一个企业的财务经营政策，并能据以从另一个企业的经营活动中获取利益的权力。

修订后准则下控制的概念是：控制，是指投资方拥有对被投资方的权力，通过参与被投资方的相关活动而享有可变回报，并且有能力运用对被投资方的权力影响其回报金额。

如何理解“控制”的概念及其涉及的要素内涵，直接关系到合并范围的具体界定。“控制”概念及内涵的理解与应用，是本准则最大的变化。

（三）合并程序方面的一些修改与增补

在合并程序方面，修订后准则有如下几个方面的主要变化：

1. 取消了“按权益法调整对子公司长期股权投资”的规定；

2. 增加了“站在企业集团立场对特殊交易事项予以调整”的

规定；

3. 增加了将子公司持有母公司的长期股权投资，列示为企业集团的库存股的规定；

4. 增加了与抵消内部交易未实现损益有关的递延所得税的确认内容；

5. 增加了报告期内增加同一控制下企业合并取得子公司，对比较报表有关项目进行调整的规定；

6. 增加了“综合收益”在“归属于母公司所有者的净利润”和“少数股东损益”之间的分配问题的规定；

7. 细化了“未实现内部交易损益”在“归属于母公司所有者的净利润”和“少数股东损益”之间进行抵消分配的处理规定。

（四）对特殊交易的会计处理的增补

修订后准则增加了某些特殊交易的会计处理规范，这些特殊交易主要有：

1. 购买少数股权；
2. 多次交易分步实现合并；
3. 不丧失控制权情况下的部分处置子公司股权；
4. 丧失控制权情况下的部分处置子公司股权；
5. 多次交易分步处置子公司。

下面，我们就对上述差异中的重点内容进行详细深入的阐述与分析。

二、企业中可分割的部分、结构化主体

前面已经提到，修订后准则对母公司、子公司的界定上采用“主体”取代“企业”，而这里的“主体”可能是企业，也可能是企业中可分割的部分，更可能是结构化主体。

（一）企业中可分割部分

企业中可分割的部分应具备什么条件？实务中应如何判断？

当有确凿证据表明同时满足下列条件并且符合相关法律法规规定的，投资方应当将被投资方的一部分视为被投资方可分割的部分（单独主体），进而判断是否控制该部分（单独主体）：（1）该部分的资产是偿付该部分负债或该部分其他权益的唯一来源，不能用于偿还该部分以外的被投资方的其他负债；（2）除与该部分相关的各方外，其他方不享有与该部分资产相关的权利，也不享有与该部分资产剩余现金流量相关的权利。在某些情况下，投资者可能通过法律和合同安排拥有对特定一组资产和负债（被投资者的一部分）的权益。在某些司法管辖区，法人主体被划分为若干部分［通常被称为“分支（silo）”］。在这种情况下，产生了在进行合并评估时是否有可能仅将被投资者的个别分支或部分（而非整个法人主体）视为一个单独主体的问题。确定是否存在分支应基于个别分支实质上是否可以与被投资者整体单独区分开来或“划清界线”。如果被投资者的一部分在经济上可以与被投资者整体单独区分开来，并且投资者控制了被投资者的该部分，则该部分应被视为投资者的子公司。

（二）结构化主体

结构化主体，是指被设计为表决权或类似权力并非决定该主体控制方的主导因素的主体。很多结构化主体采用“自动导航”的决策机制，主导该主体相关活动的依据通常是合同或者相应安排，这使得主体成立后无须持续作出决策。对这样的主体，“权力”评估可能很有挑战性，因为看起来不需要存在权力的重大决策。常见的结构化主体有：证券化载体、资产抵押融资，以及某些投资基金等。

三、合并范围的界定

投资单位在判断一个被投资单位是否纳入合并范围的依据是投资单位是否“控制”该被投资单位。

（一）控制的含义解析

控制，是指投资方拥有对被投资方的权力，通过参与被投资方的相关活动而享有可变回报，并且有能力运用对被投资方的权力影响其回报金额。

1. “控制”的三要素

控制的定义包含以下三项要素：

（1）拥有主导被投资方的权力。投资方享有现实权力使其目前有能力主导被投资方的相关活动，而不论其是否行使该权利，视为投资方拥有对被投资方的权力。“权力”的有无，是判断“控制”的有无的关键要素。大多数情况下，可通过表决权确定是否存在控制。

（2）通过参与被投资方的相关活动取得可变回报。“相关活动”，是指对被投资方的回报产生重大影响的活动，通常包括：购买和出售商品或服务、管理金融资产、购买和处置资产、研发活动以及融资活动等。投资方自被投资方取得的回报可能会随着被投资方业绩而变动的，视为“可变回报”。

（3）有能力利用对被投资方的权力影响其可变回报。这项标准考虑前两项控制要素之间的相互关系。为控制被投资者，投资者必须不仅具有主导被投资者的权力和因参与被投资者的相关活动而面临可变回报的风险或取得可变回报的权利，而且要有能力利用对被投资者的权力影响被投资者的回报①。

当投资方同时具备以上三项要素时，可以判定投资方能够控制被投资方。

投资方应在综合考虑所有相关事实和情况的基础上对是否控制被投资方进行判断。一旦相关事实和情况的变化导致对控制定义所

---

①　普华永道的评论是：之前，《国际会计准则第27号——单独报表与合并报表》（IAS27）阐述了通过表决权的控制，而面临可变动报酬的风险是《国际会计准则委员会解释公告第12号》（SIC12）架构范围内的一个重要考虑因素。但这两种控制方法之间的关系未必清楚。《国际财务报告准则第10号——合并财务报表》（IFRS10）通过引入投资方能够行使权力从而影响其报酬的额外要求，连接了权力与报酬之间的关联。见普华永道2012年2月的《国际财务报告实务指南——合并财务报表：控制的重新定义》，http：//www. pwccn. com/home/chi/ifrs_practical_guide_feb2012_chi. html。

涉及的相关要素发生变化的，投资方应当进行重新评估。这里的“相关事实和情况”主要包括：被投资方的设立目的、被投资者的相关活动及如何作出有关此类活动的决策、投资者拥有的权利是否使其在当前有能力主导相关活动、投资者是否通过参与被投资方的相关活动而享有可变回报的权利、投资者是否具有能力运用对被投资者的权力影响投资者回报金额，以及投资方与其他方的关系。

2. 投资方对被投资方拥有“权力”的一般标志

投资方是否有主导被投资方的权力，是判断控制与否的关键。权力最常见的产生方式是通过权益工具授予的表决权，但也可以通过其他合同安排产生。依据现行会计准则，除非有确凿证据表明其不能主导被投资方的相关活动，下列情况表明投资方对被投资方拥有权力：

（1）投资方持有被投资方半数以上的表决权；

（2）投资方持有被投资方半数或以下的表决权，但通过与其他表决权持有人之间的协议能够控制半数以上表决权；

（3）投资方持有半数或半数以下的表决权但对被投资方拥有“权力”的其他情形：①投资方持权份额大小以及其他投资方持权的分散程度；②投资方和其他投资方持有被投资方潜在表决权；③其他合同安排产生的权利；④被投资方以往的表决权行使情况等。

当投资方持有不超过半数但已是最大批量的表决权而剩余表决权被分散持有时，该投资方相当于“实际控制”被投资方。

【例 4－1】[①] 《国际财务报告准则第 10 号——合并财务报表》（IFRS10）中的下列 5 个示例（见表 4－1）是在剩余表决权分散时持有不超过半数表决权的投资方是否可能会持有最大批量的表决权的例子。

---

① 【例 4－1】至【例 4－7】的资料，取自《国际财务报告准则第 10 号——合并财务报表》、普华永道《国际财务报告准则第 10 号实务指南》（2013 年 6 月）、《国际财务报告准则第 10 号及第 12 号问题解答》（2013 年 8 月）以及德勤《IFRS 聚焦：国际会计准则理事会发布有关合并的修订后准则》（2011 年 5 月）。

表4-1　IFRS10中的示例：投资方持有半数以下表决权

示例序号	最大投资方的持有股份	第二大投资方的持有股份	剩余投资方的持有股份	示例中说明的其他事实和情况	是否由最大投资方控制？
示例4	48%	—	数千股东每位持有少于1%的股份	股东没有约定互相商议或共同制定决策	是
示例5	40%	—	12位投资方每位持有5%的股份	股东协议赋予最大投资方指定、解雇及规定指导相关活动的管理人员报酬的权力。更改此协议需要三分之二的多数股东表决方可通过	是，因为存在此协议。 如果仅仅考虑表决权，则：否
示例6	45%	2位第二大投资方每位持有26%的股份	其他3位投资方每位持有1%的股份	—	否
示例7	45%	—	11位投资方每位持有5%的股份	股东没有约定互相商议或共同制定决策	如果仅仅考虑表决权，则：否
示例8	35%	3位第二大股东每位持有5%的股份	众多股东每位持有少于1%的股份	股东没有约定互相商议或共同制定决策。根据多数表决结果作出决策。 最近的股东大会透出了75%的选票	否

【例4－2】 V公司的六个投资方A、B、C、D、E、F分别持有V公司14%、14%、14%、14%、14%和30%的股份。投资方A、B、C、D、E都是风险资本公司或机构投资方，都不参与V公司的例行会议，都可以会晤V公司的代表并相互会见。现在的问题是：F是否控制V?

分析：F虽然持有V公司30%的股份，但并不比其他股东持有的股份高出很多；况且，其他股份的分散性也不是很高，五位股东容易进行集体行动。只要其他五位股东当中有三位股东合作就可以超过F的表决权。所以，F不控制V。

3. 需要根据单方面主导被投资方相关活动的证据来判断是否拥有对被投资方的权力的情形

在投资方难以判断其享有的权利是否足以使其拥有对被投资方的权力时，投资方应考虑其具有实际能力以单方面主导被投资方相关活动的证据，从而判断其是否拥有对被投资方的权力。投资方应考虑的因素包括但不限于下列事项：

（1）投资方能否任命或批准被投资方的关键管理人员；

（2）投资方能否处于其自身利益决定或否决被投资方的重大交易；

（3）投资方能否掌控被投资方董事会等类似权力机构成员的任命程序，或者从其他表决权持有人手中获得代理权；

（4）投资方与被投资方的关键管理人员或董事会等类似权力机构中的多数成员是否存在关联方关系。

4. 在有多个投资者有权主导被投资方不同的相关活动时对拥有主导权力一方的判断

如果两个或两个以上的投资者有权主导不同的相关活动，则投资者必须决定哪一项相关活动对被投资者的回报构成最大影响。能够主导对被投资方回报产生最重大影响的活动的一方，拥有对被投资方的权力。

【例4－3】 A、B两个投资者成立一家被投资公司C以开发和推销医疗产品。其中投资者A负责开发医疗产品及获得监管部门的批准——该责任包括单方面作出所有关于产品开发及获得监管部门批准的决策的能力。一旦产品获得监管部门批准，投资者B将制造并推销该产品——该投资者具有单方面作出所有关于产品制造和推销的决策的能力。现在的问题是：哪一方拥有对被投资方的主导权力？

分析：如果所有活动——医疗产品的开发和获得监管部门批准以及制造和推销——均是相关活动，则每一投资者需要确定其是否有能力主导对被投资者回报构成最大影响的活动。据此，每一投资者需要考虑对被投资者回报构成最大影响的活动是医疗产品的开发及获得监管部门批准，还是医疗产品的制造和推销，及其能否主导该活动。

在确定哪一个投资者拥有主导的权力时，投资者将考虑：

（a）被投资者的目的和设计；

（b）确定被投资者利润率、收入和价值的因素以及医疗产品的价值；

（c）每一投资者就（b）所述因素的决策权对于被投资者回报的影响；

（d）投资者面临的可变回报的风险。

在该特定例子中，投资者同时还需要考虑：

（e）获得监管部门批准的不确定性及所需的工作（考虑投资者以往成功开发医疗产品并获得监管部门批准的记录）；

（f）哪一个投资者将在开发阶段取得成功后控制该医疗产品。

5. 投资方拥有多数表决权但却并未拥有对被投资方的权力的情形

拥有多数表决权但却无权支配被投资方的情况主要有：被投资方的相关活动听从于政府、法院、接收方、清算者等的命令。

综上所述，可以发现，确定投资方是否对被投资方拥有主导权力乃至投资方是否控制被投资方，要依据“实质重于形式”的原则根据具体情况进行判断。

6. 需要特别关注的几个问题

(1) 潜在表决权。

潜在表决权是指可能赋予一企业对另一企业在财务和经营上的表决权的认股权证、股票买入期权、可转换债券和可转换股票等工具。出于确定合并范围的需要，投资方在评估本企业是否有统驭被投资方的财务和经营政策的权利时，需要考虑本企业和其他企业持有的被投资方的当期可转换公司债券、当期可执行的认股权证[①]。

【例4-4】假定投资者A持有被投资者70%的表决权；投资者B持有被投资者30%的表决权以及购入投资者A一半表决权的选择权。该选择权可在未来两年内按固定价格行使并且深度蚀价（且预计在该两年期间内一直会保持深度蚀价）。投资者A一直行使其表决权并积极主导被投资者的相关活动。问题：投资者A和B哪一方具有对被投资方的控制？

分析：在这种情况下，投资者A很可能满足权力的标准，因为其似乎在当前有能力主导相关活动。尽管投资者B拥有当前可行使的购买额外表决权的选择权（若行使该选择权，投资者B将取得被投资者占多数的表决权），但是该等选择权相关的条款和条件使得该选择权不被视为具有实质性。

(2) 实质性权利与保护性权利。

实质性权利，是指权利持有人在对相关活动进行决策时有实际能力行使的可执行权力。判断一项权利是否为实质性权利，应当综合考虑所有相关因素，包括权利持有人行使该项权利是否存在财务、价格、条款、机制、信息、运营、法律法规等方面的障碍；当权利由多方持有或者行权需要多方同意时，是否存在实际可行的机制使得这些权利持有人在其愿意的情况下能够一致行权；权利持有

① 在编制合并财务报表过程中，在确定少数股东损益份额及少数股东权益份额时，则无须考虑潜在表决权因素。

人能否从行权中获利等。

保护性权利是指仅为了保护权利持有人利益却没有赋予持有人对相关活动决策权的一项权利。保护性权利的例子可能包括批准新的债务融资的权利、持有被投资者非控制性权益的一方批准被投资者发行额外权益工具的权利，或者放款人在违约时取得资产的权利。

投资方在判断是否拥有对被投资方的权力时，应当仅考虑与被投资方相关的实质性权利，包括自身所享有的实质性权利以及其他方所享有的实质性权利。仅享有保护性权利的投资方不拥有对被投资方的权力。

【例 4-5】 A 公司和 B 公司分别拥有 C 公司 80% 和 20% 的表决权股份；A 公司将其拥有的 C 公司股份中的 50% 出售给 D 公司，并以超过发行时市场价格的溢价从 D 公司购买随时可行使的看涨期权。交易后的结构如图 4-1 所示。

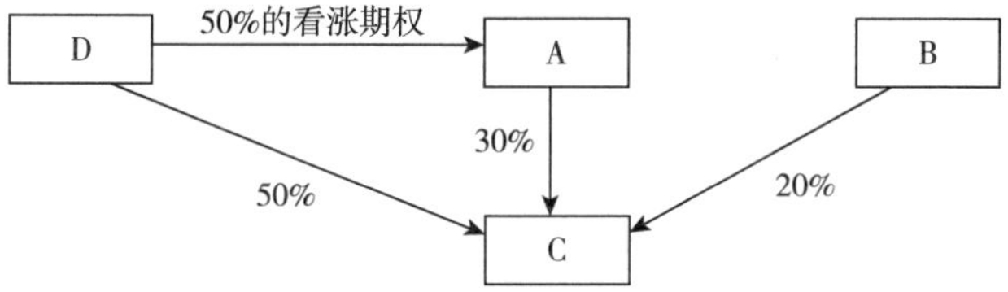

图 4-1　A 售出 50% 股份后的结构

关于该看涨期权的其他信息如下：

①如果行使该期权，A 将收回其原始 80% 的股份和表决权；

②行使价格具有经济实质，并不会定得很高；

③该选择权在报告日稍微处于价外。

现在的问题是：该看涨期权是否具有实质性权利，从而 A 公司应否合并 C 公司？

IFRS10 的分析是：A 公司拥有的选择权是以超过发行时市场价

格的溢价购买来的，且在报告日还稍微处于价外。然而，需要考虑A公司是否因其他原因从行使该选择权中获利（例如，保护股份、购买资产）。如果是这种情况，该选择权可能是实质性的权利，从而A公司应该合并C公司。

(3) 委托人与代理人。

投资方在判断是否控制被投资方时，应当确定其自身是以主要责任人还是代理人的身份行使决策权；在其他方拥有决策权的情况下，还需要确定其他方是否以其代理人的身份代为行使决策权。如果代理人仅代表主要责任人行使决策权，则不控制被投资方；投资方将被投资方相关活动的决策权委托给代理人的，应当将该决策权视为自身直接持有。在判断决策者是不是代理人时，应当综合考虑该决策者与被投资方以及其他投资方之间的关系。存在单独一方拥有实质性权利可以无条件罢免决策者的，该决策者为代理人；此外，应综合考虑决策者对被投资方的决策权范围、其他方享有的实质性权利、决策者的薪酬水平、决策者因持有被投资方中的其他权益所承担可变回报的风险等相关因素。

【例4-6】B公司是A公司的全资子公司，拥有C公司的股份。B公司唯一的商业目的就是持有对C公司的投资。B公司发行了上市债券，根据当地法律，需要编制合并财务报表。现在的问题是：在下列三种情况下，B公司是否是A公司的代理人（结果是并不控制C公司）？

- A公司和B公司拥有共同的管理董事；
- B公司的管理董事是A公司的员工；
- B公司由一家信托公司管理，根据合同，该信托公司完全依据A公司的决策采取行动。

分析：

在上述三种情况下，B公司均直接控制C公司，因为B公司持有C公司的股份并且其管理层能够通过所持股份赋予的投票权决定C公司的政策。无论A公司代表的程度或是被B公司治理机构控制的程度如何，对 C 公司的直接投资以及对 C 公司的权力均由公司主体 B 公司持有。控制 B 公司的任何一方是通过成为 B 公司的代表而得到这种权力；拥有 B 公司的任何一方是通过 B 公司而接触到 C 公司的报酬。

也就是说，由于对 C 公司的权力首先属于 B 公司而不是 A 公司，A 公司未下放任何权力至 B 公司，因此 B 公司并不是 A 公司的代理人。由于 B 公司也面临 C 公司报酬可变性的风险，B 公司应该将 C 公司纳入合并范围。

所以，B 公司并不是 A 公司的代理人；B 公司控制 C 公司。

（二）投资性主体的合并豁免问题

首先来看什么是投资性主体。一主体同时满足下列条件时，该主体属于投资性主体（IE）：①以向投资者提供投资管理服务为目的；②该公司的唯一经营目的是通过资本增值、投资收益或两者兼有而让投资者获得回报；③该公司按照公允价值对几乎所有投资的业绩进行考量及评价。作为投资性主体的母公司，通常应具有如下特征：①拥有一个以上投资；②拥有一个以上投资者；③投资者不是该主体的关联方；④其所有者权益以股权或类似权益方式存在。

然后来看与投资性主体有关的合并范围确定原则。根据修订后的合并财务报表准则，与投资性主体有关的合并范围的确定原则是：

第一，母公司属于投资性主体时，应当纳入其合并范围的仅是为其投资活动提供相关服务的子公司，其他子公司不应纳入合并范围。母公司对非为其投资活动提供相关服务的子公司的投资，应按公允价值计量并将公允价值变动计入当期损益。可见，只存在“非为其投资活动提供相关服务的子公司”时，母公司不编合并财务报表。

第二，投资性主体的母公司本身不是投资性主体的，该母公司应当将其控制的全部主体（包括那些通过投资性主体所间接控制的主体）纳入合并范围。

第三，母公司由投资性主体转变为非投资性主体时，应将原未纳入合并范围的子公司于转变日纳入合并范围，原未纳入合并范围的子公司在转变日的公允价值视同为购买的交易对价；当母公司由非投资性主体转变为投资性主体时，除仅将为其投资活动提供相关服务的子公司纳入合并范围之外，企业自转变之日起对其他子公司不再予以合并，按照视同在转变日处置子公司但保留剩余股权的原则进行会计处理。

【例 4－7】 A 公司是一家保险公司，提供保险业务。由于其基金投资目的不仅仅是为了获取资本增值和投资收益等，所以，A 公司不是投资性主体。A 公司设立了一个子公司 B，作为投资性主体（IE）来管理基金，这些基金是为 A 公司的部分保险债务提供支持的。B 的一些被投资方是受其控制的非公开股权投资。现在的问题是：A、B 公司各自对被投资方的投资应怎样进行会计处理？

分析：

第一，B 公司是投资性主体，在其个别财务报表里，B 公司对其所控制的那些被投资方的投资，应按公允价值进行计量且将其变动计入当期损益；

第二，B 公司不编制合并财务报表；

第三，A 公司要将 B 公司及其下属的被投资方一并纳入其合并范围。

四、合并程序方面的主要问题

（一）母公司对子公司股权投资直接按成本法结果进行抵消的问题

旧准则第十一条规定，在对内部股权投资进行相关抵消处理之前，将母公司对子公司的股权投资成本法结果按权益法进行调整；修订后的合并财务报表准则取消了这一规定。实际上，在合并报表编制过程中，调整到权益法与否，随后的抵消处理是不同的，而合并的结果相同，因为正确的合并信息只能有一个。

下面以非同一控制下企业控股合并为例进行说明。

【例4－8】 A公司与B公司为非同一控制下的两个企业。20×7年6月末A公司用账面价值800万元、公允价值900万元、增值税税率17%的库存商品和3 047万元的银行存款作为合并对价取得B公司80%的控股权。合并日B公司净资产账面价值的资料见表4－2。假定20×7年6月末A公司合并B公司时，B公司可辨认净资产公允价值为4 030万元，超过账面价值的30万元为某项管理用固定资产的评估增值，即固定资产的公允价值为5 030万元；评估增值30万元的该项固定资产系管理用固定资产，预计折旧年限为5年，采用直线法计提折旧（不考虑净残值）。B公司20×7年下半年实现净利润103万元，未宣派股利；20×8年实现净利润811万元，宣派现金股利500万元。其他资料略。

表4－2　　B公司净资产账面价值资料　　单位：万元

资产		负债及股东权益	
项目	账面价值	项目	账面价值
原材料等	2 000	应付账款等	3 000
固定资产	5 000	股本	2 000
		资本公积	500
		盈余公积	500
		未分配利润	1 000

A公司编制合并财务报表工作底稿时，将其对B公司的长期股权投资调整至权益法之后再编制抵消分录和直接按成本法进行抵消处理的比较如下：

（1）调整至权益法再行抵消。

有关调整与抵消分录见表4－3。

表 4-3 调整与抵消分录汇总 单位：万元

时间	合并财务报表工作底稿中的有关会计处理
20×7年6月末（合并日）	①调整子公司有关资产的报告价值： 借：固定资产 30 贷：资本公积 30
	②与内部股权投资有关的抵消： 借：股本 4 000 资本公积 30 商誉 （4 100－4 030×80%）876 贷：长期股权投资 4 100 少数股东权益 （4 030×20%）806
20×7年末	①调整子公司有关资产的报告价值： 借：固定资产 27 管理费用 3 贷：资本公积 30
	②调整到权益法： 借：长期股权投资 80 贷：投资收益 80
	③与内部股权投资有关的抵消分录： 借：股本 4 000 资本公积 30 投资收益 80 少数股东损益 [（103－3）×20%] 20 商誉 876 贷：长期股权投资 4 180 少数股东权益 [（4 030＋103－3）×20%] 826

续表

时间	合并财务报表工作底稿中的有关会计处理
20×8年末	①调整子公司有关资产的报告价值： 借：固定资产　21 　管理费用　6 　未分配利润（期初）　3 　贷：资本公积　30
	②调整到权益法： 借：长期股权投资　324 　贷：投资收益　[（811－6）×80%－500×80%]　244 　　未分配利润（期初）　80
	③与内部股权投资有关的抵消分录： 借：股本　4 000 　资本公积　30 　投资收益　644 　少数股东损益　[（811－6）×20%]　161 　商誉　876 　未分配利润（期初）　[80＋（103－3）×20%]　100 　贷：长期股权投资　4 424 　　少数股东权益 　　[（4 030＋103－3＋811－6－500）×20%]　887 　　应付普通股股利　500

（2）直接按成本法结果进行抵消处理。

有关调整与抵消分录见表4－4。

表 4－4 **调整与抵消分录汇总** 单位：万元

时间	合并财务报表工作底稿中的有关会计处理
20×7 年 6 月末（合并日）	①调整子公司有关资产的报告价值： 借：固定资产 30 贷：资本公积 30
	②与内部股权投资有关的抵消： 借：股本 4 000 资本公积 30 商誉 876 贷：长期股权投资 4 100 少数股东权益 806
20×7 年末	①调整子公司有关资产的报告价值： 借：固定资产 27 管理费用 3 贷：资本公积 30
	②与内部股权投资有关的抵消分录： 借：股本 4 000 资本公积 30 少数股东损益 20 商誉 876 贷：长期股权投资 4 100 少数股东权益 826
20×8 年末	①调整子公司有关资产的报告价值： 借：固定资产 21 管理费用 6 未分配利润（期初） 3 贷：资本公积 30

续表

时间	合并财务报表工作底稿中的有关会计处理
20×8年末	②与内部股权投资有关的抵消分录： 借：股本　4 000 　资本公积　30 　投资收益　400 　少数股东损益　161 　商誉　876 　未分配利润（期初）　20 　贷：长期股权投资　4 100 　　少数股东权益　887 　　应付普通股股利　500

以20×8年度合并报表的编制为例，将上述有关合并处理填入20×8年度的合并财务报表工作底稿，见表4-5和表4-6。

表4-5　合并财务报表工作底稿（调整至权益法后再抵消）

20×8年12月31日　　单位：万元

项目	个别报表		调整与抵消分录		合并数
	母公司	子公司	借	贷	
资产负债表有关项目：	—				—
流动资产、固定资产等	8 000	3 500	①21		11 521
长期股权投资	4 100	0	②324	③4 424	0
商誉	0	0	③876		876
负债					
股本、资本公积、盈余公积	9 100	4 000	③4 030	①30	9 100
未分配利润	400	414	914	824	724
少数股东权益	—	—		③887	887
利润表及所有者权益变动表有关项目：	—	—			—

续表

项目	个别报表		调整与抵消分录		合并数
	母公司	子公司	借	贷	
主营业务利润等	0	891			891
管理费用		80	①6		86
投资收益	400	0	③644	②244	0
净利润	400	811	650	244	805
其中：归属于母公司股东的利润	—	—			644
归属于少数股东的利润	—	—	③161		161
未分配利润（期初）	0	103	①3 ③100	②80	80
应付普通股股利	0	500		③500	0
未分配利润（期末）	400	414	914	824	724

表4－6　合并财务报表工作底稿（直接按成本法结果进行抵消）

20×8年12月31日　　　　单位：万元

项目	个别报表		调整与抵消分录		合并数
	母公司	子公司	借	贷	
资产负债表有关项目：	—				—
流动资产、固定资产等	8 000	3 500	①21		11 521
长期股权投资	4 100	0		②4 100	0
商誉	0	0	②876		876
负债					
股本、资本公积、盈余公积	9 100	4 000	②4 030	①30	9 100
未分配利润	400	414	590	500	724
少数股东权益	—	—		②887	887
利润表及所有者权益变动表有关项目：	—	—			—

续表

项目	个别报表		调整与抵消分录		合并数
	母公司	子公司	借	贷	
主营业务利润等	0	891			891
管理费用		80	①6		86
投资收益	400	0	②400		0
净利润	400	811	406		805
其中：归属于母公司股东的利润	—	—			644
归属于少数股东的利润	—	—	②161		161
未分配利润（期初）	0	103	①3 ②20		80
应付普通股股利	0	500		②500	0
未分配利润（期末）	400	414	590	500	724

通过比较表 4－5 和表 4－6 可以看出，调整到权益法与否，随后的抵消处理是不同的，而合并的结果相同。

（二）子公司持有母公司股权投资的抵消问题

企业集团内部子公司互相之间的长期股权投资，企业集团成员企业之间股权投资确认为以公允价值计量的金融资产的，在编制合并财务报表时，与这些权益性投资相关的影响同样应予以抵消，基本原理可以比照以上所介绍的母公司对子公司股权投资的抵消处理。根据《企业会计准则第 33 号——合并财务报表》，子公司持有母公司的长期股权投资，应当视为企业集团的库存股，在合并资产负债表中作为所有者权益的减项。

【例 4－9】甲公司是乙公司的母公司，持有乙公司 80% 的表决权股份。20×3 年末甲公司对乙公司的长期股权投资账面价值为 8 000万元，乙公司的股本等股东权益为 10 000 万元；乙公司持有的对甲公司的权益性投资作为可供出售金融资产核算，账面价值为 3 000 万元（等于投资成本）。假定不考虑其他因素。

甲公司20×3年末编制合并财务报表时，在合并财务报表工作底稿中应编制的抵消分录如下（金额单位：万元）：

①将母公司对子公司的股权投资与子公司的股东权益相抵消，并确认少数股东权益：

借：股本等子公司的股东权益项目　　10 000

　　贷：长期股权投资　　8 000

　　　　少数股东权益　　2 000

②将子公司对母公司的股权投资进行抵消，并确认为企业集团的库存股：

借：库存股　　3 000

　　贷：可供出售金融资产　　3 000

将上述抵消分录置于合并财务报表工作底稿中，合并财务报表的相关信息的生成过程见表4－7。

表4－7　　合并财务报表工作底稿（简表）　　单位：万元

项目	个别报表		调整与抵消分录		合并数
	母公司	子公司	借	贷	
资产负债表有关项目：	—				—
可供出售金融资产	5 000	3 000		②3 000	5 000
长期股权投资	18 000	0		①8 000	10 000
股本等	40 000	10 000	①10 000		40 000
减：库存股	0	0	②3 000	—	3 000
归属于母公司股东的权益	—	—			37 000
少数股东权益	—	—		①2 000	2 000
股东权益合计	40 000	10 000	13 000	2 000	39 000

如果将上例中乙公司对甲公司的权益性投资改为按权益法核算的长期股权投资，并假定该投资账面余额3 000万元中有100万元是当年确认的投资收益。则相关的抵消处理应为：

借：库存股　　2 900

　投资收益　　100

　贷：长期股权投资　　3 000

（三）未实现内部交易损益在归属于母公司股东的净利润和少数股东损益之间的抵消分配问题

母公司在编制合并财务报表的过程中，对内部资产交易的未实现损益进行相关抵消处理之后，还要将相关抵消处理的影响在归属于母公司所有者的净利润和少数股东损益之间进行分配。具体处理原则为：

1. 母公司向子公司出售资产所发生的未实现内部交易损益，应当全额抵消“归属于母公司所有者的净利润”；

2. 子公司向母公司出售资产所发生的未实现内部交易损益，应当按照母公司对该子公司的分配比例在“归属于母公司所有者的净利润”和“少数股东损益”之间进行分配；

3. 子公司之间出售资产所发生的未实现内部交易损益，应当按照母公司对出售方子公司的分配比例在“归属于母公司所有者的净利润”和“少数股东损益”之间进行分配。

下面举例予以说明。

【例4－10】 甲公司拥有乙公司80%的控股权，拥有丙公司60%的控股权，投资成本分别为800 000元、600 000元。甲公司编制合并财务报表时将A公司、B公司两个子公司纳入合并范围。2014年三个公司各自利润表报告净利润分别为500 000元、30 000元、20 000元。三个公司之间的内部存货交易情况为：甲公司将成本为10 000元、价格为12 000元的商品出售给A公司；A公司将成本为80 000元、价格为83 000元的商品出售给B公司，B公司将成本为6 000元、价格为7 000元的商品出售给甲公司。内部存货交易的买方本报告期末均尚未将有关资产售出企业集团。2014年末三个公司各自的股东权益情况见表4－8“个别报表”栏。

在不考虑所得税影响以及其他因素的情况下，本期合并财务报表工作底稿中的有关抵消分录和合并净利润的有关计算如下：

（1）抵消期末存货价值中包含的未实现利润：

借：营业收入　　（12 000 + 83 000 + 7 000）102 000

　　贷：营业成本　　（10 000 + 80 000 + 6 000）96 000

　　　　存货　　（2 000 + 3 000 + 1 000）6 000

（2）与内部股权投资有关的抵消分录：

借：股本等　　2 000 000

　　少数股东损益　　13 000

　　贷：长期股权投资　　1 400 000

　　　　少数股东权益　　613 000

（3）有关计算如下：

①合并净利润 =（500 000 + 30 000 + 20 000）－［（12 000 − 10 000）+（83 000 − 80 000）+（7 000 − 6 000）］= 550 000 − 6 000 = 544 000（元）

或 =（500 000 + 30 000 + 20 000）− 6 000 = 550 000 − 6 000 = 544 000（元）

②归属于母公司所有者的净利润 =（500 000 − 2 000）+（30 000 − 3 000）× 80% +（20 000 − 1 000）× 60% = 498 000 + 21 600 + 11 400 = 531 000（元）

③少数股东损益 =（30 000 − 3 000）× 20% +（20 000 − 1 000）× 40% = 5 400 + 7 600 = 13 000（元）

④少数股东权益 =（1 000 000 + 30 000 − 3 000）× 20% +（1 000 000 + 20 000 − 1 000）× 40% = 613 000（元）

将上述抵消分录置于合并财务报表工作底稿中，其对合并财务报表相关信息的影响见表 4 − 8。

表4－8　合并财务报表工作底稿（简表）

单位：万元

项目	个别报表			调整与抵消分录		合并数
	甲公司	A公司	B公司	借	贷	
利润表、所有者权益变动表有关项目：	—					—
营业收入	800 000	90 000	60 000	（1）102 000		848 000
减：营业成本	600 000	81 000	35 000		（1）96 000	620 000
…	…	…	…			…
净利润	500 000	30 000	20 000	102 000	96 000	544 000
其中：归属于母公司股东的利润	—	—	—			531 000
少数股东损益	—	—	—	（2）13 000		13 000
未分配利润	500 000	30 000	20 000	115 000	96 000	531 000
资产负债表有关项目：						
长期股权投资	2 000 000	0	0		（2）1 400 000	
存货	200 000	180 000	120 000		（1）6 000	494 000
股本	10 000 000	1 000 000	1 000 000	（2）2 000 000		10 000 000
未分配利润	500 000	30 000	20 000	115 000	96 000	531 000
归属于母公司股东的权益	—	—	—			10 531 000
少数股东权益	—	—	—		（2）613 000	613 000
股东权益合计	10 500 000	1 030 000	1 020 000	2 115 000	709 000	11 144 000

（四）未实现内部交易损益导致的递延所得税的确认问题

内部交易存货未实现利润的抵消，调低了该存货在合并资产负债表中的报告价值，从合并报表的角度来看，该存货的账面价值低于其计税基础，由此产生的可抵扣暂时性差异*对未来的纳税影响应在合并财务报表中予以确认。相关的调整分录为：

借：递延所得税资产　［抵消的内部存货交易未实现利润×所得税税率］

借或贷：所得税费用　［本期应调整递延所得税］

　贷：未分配利润（期初）　［前期已调整递延所得税］

下面举例予以说明。

【例4-11】 20×7年9月，某母公司将成本为2 000万元的存货按2 400万元的价格出售给子公司，子公司将该购入存货也作为存货核算。20×7年末，子公司未将该存货售出企业集团。子公司于20×8年将该存货中的30%另加10%的毛利售出企业集团。所得税税率为25%。其他资料略。

母公司报告期末编制合并财务报表工作底稿时应编制的抵消与调整分录为（金额单位为万元）：

（1）20×7年相关抵消处理。

①抵消期末存货价值中包含的未实现内部交易利润：

借：营业收入	2 400	
贷：营业成本		2 000
存货		400

②调整与内部交易存货相关的递延所得税：

借：递延所得税资产	100	
贷：所得税费用		100

（2）20×8年相关抵消处理。

①抵消上年内部存货交易未实现利润对期初未分配利润的

* 如果内部交易资产存在未实现损失，则会出现应纳税暂时性差异。

影响：

借：未分配利润（期初）　　400

　　贷：营业成本　　400

②抵消期末存货价值中包含的未实现内部交易利润：

借：营业成本　　280

　　贷：存货　　280

③调整与内部交易存货相关的递延所得税：

借：递延所得税资产　　70

　　所得税费用　　30

　　贷：未分配利润（期初）　　100

将上述抵消与调整分录填入工作底稿，参见表4－9。

表4－9　　合并财务报表工作底稿　　单位：万元

项目	个别报表		调整与抵消分录		合并数
	母公司	子公司	借	贷	
20×7年：					
资产负债表有关项目：					
存货	略	2 400		①400	2 000
递延所得税资产	0	0	②100		100
应交税费	100	0			100
利润表有关项目：					
营业收入	2 400	0	①2 400		0
营业成本	2 000	0		①2 000	0
营业利润	400	0	2 400	2 000	0
减：所得税费用	100	0		②100	0
净利润	300	0	2 400	2 100	0
所有者权益变动表有关项目：					
未分配利润（期初）	0	0			0

续表

项目	个别报表		调整与抵消分录		合并数
	母公司	子公司	借	贷	
未分配利润（期末）	300	0	2 400	2 100	0 **
20×8 年：					
资产负债表有关项目：					
存货	略	1 680		②280 *	1 400
递延所得税资产	0	0	③70		70
利润表有关项目：					
营业收入	0	792			792
营业成本	0	720	②280	①400	600
营业利润	0	72	280	400	192
减：所得税费用	0	18	③30		48
净利润	0	54			144
所有者权益变动表有关项目：					
未分配利润（期初）	300	0	①400	③100	0 **
未分配利润（期末）	300	54	710	500	144

* 期末存货中包含的未实现利润 280 万元（400×70%）。

** 本年的期初未分配利润等于上年的期末未分配利润。

与内部存货交易一样，内部固定资产交易未实现利润（或亏损）的抵消，调低（或调高）了该固定资产在合并资产负债表中的报告价值，从合并报表的角度来看，该固定资产的账面价值与其计税基础不相等，由此产生的可抵扣（或应纳税）暂时性差异对未来的纳税影响应在合并财务报表中予以确认。

与前面所述的内部存货交易相关递延所得税的调整处理不同的是，内部交易的固定资产不仅在交易当年而且在以后各使用期间，都可能会涉及递延所得税的相关调整；而且，固定资产的折旧因素也会对递延所得税的调整产生影响。从连续编制合并财务报表的角度来看，以内部交易存在未实现利润的情况为例，相关的调整分录为：

借：递延所得税资产　［抵消的内部交易固定资产的未实现利润 × 所得税税率］

借或贷：所得税费用［本期应调整递延所得税］

　贷：未分配利润（期初）［前期已调整递延所得税］

下面举例予以说明。

【例 4－12】 20×7 年 6 月末，某企业集团的母公司将一台成本为 60 000 元的产品以 80 000 元的价格出售给子公司，后者将其作为管理用固定资产使用，预计使用年限为 10 年，采用直线法计提折旧（假定不考虑预计净残值）。假定所得税税率为 25%；为了便于对比分析，假定母公司的应交所得税在 20×8 年尚未缴纳。其他资料略。

母公司 20×7 年、20×8 年在合并财务报表工作底稿中的有关调整与抵消分录为：

（1）20×7 年。

①抵消期末固定资产价值中包含的未实现内部交易利润：

借：营业收入　　80 000

　贷：营业成本　　60 000

　　固定资产——原价　　20 000

②抵消当年多计提的折旧：

借：固定资产——累计折旧　　1 000

　贷：管理费用　　1 000

③调整内部固定资产交易相关的递延所得税：

借：递延所得税资产

｛［（80 000－4 000）－（60 000－3 000）］×25%｝　4 750

　贷：所得税费用　　4 750

（2）20×8 年。

①抵消上年内部固定资产交易未实现利润对期初未分配利润的

影响：

借：未分配利润（期初） 20 000

贷：固定资产——原价 20 000

②抵消累计多计提的折旧：

借：固定资产——累计折旧 3 000

贷：管理费用 2 000

未分配利润（期初） 1 000

③调整内部固定资产交易相关的递延所得税：

借：递延所得税资产

{[(80 000 - 12 000) - (60 000 - 9 000)] ×25%} 4 250

所得税费用 (4 750 - 4 250) 500

贷：未分配利润（期初） 4 750

将上述抵消与调整分录填入工作底稿，则该内部交易对个别报表及合并信息的影响参见表 4 - 10。

表 4 - 10　　合并财务报表工作底稿　　单位：元

项目	个别报表		调整与抵消分录		合并数
	母公司	子公司	借	贷	
20×7 年：					
资产负债表有关项目：					
固定资产	0	76 000	②1 000	①20 000	57 000
递延所得税资产	0	0	③4 750		4 750
应交税费	5 000	0			5 000
利润表有关项目：					
营业收入	80 000	0	①80 000		0
营业成本	60 000	0		①60 000	0
管理费用	0	4 000		②1 000	3 000
利润总额	20 000	- 4 000	80 000	61 000	- 3 000

续表

项目	个别报表		调整与抵消分录		合并数
	母公司	子公司	借	贷	
减：所得税费用	5 000	0		③4 750	250
净利润	15 000	-4 000	80 000	65 750	-3 250
所有者权益变动表有关项目：					
未分配利润（期初）	0	0			0
未分配利润（期末）	15 000	-4 000	80 000	65 750	-3 250
20×8年：					
资产负债表有关项目：					
固定资产	0	68 000	②3 000	①20 000	51 000
递延所得税资产	0	0	③4 250		4 250
应交税费	5 000	0			5 000
利润表有关项目：					
管理费用	0	8 000		②2 000	6 000
营业利润	0	-8 000		2 000	-6 000
减：所得税费用	0	0	③500		500
净利润	0	-8 000	500	2 000	-6 500
所有者权益变动表有关项目：					
未分配利润（期初）	15 000	-4 000	①20 000	②1 000 ③4 750	-3 250*
未分配利润（期末）	15 000	-12 000	20 500	7 750	-9 750

* 本期期初未分配利润与上期期末未分配利润相等。

（五）子公司综合收益在合并利润表中的列报

子公司当期综合收益中属于少数股东权益的份额，应当在合并利润表中综合收益总额项目下以“归属于少数股东的综合收益总额”项目列报。

【例4-13】甲公司是乙公司的母公司，拥有乙公司80%的股权。甲公司2013年度实现净利润1 000 000元；乙公司2013年度实现净利润800 000元、可供出售金融资产公允价值变动利得扣除所得税影响后的金额为30 000元。其他业务均略。

根据上述资料，乙公司2013年度个别利润表有关信息如表4－11所示。

表4－11　乙公司2013年度利润表（简表）　金额单位：元

项目	本年数	上年数（略）
…	…	
净利润	800 000	
其他综合收益（扣除所得税影响）	30 000	
综合收益总额	1 300 000	

上述资料在甲公司2013年度合并利润表中的列示方法如表4－12所示。

表4－12　甲公司编制的2013年度合并利润表（简表）　单位：元

项目	本年数	上年数（略）
…	…	
净利润	1 800 000	
其中：归属于母公司股东的净利润	1 640 000	
少数股东损益	160 000	
其他综合收益（扣除所得税影响）	30 000	
综合收益总额	1 830 000	
其中：归属于母公司股东的综合收益总额	1 664 000	
归属于少数股东的综合收益总额	166 000	

五、特殊交易的合并处理问题

新修订的《企业会计准则第33号——合并财务报表》中，增加了对某些特殊交易的相关会计处理规范。这些特殊交易往往是与股权结构变动有关的股权交易，主要包括：购买子公司少数股权、多次交易分步实现合并、不丧失控制权情况下的部分处置子公司股权、丧失控制权情况下的部分处置子公司股权、多次交易分步处置子公司等。

（一）与个别报表相关的会计处理原则

上述各种特殊交易发生后，与个别报表有关的确认与计量，基本上遵循以下原则：

1. 属于增加投资的，按实际发生的股权投资成本确认新增长期股权投资；增加股权投资导致由以公允价值计量的金融资产转为长期股权投资的，或由长期股权投资权益法转为成本法的，对原有投资账面价值不进行追溯调整。购买少数股权、多次交易分步实现合并这两种交易类型就涉及这些问题。

2. 属于处置投资的，将处置损益计入当期损益；处置部分投资导致长期股权投资由成本法转为权益法的，对剩余投资账面价值要按权益法进行追溯调整；处置部分投资导致剩余投资由长期股权投资重分类为以公允价值计量的金融资产的，对剩余投资账面价值不进行追溯调整。不丧失控制权情况下的部分处置子公司股权、丧失控制权情况下的部分处置子公司股权、多次交易分步处置子公司这三种交易类型就可能涉及这些问题。

3. 持股比例增减变动之前原持有投资涉及其他综合收益的，分别以下两种情况进行处理：

（1）如果相关的特殊交易涉及以公允价值计量的金融资产与长期股权投资重分类的，原有投资相关的其他综合收益应转入交易当期的损益。多次交易分步实现合并、处置部分投资丧失控制权这两类交易就有可能涉及这个问题。

(2) 如果相关特殊交易仅涉及长期股权投资由权益法向成本法转换的，原有投资相关的其他综合收益应于丧失控制权时转入丧失控制权当期的损益。多次交易分步实现合并这种交易就有可能涉及这个问题。

(二) 交易类型特征对合并会计处理的影响

上述各种特殊交易发生后，合并报表如何进行相关信息的列报，是值得重点关注的问题。下面我们对上述特殊交易的特征进行必要的归类分析，以便正确理解和把握相关合并处理的规律。

1. 未影响控制权得失（只影响控股比例）情况下增加或减少对子公司的股权投资——权益性交易

购买少数股权和不丧失控制权情况下的部分处置子公司股权两种情形，都属于并未影响控制权得失的母公司在报告期内增加或减少对子公司投资。图 4－2 是这两种特殊交易的比较示意图。

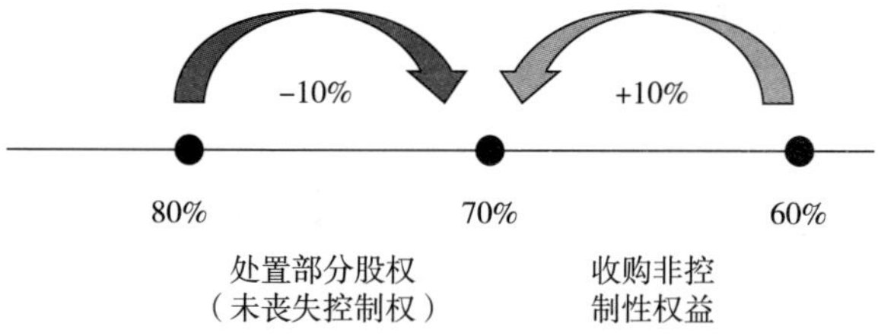

图 4－2 未影响控制权的增减对子公司股权投资

这两种类型的股权交易有一个共同点：交易的结果没有影响控制权的得失，只是影响控股比例。从交易性质上看，两者都属于"权益性交易"，这一共同点决定了两者在合并财务报表中的处理必有相同之处。

如何理解"权益性交易"，是这里的关键。《国际会计准则第 27 号——合并财务报表和单独财务报表》中明确规定，"不会导致丧失对子公司控制权的母公司所有权份额的变动，应作为权益交易进行会计处理”。“权益性交易”（equity transactions）意味着与所有者以其所有者身份进行的交易（transactions with owners in their capacity as owners）。根据国际会计准则关于在企业合并中权益交易的会计处理的规定，一方面，应对控制性权益和非控制性权益（少数股权）账面金额进行调整，以反映它们在子公司中相对权益的变化；另一方面，非控制性权益的调整金额与所支付（收购少数股权）或收到对价（处置部分股权）的公允价值之间的差额，应当直接在权益中确认（而不是计入损益），并归属于母公司的所有者。我国现行会计准则也有相同的规范。

2. 通过多次交易实现合并（即取得控制权）与通过多次交易丧失控制权

影响到投资方对被投资方控制权的有无的特殊交易主要有多次交易分步实现合并和多次交易分步处置子公司两种情形。图4－3是这两种特殊交易的比较示意图。

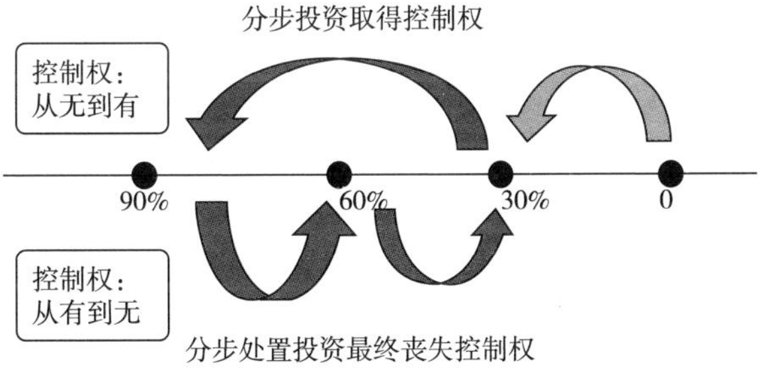

图4－3 多次交易取得或丧失控制权

这两种类型的股权结构变动交易，在交易类型上的共同点是涉及控股权的有无变化，前者使投资方对被投资方的控制权从无到有，后者则使母公司对子公司的控制权从有到无。这一特征决定两者在合并会计处理上应有不同的关注点：对于多次交易分步实现合并的交易，应重点关注合并商誉的计量方法；而对于多次交易分步处置子公司的交易，则应关注每次处置股权的处置损益的确认与计量方法。

值得一提的是，对子公司股权的处置损益在合并报表中直接计入权益还是确认为损益，取决于该处置股权交易界定为“权益性交易”与否。

3. 丧失控制权的两种交易类型：一次处置对子公司部分股权从而丧失控制权与多次处置对子公司股权投资直至丧失控制权

母公司通过处置对子公司的股权投资而丧失其对子公司控制权的交易可能有两种情形：一次性处置对子公司部分股权，或者通过多次交易分步处置对子公司股权。两者的示意比较见图 4 – 4。

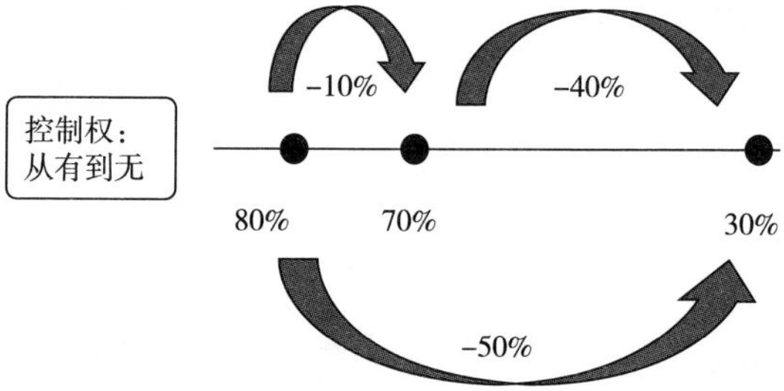

图 4 – 4　处置股权丧失控制权的两种情形

这两种类型的处置股权交易，其共同点在于：最终丧失对子公司的控制权。这就意味着：股权处置损益应计入丧失控制权当期的损益。值得注意的是，如果采用分步处置子公司股权从而丧失控制权的交易形式，对丧失控制权之前的每一次处置交易的“处置损益”，应按“权益性交易”的处理原则，将其先行计入处置当期的其他综合收益而不是损益，待丧失控制权时一并转入丧失控制权当期的损益。所以，这两种类型交易在合并报表中应如何确认、计量处置损益以及应如何对剩余股权进行计量，应予以特别关注。

下面我们就来看具体的合并规范。

（三）与合并报表相关的会计处理原则

1. 收购少数股权

母公司在已经取得对子公司的控制权之后，发生收购少数股东拥有的子公司部分或全部股权交易时，应遵循以下原则进行处理：

在合并财务报表中，子公司的资产、负债应以合并日开始持续计算的金额反映；购买子公司少数股权的交易日，母公司新取得的长期股权投资与按照新增持股比例计算应享有子公司自合并日开始持续计算的净资产份额之间的差额，应当调整合并财务报表中的资本公积（资本溢价或股本溢价），资本公积（资本溢价或股本溢价）余额不足冲减的，调整留存收益。

【例4-14】 甲公司于20×8年12月30日用银行存款20 000万元取得乙公司70%的股份，当日乙公司可辨认净资产账面价值为19 500万元、公允价值为25 000万元，公允价值超过账面价值的5 500万元系某项固定资产评估增值，该资产预计使用年限为11年，按直线法计提折旧（预计净残值略）。20×9年乙公司实现净利润3 000万元，在此期间，乙公司未宣告发放现金股利或利润。20×8年12月30日，甲公司又支付7 500万元取得乙公司20%的股份，当日乙公司净资产的账面价值22 500万元、按20×7年末合并日可辨认净资产公允价值持续计算的价值为27 500万元（25 000+3 000-5 500/11）。不考虑相关税费及其他会计事项。

甲公司有关会计处理如下（单位：万元）：

（1）与个别报表有关的账务处理。

①20×8年12月30日取得70%股权时：

借：长期股权投资　　　　20 000

　　贷：银行存款　　　　　　20 000

②20×9年12月30日取得20%股权时：

借：长期股权投资　　　　7 500

　　贷：银行存款　　　　　　7 500

（2）20×8 年合并报表工作底稿中的有关调整与抵消处理。

①调整评估增值资产价值：

借：固定资产　　　　5 500

　　贷：资本公积　　　　5 500

②抵消母公司对子公司的股权投资与子公司的股东权益，并确认少数股东权益：

借：股本　　　　19 500

　　资本公积　　　　5 500

　　商誉　　　　2 500

　　贷：长期股权投资　　　　20 000

　　　　少数股东权益　　　　7 500

（3）20×9 年合并报表工作底稿中的有关调整与抵消处理。

①调整评估增值资产价值及相关折旧费：

借：管理费用等　　　　500

　　固定资产　　　　5 000

　　贷：资本公积　　　　5 500

②抵消母公司对子公司的股权投资与子公司的股东权益，确认少数股东权益，并将收购少数股权的“差额”调整损益：

借：股本　　　　19 500

　　资本公积　　（5 500 +2 000*） 7 500

　　商誉　　　　2 500

　　少数股东损益

　　　　［（3 000 –5 500/11） ×30%］ 750

　　贷：长期股权投资　　　　27 500

　　　　少数股东权益　　（27 500 ×10%） 2 750

［*2 000 = 新取得的长期股权投资 7 500 – 按照新增持股比例计算应享有子公司自合并日开始持续计算的可辨认净资产份额（少数股权的调减金额）5 500（27 500 ×20%）。］

2. 不丧失控制权情况下的部分处置子公司股权

母公司在已经取得子公司控制权之后，发生处置子公司部分股权但并未丧失对子公司控制权的交易时，应遵循以下原则进行处理：

在合并财务报表中，母公司应将处置价款与处置投资相对应的应享有该子公司自合并日开始持续计算的净资产份额的差额，计入资本公积（资本溢价），资本公积不足冲减的，调整留存收益。

【例4－15】甲公司于20×7年12月30日用银行存款8 800万元取得乙公司80%的股份，当日乙公司可辨认净资产账面价值等于公允价值10 000万元。20×8年乙公司实现净利润2 000万元，尚未进行利润分配。20×8年末，甲公司以1 400万元的价格出售了对乙公司投资中的10%，当日乙公司净资产按取得80%股权之日持续计算的公允价值为12 000万元。不考虑相关税费及其他会计事项。

甲公司有关会计处理如下（单位：万元）：

（1）与个别报表有关的账务处理。

①20×7年12月30日取得80%股权时：

借：长期股权投资　　8 800

　　贷：银行存款　　8 800

②20×8年末出售10%股权时：

借：银行存款　　1 400

　　贷：长期股权投资　　（8 800/8）1 100

　　　　投资收益　　（1 400－1 100）300

（2）合并报表工作底稿中的有关调整与抵消处理。

①20×7年12月30日合并日的抵消分录：

借：股本等　　10 000

　　商誉　　800

　　贷：长期股权投资　　8 800

　　　　少数股东权益　　（10 000×20%）2 000

②20×8年12月31日出售10%股权日的调整与抵消分录：

借：股本等　　10 000

少数股东损益　　　　　　　　　　（2 000 × 20%）400
商誉　　　　　　　　　　　　　　　　　　　　　800
投资收益　　　　　　　　　　　　　　　　　　　300
贷：长期股权投资　　　　　　　　　　　　　　　　7 700
　　少数股东权益　　　　　　　　　　（12 000 × 30%）3 600
　　资本公积　　　　　　　　　（1 400 − 12 000 × 10%）200

通过以上两例的比较，可以发现：第一，“权益交易”不确认合并商誉。【例 4 – 14】中收购少数股权日合并报表中确认的合并商誉与合并日一样仍为 2 500 万元，将收购少数股权的“超额支付”直接计入权益（资本公积）；【例 4 – 15】中处置部分股权日合并报表中确认的合并商誉也与合并日一样仍为 800 万元，并未转销与处置部分相关的商誉。两种情况下股权变动日确认的商誉均与合并日确认的商誉相等（假定商誉未发生减值）。第二，“权益交易”的“差额”在合并报表中不作为利得或损失确认，而是直接计入权益（资本公积）。【例 4 – 14】中将“差额”2 000 万元计入资本公积，【例 4 – 15】中将个别报表中原已确认的投资收益 300 万元予以抵消，而将“利得”200 万元直接计入权益（资本公积）。

3. 处置部分股权丧失控制权

企业因处置部分股权投资而丧失了对被投资方的控制权的（无论是一次性处置还是分步处置部分股权从而丧失对子公司控制权的），在编制合并财务报表时：

（1）对于剩余股权，应当按照其在丧失控制权日的公允价值重新计量；

（2）处置股权取得的对价与剩余股权公允价值之和，减去按原持股比例计算应享有原有子公司自购买日或合并日开始持续计算的净资产的份额之间的差额，计入丧失控制权当期的投资收益，同时冲减商誉；

（3）与原有子公司股权投资相关的其他综合收益等，应当在丧失控制权时转为当期投资收益。

（4）企业通过多次交易分步处置对子公司股权投资直至丧失控制权的，如果处置对子公司股权投资直至丧失控制权的各项交易属于一揽子交易的，应当将各项交易作为一项处置子公司并丧失控制权的交易进行会计处理；但是，在丧失控制权之前每一次处置价款与处置投资相对应的享有该子公司净资产份额的差额，在合并报表中应当确认为其他综合收益，在丧失控制权时一并转入丧失控制权当期的投资收益。

由此可见，通过多次交易分步处置股权直至丧失控制权的交易，对丧失控制权之前的每一次处置股权交易所采取的会计处理原则，与前述的不丧失控制权的部分处置股权交易的会计处理原则是一致的，即：丧失控制权之前的处置损益计入其他综合收益。

【例4－16】资料见【例4－15】。假定甲公司20×9年1月31日按6 500万元的价格出售持有的乙公司50%股权；此番处置股权交易与上年末月的处置10%股权属于一揽子交易。甲公司对乙公司不再具有控制权，只能施加重大影响。假定当日乙公司净资产按取得80%股权之日持续计算的公允价值为12 000万元，剩余股权的公允价值为2 400万元。不考虑相关税费及其他会计事项。

甲公司20×9年1月31日的会计处理如下：

（1）与个别报表有关的账务处理。

①处置50%股权：

借：银行存款　　6 500

　　贷：长期股权投资　　（7 700/7×5）5 500

　　　　投资收益　　（6 500－5 500）1 000

②将剩余股权投资按权益法进行调整：

借：长期股权投资　　400

　　贷：利润分配等　　400

至此，剩余股权投资的账面价值为2 600万元（8 800－1 100－5 500＋400）。

（2）与合并财务报表有关的调整与抵消处理。

①对剩余股权投资按公允价值进行调整：

借：投资收益　　（2 600 - 2 400）200

　　贷：长期股权投资　　200

②将处置股权取得的对价与剩余股权公允价值之和，减去按原持股比例计算应享有原有子公司自购买日开始持续计算的净资产的份额之间的差额700万元，计入丧失控制权当期的投资收益，同时调整商誉：

借：商誉　　700

　　贷：投资收益

　　　　[（1 400 + 6 500 + 2 400） - 12 000 × 80%] 700

【例4 - 17】甲公司于20×7年12月末用银行存款6 300万元取得乙公司60%的股份，当日乙公司净资产账面价值为10 000万元、公允价值为10 000万元；股东权益中股本为8 000万元，资本公积为2 000万元。取得投资后甲公司对该投资采用成本法核算。20×8年乙公司实现净利润1 000万元。在此期间，乙公司未宣告发放现金股利或利润。20×9年1月初，甲公司以4 500万元的价格出售拥有的乙公司40%的股份，当日乙公司净资产的账面价值11 000万元，自合并日开始持续计算的公允价值也为11 000万元。出售部分投资后甲公司对乙公司的投资作为可供出售金融资产核算。当日剩余20%股权的公允价值为2 200万元。甲公司还存在其他子公司。不考虑相关税费及其他会计事项。

（1）甲公司与个别报表有关的账务处理（单位：万元）。

①20×7年12月末初始投资取得60%股份：

借：长期股权投资　　6 300

　　贷：银行存款　　6 300

②20×9年1月初，出售40%股份：

借：银行存款　　4 500

　　贷：长期股权投资　　4 200

　　　　投资收益　　300

③20 ×9 年 1 月初，将剩余 20% 投资重分类：

借：可供出售金融资产　　2 200

　　贷：长期股权投资　　2 100

　　　　投资收益　　100

（2）甲公司与合并财务报表有关的调整与抵消处理（单位：万元）。

①20 ×7 年末，编制合并财务报表时的有关调整与抵消分录：

借：股本　　8 000

　　资本公积　　2 000

　　商誉　　300

　　贷：长期股权投资　　6 300

　　　　少数股东权益　　4 000

②20 ×8 年末，编制合并财务报表时的有关调整与抵消分录：

借：股本　　8 000

　　资本公积　　2 000

　　商誉　　300

　　少数股东损益　　400

　　贷：长期股权投资　　6 300

　　　　少数股东权益　　4 400

③20 ×9 年初处置部分投资后，编制合并财务报表时：

首先，对剩余股权按其在丧失控制权日的公允价值重新计量。由于个别报表中已将剩余投资在重分类为可供出售金融资产时按公允价值 2 200 万元重新计量了，所以不必再作调整。

其次，将处置股权取得的对价与剩余股权公允价值之和，减去按原持股比例计算应享有原有子公司自购买日开始持续计算的净资产的份额之间的差额 100 万元，计入丧失控制权当期的投资收益，同时调整商誉：

借：商誉　　100

贷：投资收益

[（4 500 +2 200）－11 000 ×60%] 100

4. 多次交易分步实现企业合并

多次交易分步实现的控股合并，购买日需要编制合并资产负债表。分步实现非同一控制下的控股合并，合并方在购买日编制合并资产负债表时应进行如下会计处理：

（1）对于购买日之前已经持有的对被合并方的股权投资，按照其在购买日的公允价值进行重新计量，公允价值与账面价值之差，计入当期投资收益。

（2）购买日之前持有的被合并方股权于购买日的公允价值，加上购买日新购入股权所支付对价的公允价值，两者之和作为购买日合并报表中的合并成本。

比较合并成本与购买日被合并方可辨认净资产公允价值中合并方应享有的份额，确定购买日应确认的合并商誉或应计入当期损益的金额（负商誉）。

（3）合并方对于购买日之前持有的被合并方股权涉及权益法核算下的其他综合收益的，与其相关的其他综合收益等应转为购买日所属当期收益。

【例 4 －18】 甲公司于 20 ×8 年 7 月初用银行存款 2 500 万元取得乙公司 20% 的股份，当日乙公司可辨认净资产账面价值为 9 800 万元、公允价值为 10 000 万元。取得投资后甲公司派人参与乙公司的生产经营决策，对该投资采用权益法核算。20 ×8 年下半年乙公司实现净利润 1 500 万元，甲公司确认投资收益 300 万元（假定本例中投资时被投资方可辨认净资产公允价值与账面价值之差对权益法下投资收益的确定没有产生影响）；在此期间，乙公司未宣告发放现金股利或利润。20 ×9 年 1 月，甲公司支付 6 800 万元进一步购入乙公司 40% 的股份，购买日乙公司可辨认净资产的账面价值 11 300 万元、公允价值为 15 000 万元。假定乙公司净资产公允价值高于账面价值部分属于固定资产的评估增值。不考虑相关税费及其他会计事项。假设甲公司与乙公司在实现合并前为非同一控制下的两个公司。

根据上述资料，有关会计处理如下（单位：万元）：

（1）与个别报表有关的确认与计量。

①20×8 年 7 月初进行股权投资时：

借：长期股权投资　2 500

　　贷：银行存款　2 500

②20×8 年确认投资收益时：

借：长期股权投资　300

　　贷：投资收益　300

③20×9 年 1 月追加投资时：

借：长期股权投资　6 800

　　贷：银行存款　6 800

至此，购买日甲公司对作为子公司的乙公司的长期股权投资初始投资成本为 9 600 万元。

（2）与购买日合并财务报表有关的会计处理。

①重新计算原有股权投资：

公允价值份额 =15 000×20% =3 000（万元）

应调整金额 =3 000－（2 500+300）=200（万元）

②计算合并成本：

合并成本 =3 000+6 800=9 800（万元）

③计算合并商誉：

合并商誉 =9 800－15 000×60% =800（万元）

④合并报表工作底稿中的有关调整与抵消分录：

首先，将原投资调整至公允价值：

借：长期股权投资　200

　　贷：投资收益　200

其次，将母公司对子公司的股权投资与子公司的股东权益相抵消：

借：股本等股东权益项目　　11 300
　　固定资产　　3 700
　　商誉　　800
　　贷：长期股权投资　　9 800
　　　　少数股东权益　　6 000

【例 4－19】 资料见【例 4－18】。假定 20×8 年下半年乙公司确认可供出售金融资产公允价值变动利得 10 000 元，其他资料不变。则甲公司的有关会计处理如下：

（1）与个别报表有关的确认与计量。

①20×8 年 7 月初进行股权投资时：

借：长期股权投资　　2 500
　　贷：银行存款　　2 500

②20×8 年确认投资收益时：

借：长期股权投资　　300
　　贷：投资收益　　300

③20×8 年末确认其他综合收益时：

借：长期股权投资　　2 000
　　贷：资本公积　　2 000

④20×9 年 1 月追加投资时：

借：长期股权投资　　6 800
　　贷：银行存款　　6 800

至此，购买日甲公司对作为子公司的乙公司的长期股权投资初始投资成本为 11 600 万元。

（2）与合并日合并财务报表有关的会计处理。

①重新计算原有股权投资：

公允价值份额＝15 000×20%＝3 000（万元）

应调整金额＝3 000－（2 500＋300＋2 000）＝－1 800（万元）

②计算合并成本：

合并成本 =3 000 +6 800 =9 800（万元）

③计算合并商誉：

合并商誉 =9 800 -15 000 ×60% =800（万元）

④合并财务报表工作底稿中的有关调整与抵消分录：

首先，将原投资调整至公允价值：

借：投资收益　　1 800
　　贷：长期股权投资　　1 800

其次，将母公司对子公司的股权投资与子公司的股东权益相抵消：

借：股本等股东权益项目　　11 300
　　固定资产　　3 700
　　商誉　　800
　　贷：长期股权投资　　9 800
　　　　少数股东权益　　6 000

最后，将购买日之前持有的被购买方股权涉及权益法核算下的其他综合收益进行转账：

借：资本公积　　2 000
　　贷：投资收益　　2 000

六、新准则的影响与应对

从上面的分析不难看出，《企业会计准则第33号——合并财务报表》经过上述修订之后，相关内容发生了很大变化。这些变化对企业的合并财务报表实务必将带来较大影响，从而要求企业采取必要的应对之策。

第一，修订后准则在合并范围方面的变化，不仅提升了合并信息的相关性，也对会计人员的业务素质提出更高要求。

修订后准则对母公司、子公司的概念界定由“企业”拓宽至

“主体”这一变化，要求企业在确定合并范围时，不仅关注通常意义上的作为“企业”的子公司，还要关注企业中可分割的部分、结构化主体等类型的主体。

修订后准则关于“控制”的重新定义及其阐释，一方面对理解“控制”的要素给出了更加具体、详细的指引，另一方面也对实务中如何界定“控制”提出了更高的职业判断要求。企业在执行准则过程中，必须正确理解“控制”的内涵和外延，这直接关系到合并报表合并范围的确定。

修订后准则对“结构化主体”、“投资性主体”等主体形式的关注，体现了会计准则变迁与会计环境的变化两者之间的本质关联；而投资性主体“合并豁免”相关规范的出台，则适应了日渐增多的投资性主体呈报合并信息以及提高合并信息相关性的客观需求。由于修订后准则对母公司是否编制合并报表以及如何界定合并范围有着不同于以往的“豁免”规范，所以，对于本身属于投资性主体的企业以及本身不属于投资性主体而其子公司中存在投资性主体的企业而言，在确定合并财务报表的编制与否、相关子公司纳入合并范围与否等问题时，要根据具体情况进行具体分析。

第二，修订后准则在合并报表编制程序方面的具体规范，在某些方面简化了合并处理过程（比如取消了将母公司对子公司的长期股权投资进行权益法调整的规范），而在另外一些方面则细化、完善了合并处理的内容（比如子公司对母公司股权投资的“库存股”处理，“综合收益”在“归属于母公司所有者的净利润”和“少数股东损益”之间的分配问题，“未实现内部交易损益”在“归属于母公司所有者的净利润”和“少数股东损益”之间进行抵消分配问题等）。诸如此类的规范实际上都对会计从业人员的业务素质提出了更高的要求。

以往多年的合并报表编制实践，大多数人比较适应了先将母公司对子公司的长期股权投资由成本法调整至权益法然后再进行相关抵消处理的编表思路和方法，而对直接按成本法结果进行的抵消处理反倒感觉不易理解。这就需要我们对以下三个方面的问题有明确的认识：一是成本法下长期股权投资都对哪些报表项目产生了哪些影响；二是无论是直接按成本法结果进行抵消还是调整至权益法之后再行抵消，抵消后的合并数据结果只能有一个：抵消了内部股权投资对相关报表项目的相关影响；三是以前年度合并报表编制程序中的抵消处理对本年合并报表中期初未分配利润应该有何影响。在此基础上，才能较好把握内部股权投资更加简化的合并处理原理。

为了正确理解和实施子公司对母公司股权投资的“库存股”处理、“综合收益”在“归属于母公司所有者的净利润”和“少数股东损益”之间的分配问题、“未实现内部交易损益”在“归属于母公司所有者的净利润”和“少数股东损益”之间进行抵消分配问题等相关规范，需要会计人员深入理解库存股、综合收益等会计要素的内涵，正确把握合并报表中少数股东权益、少数股东损益等要素的本质特征。

第三，修订后准则对涉及股权结构变动的某些特殊交易的明确规范，不仅完善了合并报表规范体系，也将在一定程度上影响到企业的股权投资安排。虽然实务中企业在设计企业合并或处置股权方案的时候，主要考虑市场竞争、企业长远发展等经济因素，但是不同会计规范对财务报表信息的不同影响逐渐会成为企业投资决策的影响因素之一。比如，企业在放弃对子公司控制权的处置股权交易中，是采用一次性处置股权还是采用多次交易分步处置股权，由于相关的处置损益在合并报表中有计入当期损益和计入其他综合收益两种方法，就有可能影响企业对处置股权方案的设计。所以，企业会计人员应该深入学习、理解和掌握会计准则对相关业务或交易的处理原则及其对会计信息的影响，以为企业的经营管理提供信息服务和决策支持。

第五讲　企业会计准则第39号——公允价值计量

一、新准则的衔接

我国的会计准则体系中关于公允价值计量的相关会计处理规定被分散在包括金融资产、投资性房地产等17项具体会计准则，我国此前并没有专门的公允价值准则，对于公允价值如何取得、如何确定其可靠性，也没有明确的规定与参考。

为了适应社会主义市场经济发展需要，规范企业公允价值计量和披露，提高会计信息质量，财政部制定了《企业会计准则第39号——公允价值计量》（以下简称《公允价值计量准则》或CAS39），自2014年7月1日起在所有执行企业会计准则的企业范围内施行，鼓励在境外上市的企业提前执行。公允价值计量准则规范了公允价值定义，明确了公允价值的计量方法，并对公允价值计量相关信息的披露作出具体要求。

本准则施行日之前的公允价值计量与本准则要求不一致的，企业不作追溯调整。

另外，比较财务报表中披露的本准则施行日之前的信息与本准则要求不一致的，企业不需要按照本准则的规定进行调整。

二、公允价值概述

（一）《公允价值计量准则》的制定背景

2008年国际金融危机爆发后，公允价值计量受到全世界关注，虽然金融危机的爆发是多种因素造成的，但提供公正透明的高质量会计信息是促进经济发展的必要手段。为此，2009年国际会计准则委员会发布了公允价值计量准则征求意见稿。在这一背景下，2010年4月我国发布《中国企业会计准则与国际财务报告准则持续趋同路线图》，决定完善我国公允价值计量。

国际会计准则理事会于2011年5月12日发布了《国际财务报告准则第13号——公允价值计量》，重新定义了公允价值，制定了统一的公允价值计量框架，规范了公允价值的披露要求，也为我国规范公允价值应用提供了有益参考。

我国于2011年启动了公允价值准则的起草工作，首先起草了该准则的讨论稿，随后形成了该准则的征求意见稿，并于2012年5月17日向社会公开征求意见。同时，我们还和国际会计准则理事会、香港会计师公会进行了充分的沟通，听取了国内外各方面的意见。

我国财政部于2014年1月发布了《企业会计准则第39号——公允价值计量》，自2014年7月1日起在所有执行企业会计准则的企业范围内施行，鼓励在境外上市的企业提前执行。

（二）适用范围

《公允价值计量准则》适用于资产、负债、企业自身权益工具的公允价值计量（包括初始计量和后续计量）和披露。因此，该准则决定，除特定情况外，其他会计准则要求或允许企业进行公允价值计量或披露的，企业应当根据该准则的要求对资产、负债、企业自身权益工具的公允价值进行计量或披露，但对于企业是否应当以公允价值计量相关资产或负债、何时进行计量等会计处理问题，则由其他相关准则进行规范。

企业会计准则要求或允许采用公允价值进行计量或披露的情形（无论是金融项目还是非金融项目）适用于本准则，但适用于《企业会计准则第 11 号——股份支付》的股份支付业务相关的计量和披露，和适用于《企业会计准则第 21 号——租赁》的租赁业务相关的计量和披露除外。

新准则明确规定，与公允价值类似的其他计量属性的计量和披露（如《企业会计准则第 1 号——存货》规范的可变现净值、《企业会计准则第 8 号——资产减值》规范的预计未来现金流量现值）不属于本准则的适用范围。

（三）对公允价值概念的总体把握

公允价值新旧定义的对比如表 5－1 所示。

表 5－1　　公允价值概念的新旧比较

公允价值原定义	公允价值新定义
在公平交易中，熟悉情况的交易双方自愿进行资产交换或者债务清偿的金额	公允价值是市场参与者在计量日发生的有序交易中，出售一项资产所能收到或者转移一项负债所需支付的价格，即脱手价格

对于公允价值的概念，《公允价值计量准则》主要从以下几个方面对原公允价值定义进行调整完善：

（1）明确公允价值是脱手价格。资产或负债的脱手价格体现了持有资产或承担负债的市场参与者在计量日，对该资产或负债相关的未来现金流量的预期。

（2）突出市场参与者的概念。原公允价值定义中“在公平交易中，熟悉情况的交易双方”不够清晰明确，本准则将市场参与者定义为在相关资产或负债主要市场（或最有利市场）中，相互独立的、熟悉资产或负债情况的，并且能够且愿意进行交易的买方或卖方。

（3）将债务“清偿”概念转为“转移”概念。转移概念体现了市场参与者对流动性、不确定性以及与负债相关的其他因素的预期，而清偿概念并非如此，它仅考虑了企业的特定因素。

（4）明确资产出售或者债务转移是发生在计量日，而不是其他日期。

（四）相关资产或负债

《公允价值计量准则》中相关资产或负债，是指其他相关会计准则要求或允许企业以公允价值计量的资产或负债，也包括企业自身权益工具。例如，《企业会计准则第 3 号——投资性房地产》中规范的采用公允价值模式进行后续计量的投资性房地产，《企业会计准则第 22 号——金融工具确认和计量》中规范的交易性金融资产和交易性金融负债。

新准则规范的公允价值计量要求适用于相关资产或负债的初始计量和后续计量。企业应当从市场参与者的角度计量相关资产或负债的公允价值，而不应当考虑企业自身持有资产、清偿或以其他方式履行负债的意图和能力。企业以公允价值计量相关资产或负债，应当考虑该资产或负债的特征。

1. 计量单元

企业以公允价值计量的相关资产或负债：（1）可以是单项资产或负债，如一项金融工具、一项非金融资产等；（2）可以是资产组合、负债组合或者资产和负债的组合，如《企业会计准则第 8 号——资产减值》规范的资产组、《企业会计准则第 20 号——企业合并》规范的业务等。

企业是以单项还是以组合的方式对相关资产或负债进行公允价值计量，取决于该资产或负债的计量单元。

计量单元，是指相关资产或负债以单独或者组合方式进行计量的最小单位。但新准则第十章规范的市场风险或信用风险可抵消的金融资产和金融负债的公允价值计量除外。

计量单元通常具有独立于其他单元的、本身不可分割的现金流量，独立的现金流量是对该计量单元进行合理估价的重要依据。不同使用、管理和监控方式而形成不同规模的计量单元将有不同的价值，因此计量单元在公允价值计量中是一个不可或缺的概念。

在新准则中，计量单元这一概念界定不够明晰，在实务中判断相关资产或负债是否为计量单元缺乏指南，由此可能会影响后续计量结果的可靠性。因此需要在要求或者允许以公允价值计量的其他相关会计准则中对此作出规定。

【例5－1】甲上市公司由专利权X、设备Y以及设备Z组成的生产线，专门用于生产产品W。产品W存在活跃市场。生产线生产的产品W，经包装机H进行外包装后对外出售。与产品W生产线及包装机H的有关资料如下：

（1）专利权X、专用设备Y和Z是为生产产品W专门订制的，除生产产品W外，无其他用途。

（2）包装机H用于对公司生产的部分产品（包括产品W）进行外包装。该包装机由独立核算的包装车间使用。公司生产的产品进行包装时需按市场价格向包装车间内部结算包装费。

除用于本公司产品的包装外，甲公司还用该机器承接其他企业产品外包装，收取包装费。包装机的公允价值减去处置后的净额及未来现金流量现值能够合理确定。

包装机H的可收回金额能够单独计算确定，可作为一单项资产考虑。专利权X、设备Y以及设备Z均无法独立产生现金流入，该三项资产共同产生现金流入，应将三项资产作为一个资产组。

需要说明的是，若包装机H只对产品W进行包装，无法独立产生未来现金流量，则包装机H也构成应和专利权X、设备Y以及设备Z共同组成一个资产组。

2. 相关资产或负债的特征

相关资产或负债的特征，是指市场参与者在计量日对该资产或负债进行定价时考虑的特征，包括资产状况及所在位置、对资产出售或者使用的限制等。

（1）资产状况及所在位置。市场参与者以公允价值计量一项非金融资产时，通常会考虑该资产的地理位置、使用功能、结构、新旧程度、可使用状况等。因此企业计量其公允价值时，也应当考虑这些特征。

【例 5－2】 2014 年 1 月 1 日，甲企业将刚开发建成的一栋写字楼作为投资性房地产，用于出租，并采用公允价值模式进行后续计量。2014 年 12 月 31 日，甲企业根据可获得的市场信息和相关数据，决定参考本地区同一地段的写字楼活跃市场价格，并考虑所处的地理位置、新旧程度、配套设施等因素，对本地区可比写字楼的市场交易价格进行调整，确定该写字楼在 2014 年 12 月 31 日的公允价值。

（2）对资产出售或使用的限制。企业为合理确定相关资产的公允价值，应当考虑出售或使用该资产所存在的限制因素，且应当区分该限制是针对资产持有者的，还是针对该资产本身的。针对该资产本身的限制，这类限制是资产具有的一项特征，任何持有该资产的企业都会受到该限制的影响，因此，企业以公允价值计量资产时，应当考虑该类限制；针对该资产持有者的限制，这类限制并不是资产具有的一项特征，只会影响当前持有该资产的企业，其他企业可能不会受到影响，因此，企业以公允价值计量资产时，不应考虑针对该资产持有者的限制因素。

【例 5－3】（摘自 IFRS 13）：

（1）企业持有一项权益工具（金融资产），该资产在特定期间内的出售受到法律或合同的限制（例如，此类限制可能限定资产只能向符合条件的投资者出售）。此类限制是该工具的特征，因此将转移给市场参与者。在这种情况下，该工具的公允价值计量应基于在公开市场上交易的同一发行人相同的未受限制的权益工具标价，并在此基础上作出调整以反映此类限制的影响。

（2）某捐赠人向一家非营利性社区机构捐赠一块可被用于建造住宅的土地。该土地目前被用作游憩场所，捐赠人指定该土地必须由该机构永久地用作游憩场所。在查阅相关文件（如，法律及其他文件）后，该机构确定如果其出售该土地，遵守捐赠人指定限制的责任将不会转移给市场参与者（即，捐赠人对土地使用的限制仅针对该机构）。而且，相关文件并不存在对该机构出售土地的任何限制。若不存在对该机构的土地使用限制，该土地可作为住宅开发用地。在该情况下，捐赠人对土地使用的限制仅针对该机构，该限制不会转移给市场参与者。因此，该土地的公允价值将是在不考虑对该机构的土地使用限制的情况下，以下二者中的较高者：①土地作为游憩场所的公允价值（即，资产的公允价值将通过市场参与者将该资产与其他资产或者其他资产和负债相结合使用实现最大化）；②土地作为住宅开发用地的公允价值（即，资产的公允价值将通过市场参与者对该资产的单独使用实现最大化）。

（五）有序交易

企业以公允价值计量相关资产或负债，应当假定市场参与者在计量日出售资产或者转移负债的交易，是在当前市场条件下的有序交易。

有序交易，是指在计量日前一段时期内相关资产或负债具有惯常市场活动的交易。清算等被迫交易不属于有序交易。

当企业成为交易一方时，通常假定该企业有充分的信息来判断该交易是否为有序交易。企业应当基于可获得的信息，如交易规则和习惯、市场环境变化、交易对方信息、交易场所和其他能获得的信息，运用专业判断对交易行为和交易价格进行分析，以判断该交易是否为有序交易。

下列情况，通常不作为有序交易：

（1）在当前市场条件下，市场在计量日之前一段时间内不存在相关资产或负债惯常市场交易活动。

（2）资产出售方或负债转移方仅与唯一的市场参与者进行交易。

（3）资产出售方或负债转移方处于或者接近破产或托管状态，

即资产出售方或负债转移方已陷入财务困境。

(4) 资产出售方为满足法律或者监管要求出售资产，即被迫出售。

(5) 与相同或类似资产或负债近期发生的其他交易相比，资产出售或负债转移是一个异常值。

(六) 市场

在运用公允价值计量相关资产或负债时，企业应当识别资产或负债的定价市场，应当假定出售资产或者转移负债的有序交易在相关资产或负债的主要市场进行。不存在主要市场的，企业应当假定该交易在相关资产或负债的最有利市场进行。也就是说，在以公允价值计量相关资产或负债时，首先考虑主要市场，其次为最有利市场。值得注意的是，主要市场和最有利市场都是从报告主体的角度考虑的。

主要市场，是指相关资产或负债交易量最大和交易活跃程度最高的市场。这里主要强调了“交易量最大”和“交易活跃程度最高”这两个特征。

最有利市场，是指在考虑交易费用和运输费用后，能够以最高金额出售相关资产或者以最低金额转移相关负债的市场。这里主要强调了考虑相关费用以及最高、最低金额。

1. 识别主要市场或最有利市场

企业根据可合理取得的信息，能够在交易日确定相关资产或负债交易量最大和交易活跃程度最高的市场的，该市场应当作为相关资产或负债的主要市场。如果在交易日无法确定相关资产或负债交易量最大和交易活跃程度最高的市场，则在考虑交易费用和运输费用后，能够以最高金额出售相关资产或者以最低金额转移相关负债的市场作为最有利市场。

企业在识别主要市场或最有利市场时，应当考虑所有可合理取得的信息，但没有必要考察所有市场。通常情况下，企业正常进行资产出售或者负债转移的市场可以视为主要市场或最有利市场。不同的企业可以进入不同的市场，对于相同的资产或负债而言，不同企业可能具有不同的主要市场，或者在不存在主要市场情况下的最有利市场。

2. 主要市场或最有利市场的应用

企业应当以相关资产或负债主要市场或者最有利市场的价格为基础，计量资产或负债的公允价值。在确定最有利市场时，应当考虑交易费用、运输费用等。

交易费用，是指在相关资产或负债的主要市场（或最有利市场）中，发生的可直接归属于资产出售或者负债转移的费用，是直接由交易引起的、交易所必需的且不出售资产或者不转移负债就不会发生的费用。企业在根据主要市场或最有利市场的交易价格确定相关资产或负债的公允价值时，不应当根据交易费用对该价格进行调整。

运输费用，是指将资产从当前位置运抵主要市场（或最有利市场）发生的费用。

交易费用不包括运输费用。相关资产所在的位置是该资产的特征，发生的运输费用能够使该资产从当前位置转移到主要市场（或最有利市场）的，企业应当根据使该资产从当前位置转移到主要市场（或最有利市场）的运输费用调整主要市场（或最有利市场）的价格。

【例5－4】2014年12月31日，甲公司在非同一控制下的企业合并业务中获得一批存货（100吨原材料）。在合并日，应当以公允价值计量这批存货，该原材料在A城市和B城市有两个活跃的交易市场，甲公司能够进入这两个市场，相关的交易数据如表5－2所示。

表5－2　　相关的交易数据

	销售价格（万元/吨）	历史交易量（万吨）
A城市	26	980
B城市	28	20

甲公司根据交易数据能够确定A城市的市场拥有最大交易量、交易活跃程度最高，判定A城市的市场为该原材料的主要市场，甲公司应当以A城市的市场价格为基础估计该批存货的公允价值。

假定在A城市的市场出售这批存货的交易费用为300万元，将这批存货运抵A城市的成本为20万元；在B城市的市场出售这批存货的交易费用为320万元，将这批存货运抵B城市的成本为40万元。

甲公司在估计这批存货的公允价值时，应当使用在主要市场上出售该存货的价格，并考虑运输费用，但不考虑交易费用。因此，这批存货的公允价值为2 580万元（2 600 -20）。

在本例中，尽管B城市的市场上出售原材料的价格（28万元）高于A城市的市场价格（26万元），但根据《公允价值计量准则》的规定，甲公司也不能以B城市的市场价格为基础确定这批存货的公允价值。

（七）市场参与者

市场参与者，是指在相关资产或负债的主要市场（或最有利市场）中，相互独立的、熟悉资产或负债情况的、能够且愿意进行交易的卖方和卖方。市场参与者应当同时具备下列特征：

（1）市场参与者应当相互独立，不存在《企业会计准则第36号——关联方披露》所述的关联方关系；

（2）市场参与者应当熟悉情况，能够根据可取得的信息对相关资产或负债以及交易具备合理认知；

（3）市场参与者应当有能力并自愿进行相关资产或负债的交易，而非被迫或以其他强制方式进行交易。

企业在确定市场参与者时，应当考虑所计量的相关资产或负债、该资产或负债的主要市场（或最有利市场）以及在该市场上与企业进行交易的市场参与者等因素，从总体上识别市场参与者。企业以市场参与者的角度计量相关资产或负债的公允价值，而不应当考虑企业自身持有资产、清偿或者以其他方式履行负债的意图和能力。

三、公允价值的计量

（一）交易价格与公允价值的关系

企业以公允价值计量相关资产或负债，需要判断在初始确认时的公允价值是否与其交易价格相等。交易价格与公允价值的关系可以从以下几个方面理解：

（1）交易价格代表了为取得资产所支付的价格，或者因承担负债而收到的价格，它是一种接手价格。相反的，资产或负债的公允价值则是出售资产应收到的价款，或者转移负债应付出的代价，它是一种脱手价格或脱售价格。从概念上来说，二者是不同的。

（2）在很多情形下，交易价格在数量上等于脱手价格，因此代表了资产或负债在初始确认时的公允价值。

（3）在判断交易价格是否为该资产或负债的公允价值时，应依据交易的具体情况和特点。

（二）估值技术

企业应当使用在当前情况下适用并且有足够可利用数据和其他信息支持的估值技术，从而估计市场参与者在计量日当前市场情况下的有序交易中出售资产或者转移负债的价格。

估值技术主要包括市场法、收益法和成本法。企业可以根据实际情况选择一种或多种估值技术，但《公允价值计量准则》未规定企业应当优先使用哪种估值技术，除非在活跃市场上存在相关资产或负债的公开报价，企业应当优先使用该公开报价。如果企业采用的估值技术未能考虑市场参与者估值时所应考虑的所有因素，那么企业通过该估值技术获得的金额不能作为对计量日当前交易价格的估计。

1. 市场法

市场法，是利用相同或类似的资产、负债或资产和负债组合的价格以及其他相关市场交易信息进行估值的技术。相同资产或负债存在活跃市场的报价，且企业在计量日能够进入该活跃市场，该报价提供了公允价值的最可靠证据。当一项资产或负债在多个活跃市场存在报价时，有必要识别出代表特定事实和情况下公允价值的市场和价格。

市场法中常用的两种方法：

（1）参考比较法，通过对资本市场上与被评估对象处于同一或类似的经营和财务数据进行分析，计算适当的价值比率或经济指标，在与被评估对象比较分析的基础上，得出评估对象价值的方法。

（2）案例比较法，指通过分析与被评估对象处于同一或类似行业的资产的买卖、收购及合并案例，获取并分析这些交易案例的数据资料，计算适当的价值比率或经济指标，在与被评估对象比较分析的基础上，得出评估对象价值的方法。

【例5 5】甲、乙两个企业进行了涉及某设备（该设备成新率为85%）的非货币性资产交换，根据企业会计准则，应当采用公允价值进行会计处理，现需要对该设备的公允价值进行确定。

根据市场信息资料，（1）3个月前，成新率为80%的该型号设备，市场交易价为88万元；（2）目前与该型号设备类似的一种设备（全新），市场价格为105万元；（3）半年来，物价比较稳定。

运用市场法进行估值时，应当考虑的因素之一，即选择最接近的调整因素较少的交易案例。该例中，资料（1）发生交易的设备与待估价设备型号相同，且半年来物价稳定，因此应当选择（1）作为估价基础。因此，该设备的公允价值＝（88/80%）×85%＝93.5（万元）。

2. 收益法

收益法，是企业将未来金额转换成单一现值的估值技术。企业使用收益法时，应当反映市场参与者在计量日对未来现金流量或者收入费用等金额的预期。

用以计量公允价值的收益法包括：现金流量折现法、多期超额收益折现法、包含现值技术并同时反映期权的时间价值和内在价值的期权定价模型，例如，布莱克—斯科尔斯—默顿（Black - Scholes - Merton）公式或二项式模型（即，点阵模型），以及用于计量某些无形资产的公允价值的多期超额收益法等。

【例 5 - 6】 甲公司采用公允价值模式对投资性房地产进行后续计量，2013 年甲公司将其拥有的一幢写字楼用于出租，该写字楼共五层，总建筑面积为 60 000 平方米，可出租面积约 35 000 平方米。考虑到在计量日前一段时间内不存在相同或类似写字楼在活跃市场的交易价格，但类似商业房地产的租赁市场非常活跃，甲公司决定采用收益法中的现金流量折现法估计该写字楼于 2013 年 12 月 31 日的公允价值。

根据市场状况，甲公司采用了以下假设：

（1）预测期。预测期为 2013 年 12 月 31 日至 2018 年 12 月 31 日。

（2）收益期。以计量日至土地使用权终止日之间的期间为收益期，即 35 年。

（3）折现率。甲公司通过市场调查，并考虑评估对象位置、交通便利性以及在营运期内的相关风险进行分析和调整，最终确定折现率为 9%。

（4）租金。截至 2016 年 12 月 31 日，该写字楼带租赁合同运营。因此，甲公司分析租金收益时按租赁期内和租赁期外两种情况考虑，2014 年至 2016 年租赁期内采用租赁合同规定的租金，2017 年和 2018 年租赁期外采用市场租金。

（5）费用支出。甲公司预计营业税金及附加、房产税、财产保险费、土地使用税、营运费用、营销推广费等占每年租金收入的 25%。

甲公司根据上述信息，确定该写字楼于 2013 年 12 月 31 日的公允价值为 91 602 万元。具体计算过程如表 5 - 3 所示。

表5-3 写字楼公允价值计算表 单位：万元

项目	2014年	2015年	2016年	2017年	2018年	合计
(1) 总租金收益	12 000	14 000	16 500	17 000	17 500	
(2) 总费用 = (1) ×25%	3 000	3 500	4 125	4 250	4 375	
(3) 租金净收益 = (1) - (2)	9 000	10 500	12 375	12 750	13 125	
(4) 未来30年的现金流量					72 917*	
(5) 折现率9%	0.9174	0.8417	0.7722	0.7084	0.6499	
(6) 现金流量现值 = [(3) + (4)] × (5)	8 257	8 838	9 556	9 032	55 919	91 602

*为了简化，假定该写字楼未来30年的余值折现到2018年12月31日的价值为72 917万元。

3. 成本法

成本法，是反映当前要求重置相关资产服务能力所需金额（通常指现行重置成本）的估值技术。

采用成本法时，资产的公允价值是基于作为买方的市场参与者购买或建造一项具有可比效用的替代资产的成本按陈旧贬值情况（包括实物性损耗、功能性或技术贬值）进行调节后的金额（即，资产的现行重置成本）。企业主要使用现行重置成本法估计与其他资产或其他资产和负债一起使用的有形资产的公允价值。

【例5-7】甲公司于2012年1月1日购买了一台数控设备，其原始成本为400万元，预计使用寿命为20年。2014年，该数控设备生产的产品有替代产品上市，导致其产品市场份额骤降30%。2014年12月31日，甲公司决定对该数控设备进行减值测试，根据可获得的市场信息，甲公司决定采用重置成本法估计该数控设备的公允价值。

甲公司在估计公允价值时，因无法获得该数控设备的市场交易数据，也无法获取其各项成本费用数据，故采用以设备历史成本为基础，根据同类设备的价格上涨指数来确定公允价值的物价指数法。假设自2012年至2014年，此类数控设备的价格指数按年分别为上涨5%、上涨2%、上涨5%。此外，在考虑实体性贬值、功能性贬值和经济性贬值后，在购买日该数控设备的成新率为60%。因此，甲公司估计该设备的公允价值为270万元（400×1.05×1.02×1.05×60%）。

4. 估值技术的校正和变更

企业以交易价格作为初始确认时的公允价值，且在公允价值后续计量中使用了涉及不可观察输入值的估值技术的，应当在估值过程中校正该估值技术，以使估值技术确定的初始确认结果与交易价格相等，从而确保未来后续期间的重新计量仅反映初始确认后的价值变动。

公允价值计量使用的估值技术一经确定，不得随意变更，但变更估值技术或其应用能使计量结果在当前情况下同样或者更能代表公允价值的情况除外，包括但不限于下列情况：

（1）出现新的市场；

（2）可以取得新的信息；

（3）无法再取得以前使用的信息；

（4）改进了估值技术；

（5）市场状况发生变化。

企业变更估值技术或其应用的，应当按照《企业会计准则第28号——会计政策、会计估计变更和差错更正》的规定作为会计估计变更，并根据CAS39的披露要求对估值技术及其应用的变更进行披露，而不需要按照《企业会计准则第28号——会计政策、会计估计变更和差错更正》的规定对相关会计估计变更进行披露。

企业无论采用何种估值技术，都应当考虑当前市场状况作出市场参与者可能进行的风险调整，如对信用风险和流动性风险的调整。

（三）输入值

输入值，是指市场参与者在给相关资产或负债定价时所使用的假设，包括有关风险的假定，如估值技术本身的内在风险和（或）估值技术参数的风险。其包括可观察输入值和不可观察输入值。

（1）可观察输入值，是指能够从市场数据中取得的输入值。该输入值反映了市场参与者在对相关资产或负债定价时所使用的假设。

（2）不可观察输入值，是指不能从市场数据中取得的输入值。该输入值应当根据可获得的市场参与者在对相关资产或负债定价时所使用假设的最佳信息确定。

企业应当使用与其中一种或多种估值技术相一致的方法计量公允价值。企业使用多种估值技术计量公允价值的，应当考虑各估值结果的合理性，选取在当前情况下最能代表公允价值的金额作为公允价值。

企业在估值技术的应用中，应当优先使用相关可观察输入值，只有在相关可观察输入值无法取得或取得不切实可行的情况下，才可以使用不可观察输入值。表5-4列示了两者的区别。

表5-4　　可观察输入值与不可观察输入值的比较

	可观察输入值	不可观察输入值
主体	市场参与者	报告主体
信息来源	独立于报告主体的信息	报告主体的私人信息
可靠性	较高	较低
使用频率	尽可能多	尽可能少

注意：CAS39并未规定估值技术的优先次序，这是因为在某些情况下特定估值技术可能较其他技术更为恰当。每种估值技术均具有其自身优点，并且可能适用也可能不适用特定情况下特定项目的公允价值。

在实务中，不同的估值技术可能产生不同价值估计，因此，选择对于特定情况而言最为适当的方法是很重要的。选择时需要作出判断，同时对方法、公式和假定进行选择。根据估值技术确定的可靠性取决于估值技术的可靠性和使用的输入值的可靠性。除了选择尽可能多相关的可观察输入值，尽可能少地使用不可观察输入值的技术外，企业必须确保证据支持不可观察输入值。

在评估每种估值技术的适当性时，企业应同时评估可获得的对估值技术而言重要的输入值，并将该估值技术与其他估值技术进行比较，在一个给定的情况下，可能得出适合使用市场法而不是收益法的结论，市场法使用了优越的市场数据作为输入值。如果适当，应考虑使用估值专家。

（四）公允价值层次

为了提高公允价值计量和相关披露的一致性和可比性，CAS39要求企业应当将公允价值计量所使用的输入值划分为三个层次，并首先使用第一层次输入值，其次使用第二层次输入值，最后使用第三层次输入值。

第一层次输入值，是在计量日能够取得的相同资产或负债在活跃市场上未经调整的报价。

第一层次输入值为公允价值提供了最可靠的证据。在所有情况下，企业只要能够获得相同资产或负债在活跃市场上的报价，就应当将该报价不加调整地应用于该资产或负债的公允价值计量，但下列情况除外：

（1）企业持有大量类似但不相同的以公允价值计量的资产或负债，虽然存在活跃市场报价，但难以获得每项单独定价。

（2）活跃市场报价未能代表计量日的公允价值（如当天有异常事项、重大事项发生）。

（3）当不存在相同或类似负债或企业自身权益工具可观察市场报价，但其他方将其作为资产持有的。

第二层次输入值，是除第一层次输入值外相关资产或负债直接或间接可观察的输入值。

企业在使用第二层次输入值对相关资产或负债进行公允价值计

量时，应当根据该资产或负债的特征，对第二层次输入值进行调整。这些特征包括资产状况或所在位置、输入值与类似资产或负债的相关程度、可观察输入值所在市场的交易量和活跃程度等。

第二层次输入值包括：

（1）活跃市场中类似资产或负债的报价；

（2）非活跃市场中相同或类似资产或负债的报价；

（3）除报价以外的其他可观察输入值，包括在正常报价间隔期间可观察的利率和收益率曲线、隐含波动率和信用利差等；

（4）市场验证的输入值等，市场验证的输入值，是指通过相关性分析或其他手段，主要来源于可观察市场数据的输入值或者经过可观察市场数据验证的输入值。

【例5-8】第二层次输入值举例（摘自IFRS 13）。

（1）基于伦敦银行同业拆借利率（LIBOR）互换利率的收取固定利率、支付变动利率的利率互换。如果LIBOR互换利率在几乎整个互换期限内的通常报价间隔均是可观察的，则第二层次输入值将是该互换利率。

（2）基于特定的银行优惠利率的收取固定利率、支付变动利率的利率互换。如果外推所得的利率能够由可观察的市场数据佐证（例如，通过与在几乎整个互换期限内均可观察的利率之间的相关性），则第二层次输入值是通过外推得出的银行优惠利率。

（3）存放于零售店的产成品存货。对于企业合并中取得的产成品存货，第二层次输入值可能是零售市场上对客户的价格或批发市场上对零售商的价格，经对存货项目与可比（即，类似）存货项目的状况和地点之间的差异进行调整，从而使公允价值计量反映在向其他从事销售工作的零售商出售存货的交易中收取的价格。从概念上讲，不论是对零售价（向下）作出调整还是对批发价（向上）作出调整，公允价值计量是相同的。通常公允价值计量应使用需要最少主观调整的价格。

第三层次输入值，是相关资产或负债的不可观察输入值。

企业只有在相关资产或负债不存在市场活动或者市场活动很少导致相关可观察输入值无法取得或取得不切实可行的情况下，才能使用第三层次输入值，即不可观察输入值。

不可观察输入值应当反映市场参与者对相关资产或负债定价时所使用的假设，包括有关风险的假设，如特定估值技术的固有风险和估值技术输入值的固有风险等。

企业在确定不可观察输入值时，应当使用在当前情况下可以合理取得的最佳信息，包括所有可合理取得的市场参与者假设。如果市场参与者将某项风险调整纳入资产或负债的定价之中，则未纳入风险调整的定价将不代表公允价值计量。

企业可以使用内部数据作为不可观察输入值，但如果有证据表明其他市场参与者将使用不同于企业内部数据的其他数据，或者这些企业内部数据是企业特定数据、其他市场参与者不具备企业相关特征时，企业应当对其内部数据作出相应调整。

【例 5-9】 第三层次输入值举例（摘自 IFRS 13）。

（1）长期货币互换。第三层次输入值是特定货币的利率，该利率不可观察且不能够在几乎整个货币互换期限内由按通常报价间隔或其他方式可观察的市场数据佐证。货币互换中的利率是根据各个国家的收益率曲线计算得出的互换利率。

（2）在交易所交易的股票的 3 年期期权。第三层次输入值是历史波动率（即，根据该股票的历史价格确定的股票波动率）。历史波动率通常并不代表当前市场参与者对未来波动率的预期，即使其是期权定价唯一可获得的信息。

（3）利率互换。第三层次输入值是对互换中间市价协商（非约束性）价格的调整，该价格使用不能直接可观察且不可由可观察市场数据佐证的数据确定。

（4）企业合并中承担的退役负债。如果不存在合理可获得信息表明市场参与者将使用不同假设，第三层次输入值是使用主体自身对履行义务需要支付的未来现金流出的估计金额（包括市场参与者对履行义务的成本及承担弃置资产的义务要求的补偿的预计）。

（5）现金产出单元。如果不存在合理可获得信息表明市场参与者将使用不同假设时，第三层次输入值是利用主体自身数据作出的财务预测（即，现金流量或损益预测）。

（五）非金融资产的公允价值计量

1. 非金融资产的最佳用途

企业以公允价值计量非金融资产，应当考虑市场参与者将该资产用于最佳用途产生经济利益的能力，或者将该资产出售给能够用于最佳用途的其他市场参与者产生经济利益的能力。

最佳用途，是指市场参与者实现一项非金融资产或其所属的资产和负债组合的价值最大化时该非金融资产的用途。企业判定非金融资产的最佳用途，应当考虑该用途是否为法律上允许、实物上可能以及财务上可行的使用方式。

通常情况下，企业对非金融资产的现行用途可以视为最佳用途，除非市场因素或者其他因素表明市场参与者按照其他用途使用该资产可以实现价值最大化。

【例5－10】2013年12月1日，甲公司在非同一控制下的吸收合并中取得一块土地使用权。该土地在合并前被作为工业用地，一直用于出租，甲公司取得后仍将其用于出租。甲公司以公允价值计量其拥有的投资性房地产。

2014年3月31日，邻近的一块土地被开发用于建造住宅，作为高层公寓大楼的住宅用地使用。由于本地区的区域规划自2014年1月1日以来已经作出调整，甲公司确定，在履行相关手续后，可将该土地的用途从工业用地变更为住宅用地，因为市场参与者在对土地进行定价时，将考虑该土地可作为住宅用地进行开发的可能性。该土地的最佳用途将通过比较以下两项确定：

①该土地仍然用于工业用途（即该土地与厂房结合使用）的价值；

②该土地作为用于建造住宅的空置土地的价值，同时应当考虑

为将该土地变为空置土地而必须发生的拆除厂房成本及其他成本。

该土地的最佳用途应根据上述两个价值的较高者来确定。假定该土地现时用于工业用途的价值为600万元，而用于建造住宅时其价值是1 000万元，同时，必须发生的拆除厂房成本及其他成本为250万元。因此该土地使用权的公允价值应当为750万元（1 000 - 250 = 750 > 600）。

2. 非金融资产的估值前提

企业以公允价值计量非金融资产，应当在最佳用途的基础上确定该非金融资产的估值前提，即单独使用该非金融资产还是将其与其他资产或负债组合使用：

（1）通过单独使用实现非金融资产最佳用途的，该非金融资产的公允价值应当是将其出售给同样单独使用该资产的市场参与者的当前交易价格。

（2）通过将一项非金融资产与其他资产（或者其他资产或负债的组合）组合使用实现最佳用途的，该非金融资产的公允价值应当是将其出售给以同样组合方式使用该资产的市场参与者的当前交易价格，并且该市场参与者可以取得组合中的其他资产和负债。其中，负债包括企业为筹集营运资金产生的负债，但不包括企业为组合之外的资产筹集资金所产生的负债。

企业以公允价值计量非金融资产，即使通过与其他资产或负债组合使用实现最佳用途的，该资产也必须按照与其他会计准则规定的计量单元相一致的方式出售。

【例5-11】甲公司在非同一控制下的企业合并中取得一台精密设备，该设备是被并购方生产流水线上的专业设备。该设备需要与流水线上的其他设备一起组合使用实现最佳用途。在此基础上，甲公司采用收益法对整个流水线进行估值。甲公司按照一定标准，将该公允价值分配到各组成部分，最终确定该精密设备的公允价值。该精密设备作为单项资产，是其他准则所规定的计量单元。因此，甲公司遵循最佳用途，以组合为基础进行估值，但在计量时按照计量单元，将组合的估值分配到各单项资产，以确定该精密设备的公允价值。

（六）负债和企业自身权益工具的公允价值计量

1. 一般原则

企业以公允价值计量负债，应当假定在计量日将该负债转移给其他市场参与者，而且该负债在转移后继续存在，并由作为受让方的市场参与者履行相关义务。

企业以公允价值计量自身权益工具，应当假定在计量日将该自身权益工具转移给其他市场参与者，而且该自身权益工具在转移后继续存在，并由作为受让方的市场参与者取得与该工具相关的权利、承担相应的义务。

以公允价值计量负债或自身权益工具，应遵循以下原则：

（1）具有可观察市场报价的相同或类似负债或企业自身权益工具的，应当以该报价为基础确定该负债或企业自身权益工具的公允价值。

但在很多情况下，由于法律限制或企业未打算转移负债或企业自身权益工具等原因，企业可能无法获得转移相同或类似负债或企业自身权益工具的公开报价，在此情形下，企业应当确定该负债或企业自身权益工具是否被其他方作为资产持有。

（2）不存在相同或类似负债或企业自身权益工具可观察市场报价，但其他方将其作为资产持有的，企业应当在计量日从持有该资产的市场参与者角度，以该资产的公允价值为基础确定该负债或自身权益工具的公允价值。

当该资产的某些特征不适用于所计量的负债或企业自身权益工具时，企业应当根据该资产的公允价值进行调整。调整时应考虑：资产出售受到限制、资产与所计量负债或企业自身权益工具类似但不相同、资产的计量单元与负债或企业自身权益工具的计量单元不完全相同等。

（3）不存在相同或类似负债或企业自身权益工具可观察市场报

价，并且其他方未将其作为资产持有的，企业应当从承担负债或者发行权益工具的市场参与者角度，采用估值技术确定该负债或企业自身权益工具的公允价值。即使不存在对应资产（如弃置义务），企业可使用估值技术计量该负债的公允价值，例如，市场参与者预期在履行义务时将发生的未来现金流出的现值。

【例 5－12】 2014 年 3 月 5 日，甲企业发行了面值总额为 4 000 万元的 AA 级 15 年期固定利率债券，面值为 100 元，票面利率为 10%。甲企业将该金融负债指定为以公允价值计量且其变动计入当期损益的金融资产。

该债券在中国银行间债券市场具有大量交易。2014 年 12 月 31 日，每百元面值在考虑应计利息付款额后的交易价格为 92.5 元。甲企业使用该债券的活跃市场报价估计其负债的公允价值。

甲企业在确定该债券的活跃市场报价是否代表负债的公允价值时，应当评估债券的报价是否包括不适用于负债公允价值计量的因素的影响，例如，债券的报价是否包含了第三方信用增级的影响。甲企业确定无需对资产的报价进行任何调整。因此，甲企业认为，该负债在 2014 年 12 月 31 日的公允价值为 3 700 万元，即 4 000 ×（92.5 ÷ 100）＝3 700（万元）。

2. 不履约风险

不履约风险，是指企业不履行义务的风险，包括但不限于企业自身信用风险。

不履约风险在金融负债转移前后不大可能是相同的，然而，为了计量金融负债的公允价值，必须以金融负债转移前后不履约风险相同这一假定为前提。

如果受让方拥有与出让方不同的信用状况，由于以下两个原因之一，受让方可能不会承担出让方的义务：

（1）在受让方的信用状况比出让方差的情况下，债务的交易对方不允许转移；

（2）在受让方的信用状况比出让方好的情况下，如果不能重新协商条款以反映信用状况的差异，受让方不愿意承担义务。

将企业债务作为资产持有的其他方在对这些资产进行定价时会考虑企业的信用风险和其他风险因素的影响，因此，这些影响应同样反映在企业对资产持有者的义务的公允价值计量中。

【例5-13】甲企业的信用评级为AA，可以6%的利率在市场上取得借款。乙企业的信用评级为BBB，可以12%的利率在市场上取得借款。2014年5月12日，甲、乙企业分别与丙商业银行订立了一项借款合同，约定在2019年5月11日各自向丙商业银行一次性偿还借款本金和利息500万元。根据甲、乙企业与丙商业银行签订的合同，甲企业于2014年5月12日收到374万元（500万元在5年内按照6%进行折现后的现值）；而乙企业于2014年5月12日收到284万元（500万元在5年内按照12%进行折现后的现值）。甲企业和乙企业相关负债的公允价值（即所取得的借款额）均考虑了其信用状况。

3. 具有可随时要求偿还特征的金融负债

具有可随时要求偿还特征的金融负债的公允价值，不应当低于债权人要求偿还时的应付金额，即从可要求偿还的第一天起折现的现值。

例如，对于银行而言，其吸收的客户活期存款是具有可随时要求偿还特征的金融负债，在许多情况下，此类金融负债可观察的市场价格是客户与银行之间产生此类负债时所使用的价格，即要求偿还的金额。企业不应将具有可随时要求偿还特征的金融负债的公允价值确认为低于要求偿还的应付金额，否则，这一做法将产生一项利得，结果显然不合理。因此，《公允价值计量准则》规定，具有可随时要求偿还特征的金融负债的公允价值，不应低于债权人要求偿还时的应付金额。

四、公允价值的披露

1. 企业应当根据相关资产或负债的性质、特征、风险以及公允价值计量的层次对相关资产或负债进行恰当分组，并按照组别披露公允价值计量的相关信息。

2. 企业应当区分持续的公允价值计量和非持续的公允价值计量，并适用不同的披露要求。对于持续和非持续的公允价值计量，企业至少应提供各组资产或负债的定量信息。

3. 对于持续和非持续的公允价值计量，企业应当披露第一层次公允价值计量中所属项目及其金额。

4. 对于持续和非持续的第二层次公允价值计量，企业应当披露第二层次公允价值计量中所属项目及其金额，以及在公允价值计量中使用的估值技术和输入值的描述性信息。当变更估值技术时，企业还应当披露这一变更以及变更的原因。

5. 对于持续和非持续的第三层次公允价值计量，企业应当披露第三层次公允价值计量中所属项目及其金额，以及在公允价值计量中使用的估值技术和输入值的描述性信息。

6. 企业调整公允价值计量层次转换时点的相关会计政策应当在前后各会计期间保持一致，并一致地应用于转出的公允价值计量层次和转入的公允价值计量层次。企业以计量日市场参与者在当前市场条件下有序交易中出售净多头（即资产）或者转移净空头（即负债）的价格为基础，计量该金融资产和金融负债组合的公允价值的，应当披露该事实。

7. 对于以公允价值计量且在发行时附有不可分割的第三方信用增级的负债，发行人应当披露这一事实，并说明该信用增级是否已反映在该负债的公允价值计量中。

8. 当非金融资产的最佳用途与其当前用途不同时，企业应当披露这一事实及其原因。

9. 对于在资产负债表中不以公允价值计量但以公允价值披露的各组资产和负债，企业应当按照《公允价值计量准则》第四十四条（二）、（四）、（五）和（八）披露信息，但不需要按照该准则第四十四条（五）披露第三层次公允价值计量的估值流程和使用的重要不可观察输入值的量化信息。

10. 因为两种类型的公允价值计量有着各自的使用公允价值计量的条件、计量级次变化、计量级次的调整原因、损益的归属方式，因此，有着各自的披露重点，有必要对这两种类型的公允价值计量进行分别披露。

11. 对于持续的公允价值计量，有可能会出现不同公允价值的级次变化，应披露在各级次之间转移的金额、转换原因和转换时点，还应披露期初余额与期末余额之间的调节信息，包括计入当期损益的利得或损失总额及项目，以及计入当期其他综合收益的利得或损失总额等。而对于非持续的公允价值计量，应重点披露选择公允价值计量的条件和原因。

12. 信息使用者通过对持续与非持续的公允价值计量这两种类型不同的披露内容，能充分把握公允价值计量的经济后果。所以，对两类公允价值计量分类进行披露是必要的。

五、新准则的影响与应对

（一）国际趋同与差异

《公允价值计量准则》的发布表明我国在公允价值计量规范方面向国际趋同迈出了实质性一步，自此，在我国会计准则体系中涉及公允价值方面的问题就有了基本准则、具体规范，对于未来的国际趋同进程无疑起到了重要的推动作用。实质上，该准则也反映了IASB和FASB关于公允价值已经达成了一定的共识，即通过明确“公允价值”定义以及执行单一的公允价值计量和披露等规定来提升一致性、降低复杂性。

新发布的公允价值计量准则许多方面与《国际财务报告准则第13号——公允价值计量》基本一致。另外，国际财务报告准则第13号也与美国公认会计原则在公允价值的含义及计量和披露要求上一致（除了措辞和形式上的细微差异）。然而，在考虑国际趋同的同时，基于我国的现实情况，在个别内容上有所差异，在总体上，致力于制定切实可行的公允价值计量准则。表5-5主要列示了CAS39与IFRS 13的对比分析。

表5-5　　CAS39与IFRS 13主要内容比较表

差异项目	差异内容
公允价值定义	(1) 我国准则将公允价值定义为在计量日"发生"的有序交易中的价格，IFRS 13的定义没有强调"发生"交易。 (2) 我国准则未强调公允价值是"脱手价格"且无论该价格是直接可观察的还是使用其他估价技术加以估计的。
公允价值初始计量	(1) 基本相同。 (2) 对公允价值与交易价格不相等的四种情况，我国在准则正文中作出规定，IFRS 13则在准则附录B4中加以列举。
估值技术	(1) IFRS 13列举了可能具有可观察输入值的某些资产和负债（如金融工具）的市场，包括交易所、经销商市场、经纪人市场和直接交易市场等，我国准则未涉及此内容。 (2) 我国准则提出企业可以使用出价计量资产、使用要价计量负债，也可以使用市场参与者在实务中使用的在出价和要价之间的中间价或其他定价惯例计量相关资产或负债，IFRS对此提出了"允许"或"不排除"使用，但不作出"要求"。
非金融资产的公允价值计量	(1) IFRS 13提出了"最高效和最佳使用"（highest and best use）的概念，我国准则将其译为"最佳用途"，两者含义存在一定差别。 (2) IFRS 13规定，当主体为了竞争或其他原因不打算积极使用或者不打算按照最高效和最佳方式使用非金融资产（如无形资产），也应按"最高效和最佳使用"的假设计量该非金融资产。我国准则未涉及此规定。
负债和企业自身权益工具的公允价值计量	(1) 对负债和企业自身权益工具公允价值计量的原则，我国准则分三种情况作出规范，比IFRS 13更为明晰。 (2) 我国准则在应遵循的原则中规定了存在相同或类似负债与自身权益工具的报价时公允价值的确定，IFRS 13中没有作出类似规定。

续表

差异项目	差异内容
公允价值披露	（1）总体要求基本一致。 （2）IFRS 13 区分为重复与非重复公允价值计量项目来分别披露；而我国准则翻译为持续与非持续公允价值计量项目分别披露。

（二）新准则制定的影响

IASB 主席大卫·泰迪爵士（David Tweedie）认为："公允价值会计准则的定稿标志着一个重大趋同工作项目的完成，而新准则的出台也是我们共同应对全球金融危机而采取的多项举措中至关重要的一环。在已经要求使用公允价值的场合中，新准则能够为计量公允价值提供更为清晰和一致的指导。"

1. 推动国际趋同，完善我国企业会计准则体系

我国企业会计准则体系中关于公允价值计量的规定分散在多项会计准则中，包括金融资产、投资性房地产等 17 项具体准则，不过我国此前并没有专门的公允价值准则，对公允价值如何取得、如何确定其可靠性，并没有明确的规定和参考。基于各种现实需要，财政部针对国际经验制定并发布了《企业会计准则第 39 号——公允价值计量》，以进一步规范有关会计处理，对于完善我国会计准则体系具有重要的意义，并保持我国会计准则与国际会计准则的持续趋同。

2. 增强了会计信息的可靠性与可比性，提高了会计信息质量

新准则的全面实施必将有效地规范公允价值计量方面的会计工作，从而全面提升我国会计信息质量。新准则要求分别以"持续的公允价值"和"非持续的公允价值"对公允价值计量进行表述，这与国际会计准则保持了一致，两种不同类型的公允价值计量在公允价值层级中的层次（第一层级、第二层级还是第三层级）是不同的，划分公允价值级次的主要目的旨在解决公允价值计量的可靠性

问题，从而在整体上提高会计信息质量。

3. 规范企业会计处理，提高企业的经营管理水平

新准则的实施，使企业会计处理工作有了可以遵循的规则，在一定程度上制约了企业对公允价值计量的滥用及不恰当处理，从而使企业利润操纵的空间更小，更能真实地反映企业的经营状况和管理效率。此外，公允价值计量的规范化还可以降低企业不必要的成本费用，从而为企业的健康发展提供了有利条件，达到防范经营风险的效果。

（三）可能存在的问题

1. 新兴市场经济的特征以及市场环境不成熟可能会降低公允价值的可靠性

我国证券市场发展迅速但仍不成熟，一些权益工具的投资没有活跃的交易市场，不能获得高质量的输入值，存在大量投机性交易，影响交易价格的公允性。金融工具流动性有限，市场信息公布不及时、不规范，缺乏活跃的市场报价，影响公允价值的可靠性。我国市场环境的不成熟，可能会导致在运用公允价值计量时会大量地选取准则中的第三层次输入值，这加大了公允价值运用的难度。

在公允价值计量属性取值的三个层次中，第三层次的公允价值通过估价确定的输入值的可靠性很难得到保证，因为其不可观测，给企业进行利润操纵或盈余管理留下了空间。故在公允价值取值的三个层次中，应当保证第一和第二层次公允价值输入值的可靠性，对第三层次公允价值的取值，在无活跃市场情况下不再进行公允价值的后续计量，只保留必要时第三层次公允价值信息的披露要求。比如根据如下将要讨论的重要性原则，对符合重要性标准的第三层次公允价值信息进行适当的披露，即披露上述的“估计价值”。

2. 对公允价值计量和披露的过多限制，将会明显提高企业经营成本

对于股权比例较小的投资可能很难取得所需信息，甚至可能出现为了评估而评估的现象，企业付出极高估值成本，而评估的结果

并没有太多实际意义，这不符合成本效益原则。

此外，企业需要在短时间内完善系统、会计工作等方面以适应新准则的要求，相关实施成本也会增加。

3. 公允价值计量的可操作性与主观判断

新准则中对公允价值涉及的诸多概念进行了定义，如计量单元、主要市场、最有利市场等，但仍然存在很大程度的主观判断。

由于公允价值计量基础以假定交易为前提，因此计量存在较大的主观干扰。在不存在市场交易的情况下，估计公允价值的方法往往难于操作。以收益现值法为例，收益现值法是将未来现金流量按一定的折现率折算成的现值作为金融资产的估计价值。然而，未来现金流量的金额、货币的时间价值都存在着不可避免的不确定性，计量操作难度很大，使得公允价值计量的操作性令人怀疑。

4. 公允价值难以公允，且极易被操纵

对于有些企业，资产较小幅度的变化可能会导致利润表上净利润的较大变化，对于商业银行来说尤其如此。例如，某大型上市商业银行2009年1~9月的净利润为861亿元，9月30日的资产总额是9.35万亿元，其中，客户贷款和垫款是4.56万亿元，准备金率提高0.1%，利润就会减少45.6亿元；准备金率降低0.1%，利润就会增加45.6亿元。

（四）应对措施

1. 推广资产评估行业。新准则中明确了公允价值的估值技术，这要求企业在计量相关资产或负债时，可以聘请独立于企业的资产评估团队进行估价。资产评估团队具有较强的专业性，可以熟练运用各种评估技术，准确计算公允价值。

2. 健全和完善我国市场经济体制。逐步完善的市场经济体制有利于活跃市场的形成，从而获取正确合理的公允价值，减少估计技术运用，合理保证相关资产或负债计量的准确性。因此，加强市场经济的建设能够为我国公允价值计量营造良好的环境，积极促进公允价值计量的发展。

3. 公允价值在我国的运用和发展并不是一帆风顺的，但公允价值计量是大势所趋，因此我国必须循序渐进地推进公允价值计量，在实施过程中不断修订完善。

六、案例分析与操作实务

【例 5－14】 某商业银行在附注对金融工具的公允价值作了如下披露：

A. 金融工具的公允价值

表 5－6 列示了金融工具的公允价值，包括那些在资产负债表中不以公允价值计量的金融工具。同时，在该表后，对相关公允价值的确定原则和方法作了说明。

表 5－6 单位：万元

	20×8 年 12 月 31 日			20×7 年 12 月 31 日		
	账面价值	公允价值	未实现利得（损失）	账面价值	公允价值	未实现利得（损失）
资产						
现金及存放同业款项	540	540	0	600	600	0
存放中央银行款项	3 360	3 360	0	3 540	3 540	0
拆出资金	30 030	30 020	（10）	22 020	22 020	0
交易性金融资产	49 930	49 930	0	38 950	38 950	0
衍生金融资产	33 380	33 380	0	15 900	15 900	0
买入返售金融资产	40 440	40 450	10	35 710	35 710	0
应收利息	3 010	3 010	0	2 830	2 830	0
客户贷款及垫款	97 000	97 060	60	93 220	93 360	140
可供出售金融资产	33 380	33 380	0	28 460	28 460	0
持有至到期投资	120	120	0	70	70	0

续表

	20×8 年 12 月 31 日			20×7 年 12 月 31 日		
	账面价值	公允价值	未实现利得（损失）	账面价值	公允价值	未实现利得（损失）
负债						0
同业存放款项	12 430	12 430	0	12 000	1 200	0
向中央银行借款	7 730	7 730	0	6 150	6 150	0
拆入资金	3 030	3 030	0	2 390	2 390	0
交易性金融负债	18 860	18 860	0	17 100	17 100	0
衍生金融负债	96 300	96 300	0	69 300	69 300	0
卖出回购证券款	47 850	47 850	0	42 260	42 260	0
吸收存款	45 150	45 150	0	37 610	37 610	0
应付职工薪酬	33 770	33 770	0	3 037	3 037	0
应交税费	11 740	11 740	0	6 580	6 580	0
应付利息	1 330	1 330	0	1 630	1 630	0
应付债券	36 860	36 990	（130）	34 530	34 640	（100）
小计			（70）			30
税前在所有者权益中反映的未实现利得（损失）：						
（1）可供出售金融资产	110			100		
（2）指定为现金流量套期的衍生工具	（90）			（40）		
未在收益表中确认的未实现的利得和损失	（50）			90		

说明：

本银行用于确定上表所列示金融资产和金融负债公允价值的方法和重要假定：

（1）交易性金融资产和金融负债（包括已作为抵押品的交易性金融资产或金融负债）、被指定为以公允价值计量且其变动计入当期损益的金融资产和金融负债、衍生工具，以及为了交易目的而发生的其他交易或事项，以其公开市场报价确定公允价值；如果不存在公开市场报价，则其公允价值应以定价模型或其他被普遍认可的估值技术确定。

（2）可供出售金融资产以其公开市场报价确定公允价值；如果不存在公开市场报价，应以定价模型或其他被普遍认可的估值技术确定。公允价值等于这些项目的账面价值。

（3）活期存款和没有具体到期日的储蓄账户的公允价值，假定为在资产负债表日如存款人要求支取即应付的金额。通知存款的公允价值，不低于存款人要求支取时应付金额从可支取的第一天起进行折现的现值。

（4）浮动利率金融工具的公允价值与其账面价值大致相等。

（5）以摊余成本计量的固定利率贷款和抵押贷款的公允价值，通过比较这些贷款发放时的市场利率与在当前市场情况下发放类似贷款所能获得的利率确定。贷款组合中的各项贷款的信用质量变动在确定该贷款组合的公允价值时没有考虑。

B. 以公开市场价格或估值技术确定公允价值

（1）对于交易性证券和挂牌交易或以其他方式在活跃市场上交易的可供出售金融资产、在交易所交易的衍生工具以及其他在活跃市场上挂牌交易的其他金融工具，其公允价值直接根据其挂牌的交易价格确定。

（2）对于那些不能以公开市场价格直接取得的金融工具，其公允价值运用估值技术或者模型确定，其中所使用的假定以资产负债表日可获得的可观察到的市场价格或市场利率为基础。

（3）对于小部分金融工具，其公允价值不能根据活跃市场的公开报价或间接地运用可观察到的市场价格或市场利率为假定的估值技术或模型确定。

表5－7列示了确定（以公允价值计量的）金融工具公允价值的估值技术或方法。

表 5-7

单位：万元

	20×8 年 12 月 31 日				20×7 年 12 月 31 日			
	公开市场价格	估值技术——可观察到的市场变量	估值技术——不可观察到的市场变量	合计	公开市场价格	估值技术——可观察到的市场变量	估值技术——不可观察到的市场变量	合计
交易性金融资产	27 320	22 520	90	49 930	22 840	16 010	100	38 950
衍生金融资产	1 360	31 340	680	33 380	3 400	9 050	3 450	15 900
可供出售金融资产	13 000	15 000	5 380	33 380	13 600	6 460	8 400	28 460
资产合计	41 680	68 860	6 150	116 690	39 840	31 520	11 950	83 310
交易性金融负债	17 120	1 740	0	18 860	16 130	970	0	17 100
衍生金融负债	26 000	50 200	20 100	96 300	980	27 010	2 380	30 370
负债合计	43 120	51 940	20 100	115 160	17 110	34 560	2 380	54 050

C. 公允价值对重大假设改为合理可能替代假设的敏感性

（1）本银行资产负债表中以公允价值计量的金融资产和金融负债的公允价值，有些完全是按活跃市场上公开市场价格或市场利率确定的，也有一些全部或部分是根据将非可观察到的市场价格或市场利率为基础的假设运用于估值技术或模型确定的。用于后者所指情形中的模型，在确定使用之前，经过了严格的内部确认程序。

（2）估值技术可能会存在不确定性，为充分反映这种不确实性，应进行估值调整，并将调整金额从根据模型或其他估值技术确定的公允价值中扣除。

（3）根据本银行运用的控制及程序性保护措施，管理层认为，在资产负债表中列示的、运用模型或其他估值技术确定的公允价值，以及在利润表中列示的该公允价值变动具有合理性，而且是资产负债表日本银行作出的最佳估计。

（4）将合理可能的替代假设运用于估值模型会产生潜在影响，其定量情况为：

①20×7 年 12 月 31 日：

使用不利假设，公允价值减少最大金额为 109 400 万元；

使用有利假设，公允价值增加最大金额为 117 600 万元。

②20×8 年 12 月 31 日：

使用不利假设，公允价值减少最大金额为 57 900 万元；

使用有利假设，公允价值增加最大金额为 92 700 万元。

D. 运用估值技术确定的、其变动计入当期损益的公允价值本期发生的变动

本银行 20×7 年 12 月 31 日和 20×8 年 12 月 31 日的交易净收益总额分别是 799 600 万元和 490 200 万元，其代表了在不同经营活动中交易的一系列工具的净经营成果（包括外币折算形成的汇兑损益），既有已实现的部分，也有未实现的部分。未实现的收益根据公允价值变动确定，既包括根据活跃市场中的公开市场价格或市场利率确定的公允价值，也包括使用估值技术等其他方式确定的公

允价值。

交易净收益中包括的未实现部分为截至20×8年12月31日、根据估值技术确定的公允价值的变动形成的净损失228 600万元。

截至20×7年12月31日，采用估值技术确定的公允价值变动形成的净损失是712 300万元。确定此项金额是估值技术与20×7年12月31日当时采用的技术有所不同；当时采用的技术经过修正后用于20×8年12月31日，并因此也修正了20×7年12月31日估计的价值。但是，原于20×7年12月31日运用估值技术确定的价值在编制20×5年度比较数据时没有追溯调整。

交易净收益通常形成于涉及多项金融工具的交易，也可能产生于套期活动或其他风险管理活动。其中，在风险管理活动中，某项交易的不同部分可能会采用不同的估值技术来定价。

因此，采用估值技术确定的公允价值的变动，只是交易净收益的一部分。在多数情况下，这些金额会被其他金融工具或交易的公允价值变动抵消，而这些金融工具或交易的公允价值系根据活跃市场上的公开市场价格或市场利率确定，有些还是已实现的金额。这些收益金额（包括未实现交易形成的汇兑损益）在20×8年12月31日和20×7年12月31日分别是1 028 200万元和1 202 500万元。

【例5-15】因利率变动而引起固定利率债券投资公允价值变动风险的套期。

这个例子是从持有方的角度来叙述的，第一年，投资者购买了债务证券100，其被归类为可供出售的投资，第一年末，现行公允价值是110，因此增加的部分10应在权益中列示，资产负债表上债券投资的账面价值相应增加至110。为了对价值110进行保值，持有方购买了衍生工具进行套期，到第二年末，衍生工具有利得5，债务证券公允价值降低相应金额。

解析：

投资者第一年的记录：

（1）反映证券的购入：

借：债务证券投资　　100

　　贷：库存现金　　100

（2）反映证券公允价值的增加

借：债务证券投资　　10

　　贷：公允价值增加（含在权益中）　　10

投资者第二年的记录：

（1）反映衍生资产公允价值的增加：

借：衍生资产　　5

　　贷：利得［计入净利润（或亏损）］　　5

（2）反映债券投资公允价值的减少：

借：损失［计入净利润（或亏损）］　　5

　　贷：债券投资　　5

第二年末，债务证券投资的账面价值是105，衍生资产的账面价值是5，利得10在债务证券售出前在权益中列示，并应按规定予以摊销。

【例5-16】 混合工具的分拆（以可转换债券为例）。

资料：某企业在第一年初按每份面值1 000元发行了2 000份可转换债券，期限3年，年名义利率6%，每年末支付利息；每份债券可在到期前的任何时间转换为250股普通股。该债券发行时不具备转换选择权的类似债券的市场利率为9%。

分拆的计量：

（1）思路：发行债券的公允价值与负债公允价值之间的差额分配给权益。

（2）过程：

本金的现值：按9%的折现率计算的第3年年末应付的2 000 000元的现值为1 544 367元

利息的现值：按9%的折现率计算的3年内每年应付的120 000元的现值为303 755元

负债部分总额：1 848 122 元（1 544 367 + 303 755）

债券发行收入：2 000 000 元

权益部分金额：2 000 000 - 1 848 122 = 151 878（元）

会计处理如下：

借：银行存款　　2 000 000
　　应付债券——利息调整　　151 878
　　贷：应付债券——面值　　2 000 000
　　　　资本公积——其他资本公积　　151 878

【例 5 - 17】对已确认资产进行套期。

资料：2013 年 1 月 1 日，A 公司为了规避所持存货 X 公允价值变动的风险，与某金融机构签订了一项衍生工具合同 Y，并将其指定为对存货 X 在 2013 年上半年因价格变化所致公允价值变动风险的套期。

衍生工具 Y 的标的资产与被套期的存货在数量、质量、价格变动和产地等方面相同。

2013 年 1 月 1 日，衍生工具 Y 的公允价值为 0，被套期的存货 X 的账面价值和成本均为 1 000 000 元，公允价值为 1 100 000 元；

2013 年 6 月 30 日，衍生工具 Y 的公允价值上涨了 25 000 元，被套期的存货 X 的公允价值下跌了 25 000 元。

2013 年 6 月 30 日，A 公司出售存货 X，结算衍生工具 Y。

A 公司经过分析，预期该套期完全有效。

账务处理：

（1）2013 年 1 月 1 日，确认被套期项目：

借：被套期项目——库存商品 X　　1 000 000
　　贷：库存商品——X　　1 000 000

（2）2013 年 6 月 30 日，确认套期工具公允价值变动利得：

借：套期工具——衍生工具 Y　　25 000
　　贷：套期损益　　25 000

确认被套期项目公允价值变动损失：

借：套期损益　　25 000

　　贷：被套期项目——库存商品 X　　25 000

出售库存商品：

借：银行存款等　　1 075 000

　　贷：主营业务收入　　1 075 000

借：主营业务成本　　975 000

　　贷：被套期项目——库存商品 X　　975 000

结算衍生工具：

借：银行存款　　25 000

　　贷：套期工具——衍生工具 Y　　25 000

第六讲 企业会计准则第 40 号——合营安排

为了规范合营安排的认定、分类以及各参与方在合营安排中权益等的会计处理，根据《企业会计准则——基本准则》，2014 年 2 月 17 日财政部以财会［2014］11 号颁布了《企业会计准则第 40 号——合营安排》，该准则内容分为 6 章 23 条，规定自 2014 年 7 月 1 日起在所有执行企业会计准则的企业范围内施行，鼓励在境外上市的企业提前执行。

如何充分认识和有效把握 2014 年 7 月 1 日施行的《企业会计准则第 40 号——合营安排》会计准则的最新变化与发展趋势？最新会计准则变化背后的真正内涵是什么？对企业的影响有多深？除了日常处理中经常用到的会计科目，应对变化如何进行清晰的架构梳理？如果不做调整又会给企业带来怎样的影响？即将执行的合营安排会计准则，是否要做追溯调整？执行时需要考虑哪些事项等等？使企业面临着一系列亟待解决的新问题。如此看来，基于新颁布的财务规章的解读，对于会计日常核算、财务报告信息质量的提高和企业决策都有着十分重要的意义。为此需进一步对《企业会计准则第 40 号——合营安排》准则进行解析，藉此希望通过深入学习，解析准则修订亮点，全面了解准则出台背后的深层原因；传递最新会计变化及发展趋势，保持财务知识的时效性；评估新规定的内容可能带来的实务影响，合理应对、提前规避财务风险，帮助企业把握准则前沿，提升财务人员的专业判断和职业素养。

一、新准则的衔接

（一）合营安排准则的制定背景

财政部2010年4月发布《中国企业会计准则与国际财务报告准则持续趋同路线图》，表达了中国企业会计准则与国际财务报告准则持续趋同的原则立场和明确态度，为中国企业会计准则整体框架、内涵和实质的基本趋同，以及与其他国家会计准则等效奠定了基础。目前尽管尚存在少量差异，但是得到国际会计准则理事会的谅解和认可。

1. 适应我国国情要求

我国会计准则实现了国际趋同，但没有制定单独、具体的合营安排准则。以往涉及“合营安排”的相关内容放在《长期股权投资准则——应用指南》和相关讲解中予以规范。随着我国市场经济的不断发展，合营安排日益增多，有必要根据我国实际情况单独制定一项具体会计准则以规范合营安排各方的会计处理。

合营及控制是CAS40准则关注的热点，该准则旨在完善我国企业会计准则体系，提高财务报表列报质量和会计信息透明度，帮助财务报表使用者全面了解并评估企业合营安排的风险及其对本企业财务状况和经营业绩的影响。

2. 持续国际趋同需要

国际会计准则理事会（IASB）于2011年5月12日发布了《国际财务报告准则第11号——合营安排》（IFRS11）、《国际财务报告准则第11号——合营安排》结论基础、《国际财务报告准则第11号——合营安排》示例。完成了其对资产负债表表外活动和合营安排的会计准则改进工作，使国际财务报告准则（IFRS）和美国公认会计原则（U.S，GAAP）对资产负债表表外活动的会计处理实现了基本一致，且构成了IASB应对金融危机全面举措中的重要一环。

《国际财务报告准则第11号——合营安排》，取代了《国际会计准则第31号——合营中的权益》和《解释公告第13号——共同控制主体：合营者的非货币性投入》。与此相关的还发布了《国际会计准则第27号——单独财务报表（2011）》、《国际会计准则第28号——合营和联营中的投资（2011）》，以及《国际财务报告准则第10号——合并财务报表》和《国际财务报告准则第12号——其他主体中权益的披露》。IFRS10、IFRS11和IFRS12规定2013年1月1日起生效，允许主体提前采用。

《国际财务报告准则第11号——合营安排》（《IFRS－11》）主要涉及三方面的变化：

一是分类上的变化：将合营安排三分类（共同控制资产、共同控制经营和共同控制主体）改为两分类（共同经营和合营企业）；

二是核算方法的变化：要求在合并财务报表中统一采用权益法核算合营企业中的权益，取消比例合并法；

三是分类判断标准的变化：要求基于合营安排下，各方的权利和义务来确定某项合营安排是共同经营还是合营企业，是否存在单独主体不再是作出判断的唯一因素。

2014年5月，国际会计准则理事会又发布了《取得共同经营中权益的会计处理（对IFRS 11的修订）》，对取得共同经营中的权益且该共同经营构成业务时的会计处理进行规范。当主体取得共同经营中的权益，且该共同经营构成IFRS 3所定义的业务时，应当在规定的范围内，采用《IFRS 3——企业合并》和其他准则对合并规定的会计处理的所有原则。《取得共同经营中权益的会计处理（对IFRS 11的修订）》适用于2016年1月1日及之后开始的完整会计年度。允许提前采用，应当追溯适用该修订。

IASB主席大卫·泰迪爵士（Sir David Tweedie）评论说：“这些准则改进收紧了子公司和特殊目的主体合并的报告要求、要求披露合营安排的实质。全面的披露要求将帮助投资者更好地理解特殊目的主体在成立和管理中存在的相关风险。作为一个整体，这些变更将提供给投资者一个检查资产负债表表外事项的工具，并使他们能够更清晰地辨明一家公司涉入其他主体的性质和程度。”

（二）合营安排准则的制定过程

为保持准则的持续趋同，规范我国合营安排各参与方的会计处理，借鉴国际会计准则理事会的做法，结合我国实际情况，财政部会计司于2012年开始启动《合营安排》制定工作，广泛听取理论界、实务界会计精英的意见，在与香港会计师公会讨论的基础上，先起草了准则草稿，之后通过开展调研，于2012年6月召开专题研讨会，2012年8月向会计准则委员会委员征求意见，2012年11月15日向社会公开征求意见，印发《合营安排》征求意见稿，要求于2013年2月16日将意见反馈给财政部会计司，反馈的54份意见，分6类280条被充分吸收和采纳，2013年8月再次向会计准则委员会委员征求意见，进一步完善准则条文。2013年10月财政部会计司会同国际会计准则理事会代表逐条对比IFRS11，经过细节的补充完善形成该准则的送审稿，经财政部条法司审核后报财政部领导批复。

2014年2月17日财政部以财会［2014］11号正式颁布了《企业会计准则第40号——合营安排》，规定该准则自2014年7月1日起在所有执行企业会计准则的企业范围内施行，鼓励在境外上市的企业提前执行。

（三）合营安排准则初步解读

1. CAS40等同还是趋同

CAS40相关内容是在结合我国实际，充分吸收和借鉴《IFRS－11》的最新成果下，实现了主要概念的等同，这一种理性的选择。

虽然较之国际会计准则中的“共同控制”概念，我国现实经济活动中的“共同控制”涵义更加丰富和宽泛，“共同控制”现象也更加庞杂、繁乱和无序，但也没有必要因之而对这些不确定性的经济事项单独制定出适用于我国的“共同控制”概念，并发展出一套相应的独有的我国会计处理程序和规范。

2. 重新界定“共同控制”

我国合营安排准则重新界定了“共同控制”概念，经历了“表外”纳入“表内”的过程。

以往，共同控制，是指按照合同约定对某项经济活动所共有的控制，仅在与该项经济活动相关的重要财务和生产经营决策需要分享控制权的投资方一致同意时存在。投资企业与其他方对被投资单位实施共同控制的，被投资单位为其合营企业。《合营安排》重新界定“共同控制”，是指按照相关约定对某项安排所共有的控制，并且该安排的相关活动必须经过分享控制权的参与方一致同意后才能决策。

3. 剔除重复性规定的内容

为了提高准则的指导性、实用性和可操作性，减少无所适从现象，消除实施阻力，应将准则中的相关规定进行系统全面的梳理和优化调整，并剔除其中的重复性规定部分。为此，凡是《金融工具列报》重复的，应彻底删除，并明确规定有关信息披露适用于《合营安排》。因为合营安排准则的披露要求与《金融工具列报》出发点不一样，合营安排准则的披露要求更加有助于报表使用者对此项投资的认知，能够更加直观地反映出各种风险可能性或者程度。

CAS40 形成了中国自己的合营准则体系。合营及“实质性控制”成为该准则的主要关注点。

（四）合营安排准则适应范围

合营安排准则适用于符合合营安排定义的各项安排，即两个或两个以上的参与方共同控制的安排均适用于合营安排准则，包括共同经营和合营企业。但在实务中，界定合营安排适用范围时应注意以下三种情形：

1. 应避免混淆“合营企业”概念

值得注意的是，合营安排中的“合营企业”与《中外合资经营企业法》中的“合营企业”并不是一个概念，《中外合资经营企业法》中的“合营企业”，是指在中国境内由中国投资者和外方投资者共同举办的，按合作企业合同的约定分配收益或者产品、分担风险和亏损的企业。应避免混淆该“合营企业”与本准则中所说的“合营企业”的概念。

2. 计量方面的豁免

当计量风险资本机构、投资基金以及类似主体对合营企业或联营企业的投资时，对于其在合营企业中拥有权益的认定，考虑到这些主体所持有的投资，以公允价值计量比采用权益法核算，更能为财务报表使用者提供更有用的信息。《合营安排》准则规定，允许风险资本机构、共同基金、信托公司或投连险基金在内的类似主体，对合营企业或联营企业的投资，以公允价值计量且其变动计入当期损益。作出这个例外规定的原因不是范围的豁免，不是将这些主体拥有的在合营企业的权益计量排除在该准则之外，而仅仅是基于实用性考虑进行了计量方面的豁免。因此，风险资本机构、投资基金以及类似主体对合营企业或联营企业的投资仍属于在合营企业或联营企业的投资。为便于财务报表使用者了解该权益投资的有关信息，要求按照《合营安排》准则披露有关信息。

3. 与其他准则的关联

当一些安排因不存在共同控制而不适用合营安排准则时，主体可以根据相关准则进行会计处理，例如执行《企业会计准则第2号——长期股权投资》、《企业会计准则第22号——金融工具确认和计量》、《企业会计准则第33号——合并财务报表》等相关准则。《企业会计准则第40号——合营安排》与其他的相关准则关系图如图6-1所示。

（五）同原有分类的比较

在本准则发布之前，企业会计准则讲解（2010）中对共同控制资产、共同控制经营和合营企业进行了讲解。

原共同控制经营，是指企业使用本企业的资产或其他经济资源与其他合营方共同进行某项经济活动，并且按照合同或协议约定对该经济活动实施共同控制。通过共同控制经营获取收益是共同控制

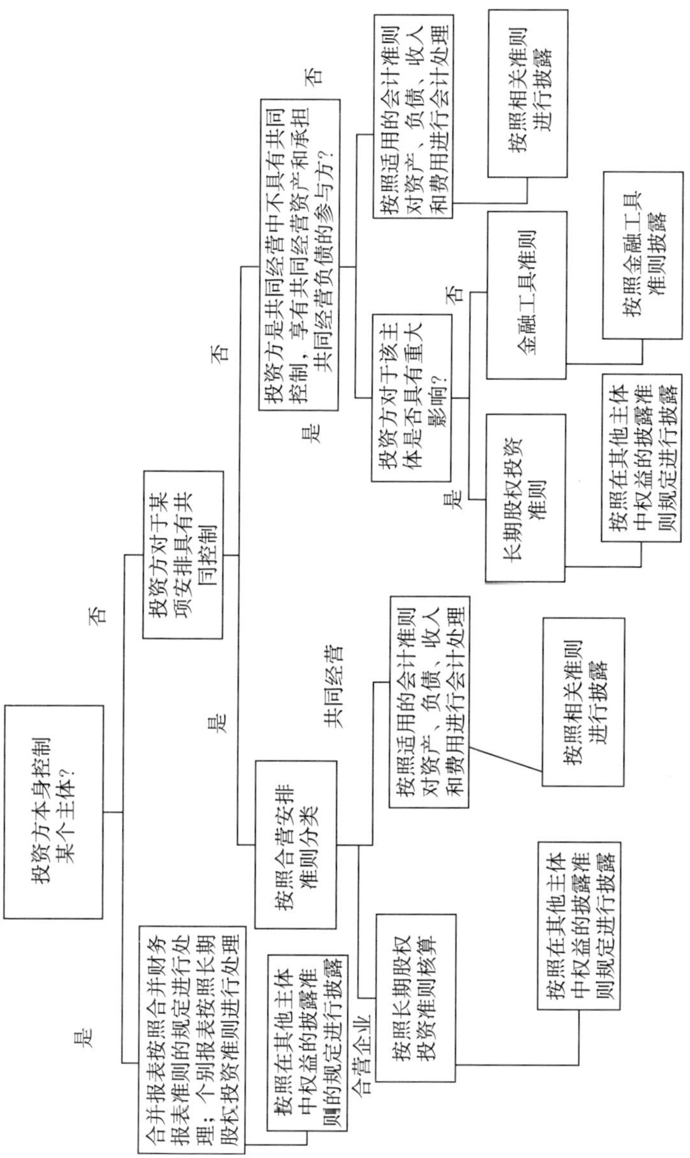

图6-1　合营安排准则与相关准则关系图

经营的显著特征，每一合营方负担合营活动中本企业发生的费用，并按照合同约定确认本企业在合营产品销售收入中享有的份额。

在共同控制经营的情况下，并不单独成立一个区别于各合营方的企业、合伙组织等单独主体。为了共同生产一项产品，各合营方分别运用自己的资产并且相应发生自身的费用。例如飞机的生产过程中，一个合营方可能负责生产机体，另外一个合营方负责安装发动机，其他的合营方可能分别负责组装飞机的某一组成部分。作为参与飞机生产的每一个合营方，其责任仅限于完成整个经济活动中的某一个组成部分，之后各合营方按照合同或协议的规定分享飞机销售所产生的收入。

原共同控制资产，是指企业与其他合营方共同投入或出资购买一项或多项资产，按照合同或协议约定对有关的资产实施共同控制的情况。通过控制的资产获取收益是共同控制资产的显著特征，每一合营方按照合同约定享有共同控制资产中的一定份额并据此确认本企业的资产。享有该部分资产带来的未来经济利益。

各合营方一起共同使用一项或若干项资产、分享资产为企业带来的经济利益，如各合营方共同使用一条输油管线、一个通信网络或是在一个特定的时期内或特定的时间段内共同使用有关的资产。共同控制资产也不需要单独设立区别于各合营方的单独主体，仅仅是有关各方共同分享一项或多项资产的情况。

合营安排准则与企业会计准则讲解的原相关规定相比变化有三：

一是正式引入了“合营安排”的概念；

二是将原先的共同控制经营、共同控制资产、合营企业三分类重新划分为共同经营和合营安排两类；

三是通过对合营方在合营安排中的相关权利和义务的分析，来判断该合营安排应当被分类为共同经营还是合营企业，而不是像之前的将通过设立被投资单位而构建的共同控制一律划分为合营企业。

因此，首次采用本准则时，企业应当根据本准则关于合营安排的定义及分类认定的规定对其合营安排进行重新评估，确定其分类。实务中原先被认定为共同控制资产或共同控制经营的，如符合本准则合营安排的定义，应当被归为共同合营安排。原先被认定为合营企业的，应分析合营方是否对合营安排中的相关资产和负债分别享有权利和承担义务，从而判断该合营安排应当被分类为共同经营还是合营企业。

（六）合营安排准则首次采用的衔接办法

依据《企业会计准则第40号——合营安排》准则第二十一条、第二十二条规定，首次采用该准则的企业，应当对其合营安排进行重新评估，确定其分类是属于共同经营还是属于合营企业。

经过评估，企业可能发现之前被认定为合营企业的实际上符合共同经营的定义。如果合营企业重新分类为共同经营的，合营方应当在比较财务报表最早期间期初终止确认以前采用权益法核算的长期股权投资，以及其他实质上构成对合营企业净投资的长期权益；同时根据比较财务报表最早期间期初，采用权益法核算时使用的相关信息，确认本企业在共同经营中的利益份额所产生的各项资产（包括商誉）和负债，所确认资产和负债的账面价值与其计税基础之间存在暂时性差异的，应当按照《企业会计准则第18号——所得税》的规定进行会计处理。

也就是说，合营方应当在资产负债表上对相关资产和负债按其享有的份额进行还原，即将构成比较期间期初投资账面价值组成部分的资产与负债进行分拆，用来作为这些资产和负债初始计量的账面价值。这些组成部分的计量应当基于企业之前用于比较期间期初权益法核算时的信息，包括原购买时所产生的任何商誉。

一般而言，确认的各项资产和负债的净额与终止确认的长期股权投资以及其他实质上构成对合营企业净投资的长期权益的账面金额之间应当不存在差额。存在差额的，应当按照下列规定处理：如果前者大于后者的，其差额应当首先调减与该投资相关的商誉，仍有余额的，再调增比较财务报表最早期间的期初留存收益；如果前者小于后者的，其差额应当冲减比较财务报表最早期间的期初留存收益。

按享有份额确认的各项资产和负债的净额与终止确认的长期股权投资以及其他实质上构成对合营企业净投资的长期权益的账面金额之间存在差额的原因包括但不限于：

一是长期股权投资发生过减值（此时资产与负债的净值可能较高）；二是合营方对单独主体中个别资产的权利份额与对长期股权投资进行权益法核算时的份额不同，如合营方可能拥有单独主体表决权股份的 45%，但是对单独主体中某一资产的权利份额仅为 40%（此时资产与负债的净值可能较低）。

合营方从权益法转为对资产和负债进行会计处理，应当在报表附注中说明在比较财务报表最早期间的期初、终止确认的投资、已确认资产和负债以及调整计入的期初留存收益的剩余差额之间的勾稽关系。

对于共同经营参与方取得构成业务的共同经营中利益份额的，会计处理采用未来适用法，不需要进行追溯调整，但企业应当披露相关信息。

【例 6 -1】合营企业重分类为共同经营的衔接处理。

2010 年 12 月 31 日甲公司以 1 000 万元的价格，从乙公司购买了其持有的丙公司 50% 的股权，至此，甲公司于乙公司对丙公司实施共同控制，甲公司将其对丙公司的长期股权投资作为合营企业，采用权益法核算。

2010 年 12 月 31 日丙公司可辨认净资产公允价值为 1 400 万元，甲公司的初始投资成本 1 000 万元，应享有的丙公司可辨认净资产公允价值份额为 700 万元，在初始投资成本中包含 300 万元的商誉。假设丙公司的固定资产可使用寿命为 20 年，残值为 0，甲公司投资时该固定资产已使用了 10 年。

（1）原合营企业权益法的会计处理。

从投资日至2011年12月31日，丙公司发生持续亏损，甲公司按照权益法累计确认了100万元的投资损失，未发生其他综合收益和其他所有者权益变动。在对该项长期股权投资进行减值测试之后，甲公司还计提了100万元的长期股权投资减值准备。2012年、2013年以及2014年上半年，按照权益法甲公司分别对持有的丙公司的长期股权投资确认了80万元、50万元、30万元的投资损失，但未进一步计提减值准备。甲公司没有其他实质上构成对丙公司净投资的长期权益。

丙公司合营安排的相关资料计算表如表6－1所示。

表6－1　　丙公司相关资料计算表

	2010年12月31日		2011年12月31日		2012年12月31日	
	账面价值	公允价值	账面价值	公允价值持续计量	账面价值	公允价值持续计量
固定资产	700	1 100	630	990	560	880
其他资产	400	400	300	300	240	240
递延所得税负债		－100		－90		－80
净资产	1 100	1 400	930	1 200	800	1 040

注：表6－1中的公允价值持续计量是基于2010年12月31日的公允价值进行的持续计量。

（2）重分类为共同经营的会计衔接。

2014年7月1日甲公司开始执行合营安排准则，并对其合营安排进行了重新评估，认为对丙公司的投资属于共同经营，甲公司对丙公司各项资产、负债、收入、成本、费用的分享比例均为50%。

甲公司编制2014年度财务报告时，应于比较报表最早期间期初，即2013年1月1日终止权益法确认的对丙公司长期股权投资账面余额820万元（1 000－100－80），减值准备100万元，长期股权投资账面价值720万元。

根据丙公司相关资料计算表，2013年1月1日采用权益法核算时使用的相关信息，确认甲公司在丙公司的利益份额的50%，由此所产生的固定资产440万元，其他资产120万元，递延所得税负债40万元，对于共同经营参与方取得构成业务的共同经营中利益份额的，会计处理采用未来适用法，不需要进行追溯调整，但企业应当披露相关信息，以及投资时形成的300万元商誉，所需确认的资产负债净额合计为820万元，大于重分类而需要终止确认的长期股权投资账面价值720万元，其差额100万元，冲减需要确认的商誉，故于2013年1月1日确认的商誉金额为200万元。具体会计处理如下：

借：固定资产	4 400 000	
其他资产	1 200 000	
商誉	2 000 000	
贷：递延所得税负债		400 000
长期股权投资		7 200 000

二、合营安排的认定与分类

（一）合营安排的认定

1. 合营安排的定义和特征

合营安排，是指一项由两个或两个以上的参与方共同控制的安排。合营安排主要具有两个特征：一是各参与方均受到该安排的约束；二是两个或两个以上的参与方对该安排实施共同控制。

（1）各参与方均受到该安排的约束。合营安排要通过“相关约定”对各参与方加以约束。“相关约定”指据以判断是否存在共同控制的一系列具有执行力的合约。

“相关约定”形式上通常可以包括合同、协议、会议纪要、契约等等，也包括对该安排构成约束的法律形式本身。

“相关约定”内容上包括但不限于对合营安排下列内容的约定：一是目的、业务活动及期限的约定；二是董事会或类似治理机构成员的任命方式的约定；三是对参与方需要提供的资本或其他投入的约定；四是对合营安排的资产、负债、收入、费用、损益在参与方之间的分配方式的约定；五是对合营安排相关事项的决策方式的约定，例如哪些事项需要参与方决策、参与方的表决权情况、决策事项所需的表决权比例等等，合营安排相关事项的决策方式是分析是否存在共同控制的重要因素。

当合营安排通过单独主体达成时，后面再进行详细说明，该单独主体所制定的条款、章程或其他法律文件有时会涵盖相关约定的全部或部分内容。

【例6-2】甲公司和乙公司共同出资建立了A公司，在A公司的章程中规定，A公司的所有重大决策须经甲公司和乙公司均同意才能实施。除章程外，甲公司和乙公司并未订立其他协议管理A公司的活动。本例中尽管并不存在另外的协议，但由于A公司的章程本身涵盖了“相关约定”的内容，依据A公司的章程，可以判断A公司是否符合合营安排的定义。

（2）两个或两个以上的参与方对该安排实施共同控制

共同控制不同于控制，控制是由单一参与方实施，而共同控制由两个或两个以上的参与方实施。任何一个参与方都不能单独控制该安排，对该安排具有共同控制的任何一个参与方均能够阻止其他参与方或参与方组合单独控制该安排。

共同控制也不同于重大影响。享有重大影响的参与方，只拥有参与安排的财务和经营政策影响的权力，但并不能够控制或者与其他方一起共同控制这些政策的制定。

提示注意的是：参与方的角色是两个以上参与方，可能包括合营方参与方以及其他参与方。准则第三条规定合营安排不要求所有参与方都对该安排实施共同控制。合营安排参与方既包括对合营安排享有共同控制的参与方（即合营方），也包括对合营安排不享有共同控制的参与方。

【例 6－3】甲、乙、丙三家公司持有 A 公司表决权比例分别为 50%、40%、10%。A 公司的主要经营活动为产品的研发、生产、销售及售后服务，其最高权力机构为股东会，所有重大决策需要 75%以上表决权通过方可实施。请指出 A 公司的合营方和其他参与方。

本例的甲、乙公司合计拥有了 A 公司 90% 的表决权，超过 75%的表决权要求，只有当甲、乙公司均同意时，A 公司的重大决策方能通过。丙公司的意愿并不能起到决定性作用。因此 A 公司为一项合营安排，没有任何一方能够单独控制 A 公司，甲公司与乙公司对 A 公司实施共同控制，丙公司虽然作为 A 公司的股东，属于该合营安排的其他参与方，但并不具有共同控制权。

2. 合营安排认定的条件

（1）合营安排的约束条件。要认定一项安排是否为合营安排，需要准确把握“共同控制”，这是判断一项安排是否为合营安排的关键。

准则第五条给出了共同控制的定义，“共同控制”是指按照相关约定对某项安排所共有的控制，并且该安排的相关活动必须经过分享控制权的参与方一致同意后才能决策。同时第六条还规定，如果所有参与方或一组参与方必须一致行动才能决定某项安排的相关活动，则称所有参与方或一组参与方集体控制该安排。

可见在判断是否存在共同控制时，应当首先判断所有参与方或参与方组合是否集体控制该安排，其次再判断该安排相关活动的决策是否必须经过这些集体控制该安排的参与方一致同意，如图 6－2 所示。

准则所称相关活动，是指对某项安排的回报产生重大影响的活动。某项安排的相关活动应当根据具体情况进行判断，通常包括商品或劳务的销售和购买、金融资产的管理、资产的购买和处置、研究与开发活动以及融资活动等。

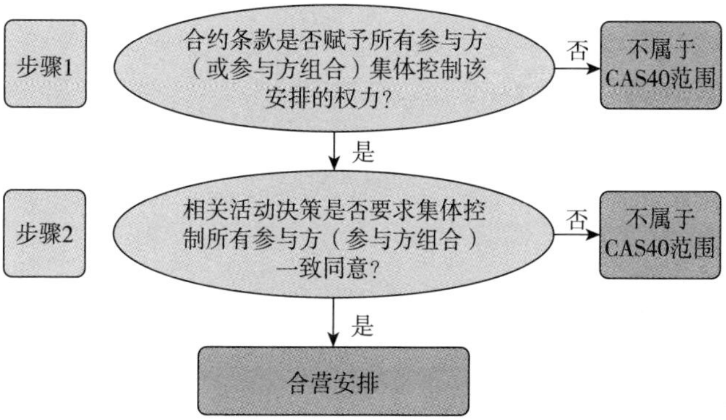

图6-2　共同控制判断图

【例6-4】 甲公司和乙公司签订了一份机械产品的生产和销售的协议。产品的生产由甲公司负责，产品的销售和推广由乙公司负责。在预算要求的范围内，甲、乙公司就其负责的生产、销售推广活动自行进行决策，不需要双方一致同意。但是，协议规定，甲公司和乙公司必须一致同意才能批准所有生产、销售和推广活动的财务政策（例如预算的批复或者预算的重大修改等），并且规定生产、销售和推广活动以及财务政策决定均能对该安排的回报产生重大影响，为此应判断为合营安排。

（2）集体控制。

集体控制的含义是指：如果所有参与方抑或一组参与方必须一致行动，才能决定某项安排的相关活动，则称所有参与方或一组参与方"集体控制"了合营安排。

需要注意的是，如果单独一方能实质控制不应属于集体控制。

在集体控制下，不存在任何一个参与方能够单独控制某安排的情况，而是由一组参与方或所有参与方联合起来才能控制该安排。如果某一个参与方能够单独主导安排中的相关活动，则可能为控制。如果一组参与方或所有参与方联合起来才能够主导该安排中的相关活动，则为集体控制。

【例6－5】 甲、乙、丙、丁四个公司共同设立了A公司，分别持有了A公司60%、20%、10%和10%的表决权股份。协议约定，A公司相关活动的决策需要50%以上表决权通过方可作出。

本例A公司的表决权安排使得甲公司能够单独主导A公司的相关活动，只要甲公司享有A公司的可变回报，并有能力运用其权力影响A公司的可变回报，甲公司无需与其他参与方联合，即可控制A公司。因此，A公司是甲公司的子公司，而不是一项合营安排。

判断“集体控制”参与方组合的界定原则，需要注意区别以下不同情形：最少参与方的共同控制；所有参与方的共同控制；多个参与方组合的共同控制。

①所有参与方的共同控制。

【例6－6】 甲、乙、丙、丁四家公司分别持有A公司40%、30%、20%和10%的股权，A公司的所有重大事项规定需由代表95%以上表决权的股东通过。本例判断共同控制比较简单，A公司的表决权规定，使得四家持股公司的任何一方均不能单独控制A公司，必须由甲、乙、丙、丁四家公司组合，即所有参与方联合起来，才能控制A公司，且所有参与方是联合起来能够控制A公司的参与方数量最少的组合。因此称所有参与方集体控制A公司。

②最少参与方的共同控制。

尽管所有参与方联合起来一定能够控制该安排，但集体控制下，集体控制该安排的组合指的是那些既能联合起来控制该安排，又使得参与方数量最少的一个或几个参与方组合。

【例6－7】 甲、乙、丙、丁四公司分别持有A公司的40%、30%、20%和10%表决权股份。A公司的所有重大事项通过的表决权比例方可作出决策规定如下：

情形一：A公司相关活动需要85%以上表决权的股东通过；

分析可以看出，A公司的表决权安排使得甲、乙、丙、丁公司任何一方均不能单独控制A公司。参与方组合形式可以包括11种集体组合，即六种两两公司组合、四种三家公司组合以及一种所有参与方共同控制：甲、乙公司组合，甲、丙公司组合，甲、丁公司组合，乙、丙公司组合，乙、丁公司组合，丙、丁公司组合；甲、乙、丙公司组合，甲、乙、丁公司组合，甲、丙、丁公司组合，乙、丙、丁公司组合，甲、乙、丙、丁公司联合起来控制的组合。

在这些参与方组合形式中，符合合营安排的共同控制的组合包括两种，即甲、乙、丙、丁四家公司组合和甲、乙、丙三家公司组合控制。尽管所有参与方联合起来必然能够控制A公司，但由于甲、乙、丙三家公司联合起来即可控制A公司，且其是联合起来能够控制A公司的参与方数量最少的组合。因此称甲、乙、丙公司组合集体控制了A公司，而不是甲、乙、丙、丁四家公司集体控制了A公司。

情形二：如果是60%以上表决权的股东通过，那可能存在有哪些参与方组合呢？这时应考虑到多个参与方组合出现的共同控制具体情况。

③多个参与方组合的共同控制。

能够集体控制一项安排的参与方组合很可能不止一个，有时集体控制情况包括多个参与方组合的共同控制。某项安排由A、B、C、D、E、F、G公司共同参与，如果其中两个或两个以上公司不能单独集体控制该安排，而是必须经过A、B与C、D、E或者E、F、G等的组合才能够集体控制该项安排，该项安排不构成合营安排，除非存在着约定指明需要哪些参与方一致同意才能对相关活动作出决策的说明。

【例6-8】假定一项安排涉及甲、乙、丙公司三方：甲公司在该安排中拥有50%的表决权，乙公司和丙公司各拥有25%的表决权。甲、乙、丙公司之间相关约定规定，对安排的相关活动作出决策至少需要75%的表决权。

尽管甲公司拥有50%的表决权，但是甲公司没有控制该安排，因为甲公司对安排的相关活动作出决策需要获得乙公司或丙公司的同意。在本例中，甲、乙公司的组合，或甲、丙公司的组合均可集体控制该安排。这样，出现了多种参与方组合达到75%表决权的情况。此种情况，该安排要成为合营安排，需要在相关约定中指明哪些参与方一致同意才能对相关活动作出决策。

（3）对相关约定一致同意。

依照实质重于形式的原则，从形式上确定了不是某一参与方单独控制一项安排，而是由参与方组合集体控制该安排的基础上，还要从实质情况来判断这些集体控制一项安排的参与方是否能共同控制。只有有关合营安排相关活动的所有重大决策须由分享控制权的各方都表态，并且要求集体控制该安排的参与方一致同意时，才存在共同控制。

“一致同意”可以保证对合营安排具有共同控制的任何一个参与方均可以阻止其他参与方在未经其同意的情况下就相关活动单方面作出决策。在“一致同意”中，并不要求其中一方必须具备主动提出议案的权力，只要具备对合营安排相关活动的所有重大决策予以否决的权力即可；也不需要该安排的每个参与方都一致同意，只要那些能够集体控制该安排的参与方意见一致，就可以达成一致同意。

①“一票否决权”情形形成的共同控制。

【例6-9】甲、乙公司各持有A公司50%的股权，A公司的主要经营活动为技术研发。由于甲公司处于行业领先地位，因此，A公司除了财务总监是由乙公司派出之外，其他高级管理人员包括总经理、研发总监等均由甲公司派出。根据A公司的章程以及甲、乙公司间签订的协议，董事会为A公司的最高权力机构，由5名董事组成：1名乙公司派出的代表和4名甲公司派出的代表，其中甲公司1名代表任A公司董事长。所有重大事项须经2/3以上董事表决通过。

本例虽然甲公司派出董事的人数为4人，超过董事总人数的2/3，似乎甲公司单方面控制了A公司。然而假如协议赋予了乙公司仅有的一名派出董事对于所有重大事项具有一票否决权。该安排能否考虑判断为共同控制呢？答案是可以肯定的。鉴于乙公司的董事对A公司的重大事项具有一票否决权，甲公司不能单方面控制A公司，因此，应理解为甲公司与乙公司一起对A公司实施了共同控制。

②签署“一致行动协议”形成共同控制。

实务中，为实现共同控制，往往各参与方之间存在一种通过签署“一致行动协议”的方式实现共同控制的情形。

【例6-10】甲、乙、丙三家公司对A公司的持股比例分别为30%、21%及49%。A公司主要从事租赁业务，股东会为其最高权力机构，所有重大事项需经过半数以上表决权的股东通过。甲、乙公司另外还单独签订了一份“一致行动协议”，约定对丙公司的重大事项进行表决时，甲、乙公司均应一致行动。

分析本例可以看出，甲、乙公司之间就A公司的相关活动的重大决议签订了一致行动协议，从而使得甲、乙公司合起来拥有A公司51%的表决权，因此，甲、乙公司实际上共同控制了A公司。

需要说明的是，有时即便签署了“一致行动协议”，但是并不一定表明就存在共同控制，在某些情况下依然可能是某一参与方实际单方面掌握了控制权。

如果甲、乙公司虽然签订了对相关活动重大决议的一致行动协议，在A公司重大事项表决时，乙公司将充分尊重甲公司意愿，如果双方意见不一致的，乙公司将按照甲公司的意见行使表决权。然而，由于乙公司根据协议，始终必须跟随甲公司行使表决权，甲公司自身能够单方面采取行动来控制A公司的相关活动，因此，实质应判断为甲公司对A公司的安排具有控制权。

③分散的表决权程度下形成的共同控制。

在判断“一致行动协议”是否构成共同控制时，还需要考虑其他投资方持有表决权的分散程度。

【例6-11】甲、乙两家公司各持有A公司24%的表决权。其余52%的A公司表决权分布极为分散，没有任何一个其他股东持有超过1%的表决权，A公司历史上从未发生除甲、乙公司外超过20%的表决权股东联合决策的情况。A公司相关活动的决策需要50%以上的表决权通过方可作出。甲公司和乙公司签订了一致行动协议，约定对A公司的重大事项进行表决时，甲公司、乙公司均应一致行动。

分析本例可以看出，尽管甲、乙公司合计只持有A公司48%的表决权，但A公司剩余表决权分布极为分散，因此，按照合并财务报表准则中当投资方拥有半数以下表决权时考虑表决权的相对份额大小，以及其他股东持有表决权的分散程度等来判断控制的指引，甲、乙公司能够集体控制A公司，同时，由于甲公司与乙公司签订了一致行动协议，甲公司和乙公司对A公司存在共同控制，A公司构成合营安排。

如果甲、乙公司并未签订一致行动协议，加之A公司分散的表决权超过52%，甲、乙公司合计只持有48%，甲、乙公司双方之间不存在一致同意，因此，甲、乙公司对A公司不具有共同控制。此时，甲公司和乙公司各自很可能按照对A公司具有重大影响采用权益法进行会计处理，抑或按照公允价值计量进行会计处理。

④相关约定暗含的共同控制。

有时在相关约定中，设定的决策方式可能暗含了需要达成一致同意。

【例6-12】假定甲、乙两方建立一项A安排，在A安排中甲、乙双方各持有50%的表决权。甲、乙双方约定，对A安排的相关活动的决策至少需要51%的表决权同意。因为对相关活动的决策如果没有双方的一致同意都无法达到51%的表决权，因此，这种情况实际上就暗含了共同控制，意味着双方同意了共同控制该安排。

⑤唯一的参与方组合形成的共同控制。

共同控制合营安排的参与方组合应是唯一的。存在两个或两个以上的参与方组合能够集体控制某项安排时，该安排不构成共同控制。

【例6－13】甲、乙、丙、丁四家公司各持有A公司25%的表决权。A公司最高权力机构为股东会，相关活动需要60%以上的表决权通过方可作出进行决策。

分析可以看出，A公司的表决权的安排使甲、乙、丙、丁公司中的任意3家公司（即甲、乙、丙公司组合，甲、乙、丁公司组合，乙、丙、丁公司组合以及甲、丙、丁公司组合）同意即可作出相关活动的决策，存在的4个参与方组合都可以实施集体控制，任意一种组合均可能表决通过。由于并不存在需要集体控制A公司的参与方一致同意后才能决策的情况，甲、乙、丙公司能够集体控制A公司，而乙、丙公司也可以选择和丁公司联合，并不是必须征得甲公司同意才能作出决策，如果乙、丙、丁公司联合作出决策，甲公司并没有权力去否决该决策；同理，乙公司并没有权力去否决甲、丙和丁公司联合作出的决策，丙公司并没有权力去否决甲、乙公司和丁公司联合作出的决策，丁公司也并没有权力去否决甲、乙公司和丙公司联合作出的决策，因此，A公司并非合营安排，甲、乙、丙、丁公司并不对A公司具有共同控制权。

由于甲、乙、丙、丁公司对A公司的持股比例高于20%，在不存在其他相反证据的情况下，四家公司对A公司均被推定为具有重大影响。

⑥多种参与方的组合达成一致同意形成的共同控制。

如果相关约定中设定了就相关活动作出决策所需的最低表决权比例的，若存在多种参与方的组合形式均能满足最低表决权比例要求的情形，则该安排就不是合营安排；除非相关约定明确指出，需要其中哪些参与方一致同意才能就相关活动作出决策。

【例6－14】假定一项安排涉及甲、乙、丙三家公司，甲、乙、丙公司在该安排中拥有的表决权分别为50%，30%和20%。约定规定75%以上的表决权即可对安排的相关活动作出决策。这时，甲、乙公司是能够集体控制该安排的唯一组合，只有当甲、乙公司一致同意时，该安排的相关活动决策方能表决通过。因此甲公司、乙公司对安排具有共同控制权。

⑦被任命的参与方在协议框架内行使其管理权的共同控制。

有时协议可能任命了一项安排的日常运行由某一参与方来管理。如果该安排的相关活动需要由各参与方共同作出决定，而且管理方在这一决定的框架内行事，则任何一个参与方作为管理方均不会影响该安排是合营安排的判断。

但是，如果管理方能够单方面就该安排的相关活动作出决定，从而拥有对该安排的权力，通过参与相关活动享有可变回报，并且有能力运用其对该安排的权力，影响自身的回报金额，则意味着该管理方单方控制了该安排，而不是和其他参与方共同控制该安排，该安排不属于合营安排。

【例 6－15】 A 公司是一家隶属于甲公司的持有若干写字楼产权的房地产全资子公司，因经营需要，甲公司将持有的 50% 的 A 公司股权出售给一家乙投资银行。甲公司与乙银行签订的协议主要包括三层内容：一是因甲公司具有丰富的管理经验，甲公司继续担当 A 公司的资产管理人，并按照 A 公司的资产规模每年收取固定比例的管理费；二是涉及 A 公司的相关活动的决策均须甲公司和乙银行一致同意方可作出，且甲公司管理 A 公司时，必须在甲、乙双方共同作出的决策的框架内行事；三是甲公司与乙银行按照各自的持股比例分享收益和承担亏损。

分析这种参与方在协议框架内行使其管理权的情况，尽管甲公司继续充当 A 公司的资产管理人，但是甲公司必须和乙银行达成一致意见才能对 A 公司的相关活动进行决策，而且甲公司必须按照甲公司和乙银行共同作出的决定对 A 公司进行运营管理，因此，甲公司不能单独控制 A 公司，而是和乙银行共同控制 A 公司。

但是如果甲公司、乙银行、A 公司三方约定，乙银行并不参与 A 公司的决策制定，甲公司单方面可对乙银行的相关活动作出决策；投资 5 年后，甲公司将向乙银行回购其持有的 A 公司 50% 股权，回购价格为乙银行投资额的150%。这种情况下，尽管乙银行拥有A公司50%的股权，但其投资目的只是投资后获得一笔固定回报，并不参与A公司运营。而甲公司单方面可对A公司的相关活动作出决策，拥有对A公司的控制权。因此，A公司实际是甲公司的子公司，不是一项合营安排。

汇总以上合营安排认定的分析，可以得出以下基本结论：存在集体控制仅仅说明某项安排不存在任何一方能够单独控制的情况，而要符合共同控制的条件，还需要在集体控制的基础上，判断该安排相关活动的决策是否必须经过这些集体控制该安排的参与方一致同意。

准则第七条明确指出，如果存在两个或两个以上的参与方组合能够集体控制某项安排的，不构成共同控制，除非另有协议约定。然而，如果一项安排仅存在一组参与方能够集体控制，该集体控制应判断为共同控制。

（4）争议解决机制。

分析合营安排各方是否存在共同分享控制权，要关注产生争议时有何解决机制。包括协议规定了，例如用仲裁等办法来处理纠纷的一些解决条款。可能在一些合营安排中，强调了有共同控制权的各参与方在没有达成一致意见的情况下如何进行决策，这些条款不应妨碍该安排是属于共同控制以及属于合营安排的判断。

①产生争议时应关注有无“一票通过权”。

但要注意的是，如果各方未就相关活动的重大决策达成一致意见，有一方具备“一票通过权”或者潜在表决权等特殊权力，则需要具体分析，很可能这个具有特殊权力的一方实质上是对该安排实施了控制。

【例6-16】甲、乙公司各持有A公司50%的股权，A公司从事家电、电子产品连锁销售和服务。根据A公司章程以及甲、乙公司之间签订的合资协议，A公司的最高权力机构为股东会，所有重大事项均须甲公司和乙公司派出的股东代表一致表决通过。如果双方经过合理充分协商仍无法达成一致意见时，甲公司股东代表享有“一票通过权”，即最终以甲公司的股东代表的意见为最终方案。对这种协议中明确规定了的争议解决机制，可以得出结论，甲公司实质上可以单方面主导A公司相关活动的决策，因此甲公司具有控制权，A公司并非合营安排。

②产生争议时需进一步分析潜在表决权。

在分析争议解决机制时，还需关注参与方是否拥有期权等潜在表决权的情况。如果【例6－16】中的甲公司并不享有“一票通过权”，但是甲公司却持有了从乙公司手中购买其持有的A公司全部50%股权的期权。当甲、乙公司双方产生争议，并且经过合理充分协商仍无法达成一致意见时，甲公司可以随时行使其持有的期权。期权的行权价格以行权时点A公司股权的公允价值为依据进行确定。分析可以看出，当甲、乙公司产生意见分歧时，甲公司可以随时通过买断乙公司持有的A公司股权的方式，使甲公司的决定得以通过，且期权的行权价格和条件并不能成为实质性的障碍。在这种情况下，若无其他相反证据，甲公司实质上对A公司具有控制权。

③产生争议时需进一步考虑最终决策权。

判断合营安排时，还需要考虑最终决策者，有时协议可能约定，当各参与方意见不一致时，要具体分析哪个参与方拥有了最终决策权，但需要说明的是最终决策者未必就是控制方。

【例6－17】甲、乙、丙三家公司共同出资设立了A公司。A公司的董事会是决策制定机构，甲、乙、丙公司在A公司董事会中各占一个席位。协议约定规定，A公司相关活动决策须经董事会至少两票才能通过。如果甲、乙、丙三家公司对A公司决策意见不一致，各自有不同看法时，甲公司具有最终决策权。

分析本例可以看出，由于存在多种参与方组合能够集体控制A公司，并且协议没有明确指出具体哪些参与方必须同意，决策才能达成，因而不存在共同控制A公司的参与方组合，A公司不是一项合营安排。

尽管协议规定甲、乙、丙三家公司意见均不一致时，甲公司具有最终决策权，但如果乙公司和丙公司达成一致意见，即可作出决策。因此，甲公司的最终决策权是有条件的，甲公司并不拥有对A公司的控制权。

（5）仅享有保护性权利的参与方不享有共同控制。

根据《企业会计准则第33号——合并财务报表》中对保护性权利的定义，保护性权利是指仅为了保护权利持有人利益却没有赋予持有人对相关活动决策权的一项权利。保护性权利通常只能在被投资方发生根本性改变或某些例外情况发生时才能够行使，它既没有赋予其持有人对被投资方拥有权力，也不能阻止其他方对被投资方拥有权力。

准则第八条规定：仅享有保护性权利的参与方不享有共同控制。如果一致同意的要求仅仅与向某些参与方提供保护性权利的决策有关，而与该安排的相关活动的决策无关，那么拥有该保护性权利的参与方不会仅仅因为该保护性权利而成为该项安排的合营方。因此，在评估参与方能否共同控制合营安排时，必须具体区别参与方持有的权利是否为保护性权利，该权利不影响其他参与方控制或共同控制该安排。

值得注意的是，有时协议规定了在特定情况或特定事项发生时才能开展相关活动，例如，某些安排在设计时就具体确定了相关活动及其回报，在特定情况或特定事项发生之前不需要进行重大决策。这种情况下，权利在特定情况或特定事项发生时方可行使并不意味该权利是保护性权利。

【例6-18】甲、乙、丙三家公司签约设立A法人主体，从事汽车生产和销售。合同规定：甲、乙两家公司一致同意而并不需要丙公司同意，甲、乙公司即可主导A主体的所有相关活动。但如果A主体的资产负债率达到50%，丙公司对A主体公开发行债券或权益工具具有否决权。

分析本例可以看出，公开发行债券或权益工具通常代表了A主体经营中的根本性改变，因而是保护性权利。由于合同明确规定需要甲公司和乙公司的一致同意才能主导A主体的相关活动，因而甲公司和乙公司能够共同控制A主体。尽管丙公司也是A主体的参与方，但由于丙公司仅对A主体拥有保护性权利，因此丙公司不是共同控制A主体的参与方。

（6）一项安排的不同活动可能分别由不同的参与方或参与方组合主导。

一项安排可能在不同的时间段，开展着不同的活动，从而形成了不同参与方可能主导着不同的相关活动，或者共同主导所有的相关活动。

不同参与方分别主导不同相关活动时，相关的参与方需要分别评估自身是否拥有主导对回报产生最重大影响的活动的权利，从而确定是否能够控制该项安排，而不是与其他参与方共同控制该项安排。

（7）综合评估多项相关协议。

有时，一项安排的各参与方之间可能存在多项相关协议。在单独考虑一份协议时，某参与方可能对合营安排具有共同控制，但在综合考虑该安排的目的和设计的所有情况时，该参与方实际上不一定对该安排具有共同控制。因此，在判断是否存在共同控制时，需要综合考虑该多项相关协议。

【例6-19】甲、乙、丙、丁四家公司签订一项协议A，共同进行汽车的生产和销售，并成立了一个委员会B，主导有关生产和销售汽车的所有重大事项，如预算审批、管理任命、营销策略等。甲、乙、丙、丁四家公司各在该委员会中占据一个席位，委员会的决策要求所有成员的一致同意。

同时，甲、乙公司签订了协议C，并成立委员会D，用于协调两者之间关于汽车生产和销售的所有重大事项。委员会D的两名成员分别由甲、乙公司任命。委员会D有权作出决策，并提交到委员会B审批。委员会D决定的任何事项都要经过甲、乙公司的一致同意，但是，如果甲、乙公司间不能达成一致，则甲公司拥有决定权。甲、乙公司必须按照委员会D作出的决策在委员会B中进行投票。

分析可以看出，本例存在着两份单独的协议A和C。但是，由于这两份协议与汽车的生产和销售活动相关，因此，参与方应同时评估协议A和C，以确定是否存在合营安排。例如，如果单独考虑协议A，似乎甲、乙、丙、丁四家公司共同控制了该安排。但是，协议A与协议C一并考虑时，发现甲公司能够通过协议D主导乙公司在委员会D中的投票，因此，乙公司是甲公司的实质代理人，对该安排不具有共同控制。只有甲公司、丙公司、丁公司对该合营安排具有共同控制。

2. 合营安排中的不同参与方

只要两个或两个以上的参与方对一项安排实施共同控制，一项安排就可以被认定为合营安排，但是并不要求所有参与方都对该安排享有共同控制。

对合营安排享有共同控制的参与方（分享控制权的参与方）被称为“合营方”；对合营安排不享有共同控制的参与方被称为“非合营方”。

【例6-20】甲、乙、丙、丁四公司分别持有A公司的40%、30%、20%和10%表决权股份。A公司相关活动需要85%以上表决权的股东通过。由于符合合营安排的共同控制的组合包括两种，即甲、乙、丙、丁四家公司的组合和甲、乙、丙三家公司的组合，而甲、乙、丙三家公司联合起来控制A公司是参与方数量最少的组合，因此，称甲、乙、丙公司组合集体控制了A公司，A公司构成了一项合营安排，甲公司、乙公司、丙公司三家为A公司的合营方、丁公司为A公司的非合营方。

（二）合营安排的分类

1. 合营安排类型

合营安排分为共同经营和合营企业两种类型：

（1）共同经营，是指合营方享有该安排相关资产且承担该安排相关负债的合营安排；

（2）合营企业，是指合营方仅对该安排的净资产享有权利的合营安排。

联营企业不是合营企业。投资企业如果能够对被投资单位施加重大影响的，被投资单位只是其联营企业，其中的重大影响，是指对一个企业的财务和经营政策有参与决策的权力，但并不能够控制或者与其他方一起共同控制这些政策的制定。在确定能否对被投资单位施加重大影响时，应当考虑投资企业和其他方持有的被投资单位的当期可转换公司债券以及当期可执行认股权证等潜在表决权因素。

2. 共同经营和合营企业的判断因素

合营安排是为不同目的而设立的，例如，参与方为了共同承担成本和风险，或者参与方为了获得新技术或新市场，可以采用不同的结构和法律形式。一些安排不要求采用单独主体的形式开展其活动，另一些安排则涉及构造单独主体。

因此合营方应当根据其在合营安排中享有的权利和承担的义务来确定合营安排的分类。对权利和义务进行评价时，应当考虑该合营安排的结构、法律形式以及合营安排合同条款的约定、其他相关事实和情况等因素。在实务中，主体还应该从合营安排是否通过单独主体达成为起点，判断一项合营安排是共同经营还是合营企业。

单独主体，是指具有单独可辨认的财务架构的主体，包括单独的法人主体和不具备法人主体资格但法律认可的主体。

单独主体的存在是某一合营安排被划分为合营企业的必要条件，但非充分条件。单独主体并不一定要具备法人资格，但必须具有法律所认可的单独可辨认的财务架构，确认某主体是否属于单独主体必须考虑适用的法律法规。因此，单独主体的法律形式、合同条款及其他情况有可能会影响到合营安排的划分。企业应当结合各相关因素进行恰当的职业判断。具有可单独辨认的资产、负债、收入、费用、财务安排和会计记录，并且具有一定法律形式的主体，构成法律认可的单独可辨认的财务架构。合营安排最常见的单独主体形式包括有限责任公司、合伙企业、合作企业等，有些情况下，信托、基金也可被视为单独主体。

(1) 未通过单独主体达成的合营安排，应当划分为共同经营。

(2) 通过单独主体达成的合营安排，通常应当划分为合营企业。

合营安排的分类判断分析要素具体如图6-3所示。

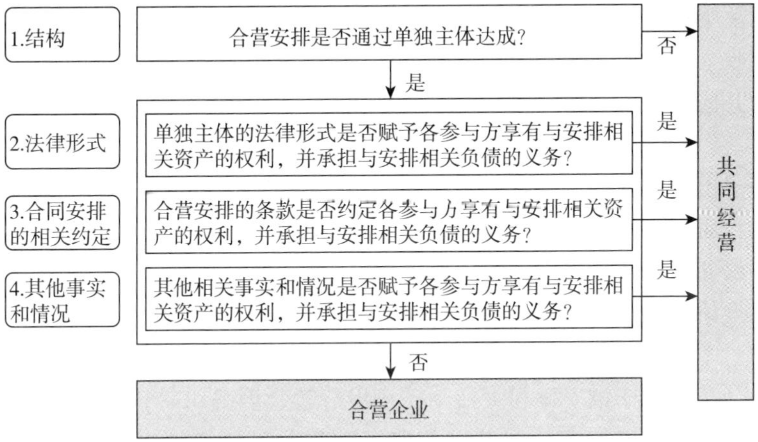

图6-3　合营安排类型判断图

值得注意的是，法律认可的单独主体不应该是合伙企业，因为按合伙企业法规定，合伙人投入的财产，应由合伙人统一管理和使用，不经其他合伙人同意，任何一位合伙人不得将合伙财产移做他用；合伙企业在生产经营活动中所取得和积累的财产，归合伙人共有。如有亏损亦由合伙人共担。损益分配的比例，应在合伙协议中明确规定；未经规定的事项可按合伙人出资比例分摊，或平均分摊。以劳务抵作资本的合伙人，除另有规定者外，一般不分摊损失。

法律不认可但不也制止的主体虽然不构成这里所说的单独主体，但是在其他准则没有明确如何确认和计量、披露前提下，是否可以比照合营安排准则的相关条款判断并划分为合营企业，并采用权益法核算，有些具体规定还有待今后准则执行中不断完善，再予以明确规定。

3. 未通过单独主体达成合营安排的分类判断

如上所述，当合营安排未通过单独主体达成时，该合营安排为共同经营。在这种情况下，合营方通常通过相关约定享有与该安排相关资产的权利、并承担与该安排相关负债的义务，同时，享有相应收入的权利、并承担相应费用的责任，因此该合营安排应当划分为共同经营。

【例6－21】甲、乙、丙公司各自购买了一栋房屋的部分产权用于出租，分别占该房屋总面积的40%、30%、30%。三方协议约定：房屋出租的资本性支出、物业管理、公司的任免、重要的租赁协议签订等相关活动，必须由三方一致同意方可作出；相关费用、营运债务和租金收益由三方按照产权比例分担和分配。

本例分析判断时，首先确定是否是合营安排，再判断合营安排的分类。由于该安排相关活动需要甲、乙、丙公司一致同意方可作出决策，所以三家公司共同控制了该安排，该安排应属于合营安排。又因为该合营安排并未通过单独主体达成，因此该合营安排只可能是共同经营，而不可能是合营企业。从另一个层面看，由于协议规定甲、乙、丙三家公司直接拥有该房屋的产权，并按照产权比例承担债务、分享收入、分担成本，这也表明该合营安排是共同经营。

【例6－22】甲、乙、丙三家公司协议约定建立一项共同制造飞机的安排。规定该安排相关活动需要甲、乙、丙三家公司一致同意方可作出决策；甲公司负责生产飞机引擎并进行组装，乙公司负责生产机身，丙公司负责生产其他部件；三家公司负责各自部分的人工成本、生产成本等成本费用；飞机对外销售后，三公司各自获得销售收入的1/3。

由于本例安排的相关活动需要三家参与方公司一致同意方可决策，所以分析结果为甲、乙、丙三公司共同控制该安排，该安排为合营安排。又由于甲、乙、丙公司只是各自负责飞机制造的局部生产，该合营安排并未成立一个单独主体，因此分类判断只可能属于共同经营，而不是合营企业。

4. 通过单独主体达成合营安排的分类判断

通过单独主体达成的合营安排，通常应当划分为合营企业。

但有确凿证据表明满足下列任一条件并且符合相关法律法规规定的合营安排应当划分为共同经营：一是合营安排的法律形式表明，合营方对该安排中的相关资产和负债分别享有权利和承担义务；二是合营安排的合同条款约定，合营方对该安排中的相关资产和负债分别享有权利和承担义务；三是其他相关事实和情况表明，合营方对该安排中的相关资产和负债分别享有权利和承担义务，如合营方享有与合营安排相关的几乎所有产出，并且该安排中负债的清偿持续依赖于合营方的支持。

准则颁布前曾经对“合营安排的合同条款约定合营方对该安排中的资产和负债直接享有权利和承担义务的，应划分为共同经营”的规定，与我国法律法规是否存在冲突广泛征求过意见，因此，当有确凿证据表明满足三个条件中的一个且符合相关法律法规的规定，必须划分为共同经营。

因此，通过单独主体达成合营安排，在判断该合营安排是共同经营还是合营企业时，通常分三个层次进行分析。首先分析单独主体的法律形式，法律形式不足以判断时，将法律形式与合同安排合同条款约定结合进行分析，法律形式和合同条款均不足以判断时，进一步考虑其他相关事实和情况进行分析。

（1）分析单独主体的法律形式。

中华人民共和国公司法规定：公司是企业法人，有独立的法人财产，享有法人财产权。公司以其全部财产对公司的债务承担责任。有限责任公司的股东以其认缴的出资额为限对公司承担责任；股份有限公司的股东以其认购的股份为限对公司承担责任。因此，一项合营安排是按照《公司法》设立的有限责任公司或者股份有限公司时，其法律形式即可将合营安排对资产负债的权利义务同该安排的参与方进行明显区分。因此，通常单独主体的资产和负债很容易与参与方在法律形式上进行区分。

分析单独主体的法律形式时，各参与方应当依据单独主体的法律形式判断是否能将参与方和单独主体分离。各参与方应当考虑该安排是赋予参与方享有与安排相关资产的权利、并承担与安排相关负债的义务，还是赋予参与方享有该安排的净资产的权利。

如果各参与方通过单独主体执行合营安排，单独主体的法律形式决定了在单独主体中的资产和负债是单独主体的资产和负债，而不是各参与方的资产和负债。考虑到单独主体法律形式赋予各参与方的权利、义务，即可初步判断该合营安排是合营企业；如果单独主体持有的资产和负债是各参与方的资产和负债，单独主体的法律形式无法将参与方和单独主体分离，这种单独主体法律形式赋予参与方的权利和义务，足以判断说明该合营安排是共同经营。

【例6－23】甲、乙两家建筑公司与政府签订合同，共同完成两城市间一条道路的设计、建造合同。合同明确了甲、乙公司各自的参与份额，规定双方共同控制该安排。

甲、乙公司协议成立了一个单独主体A，通过A具体实施该安排。单独主体A代表甲、乙公司与政府签订合同，并完成建造服务活动。假定该安排的资产和负债由A持有，A的法律形式的主要特征是甲公司和乙公司拥有和承担该安排的资产与负债。

合同还规定：甲、乙公司根据其在该安排中的参与份额分享该安排相关活动所需的全部资产的相应权利以及承担各项债务；甲、乙公司根据其在该安排中的参与份额分享由该安排相关活动产生的损益。

分析本例可以看出，该安排通过单独主体达成，主体A持有的资产和负债是甲公司和乙公司的资产和负债，该单独主体的法律形式并不能将参与方与单独主体分离开来。另外，甲、乙公司在合同中也强调了这一规定，即规定甲公司和乙公司拥有和承担通过主体A实施安排的资产与负债。因此，该合营安排是共同经营。

（2）分析合同安排。

如果单独主体的法律形式并不能将合营安排的资产的权利和对负债的义务授予该安排的参与方，无法判断是共同经营时，还需要进一步分析各参与方之间是否通过合同安排赋予该安排的参与方对合营安排资产的权利和对合营安排负债的义务。合同安排中常见的某些特征或者条款可能有益于判断该安排应为共同经营还是合营企业。通常一些普遍特征可以有助于判断合营安排的分类是属于共同经营还是合营企业。其比较分析如表6－2所示。

表6－2　　依照相关约定进行合同安排分类的对比

对比项目	共同经营	合营企业
合营安排的条款	参与方对合营安排的相关资产享有权利并对相关负债承担义务	参与方享有合营安排有关的净资产权利。单独主体而非参与方享有与安排相关资产的权利、承担与安排相关负债的义务
对资产的权利	参与方按照约定的比例分享合营安排的相关资产的全部利益（如权利、权属、所有权等）	资产属于合营安排自身，参与方并不对资产享有权利
对负债的义务	参与方按照约定的比例分担合营安排的成本、费用、债务及义务。第三方对该安排提出的索赔要求，参与方作为义务人承担赔偿责任	合营安排对自身的债务或义务承担责任。参与方仅以其各自对该安排认缴的投资额为限对该安排承担相应的义务。合营安排的债权方无权就该安排的债务对参与方进行追索

续表

对比项目	共同经营	合营企业
收入、费用及损益	合营安排约定各参与方按照比例分配收入和费用。一般参与方按照约定的份额比例享有合营安排产生的净损益不会必然使其被分类为合营企业，仍应当分析参与方对该安排相关资产的权利以及对该安排相关负债的义务	各参与方按照约定的份额比例享有合营安排产生的净损益
担保	参与方为合营安排提供担保（或提供担保的承诺）的行为本身并不直接导致一项安排被分类为共同经营	

有时，法律形式和合同安排均表明一项合营安排中的合营方反对该安排的净资产享有权利，此时，若不存在相反的其他事实和情况，该合营安排应当被划分为合营企业。

【例 6－24】 甲、乙两家房地产公司，为并购和经营一家购物中心，成立单独主体 A 进行项目管理。假定主体 A 的法律形式不是甲公司和乙公司，而是自身拥有与该安排相关的资产、承担相关负债，相关活动包括零售、出租、停车位的管理、购物中心及电梯等设备的维护、客户关系建立等。

协议约定：主体 A 相关活动的决策需要甲、乙公司一致同意；主体 A 拥有该购物中心，甲、乙公司并不对该购物中心拥有产权；甲、乙公司不承担主体 A 的债务或其他义务。如果主体 A 不能偿还其债务，或者不能清偿第三方的义务，甲、乙公司对第三方承担的负债仅限于甲、乙公司未支付的出资额部分；甲、乙公司有权出售或抵押其在主体 A 中的权益；甲、乙公司根据其在主体 A 中的权益份额分享购物中心经营净损益。

本例的甲、乙公司共同控制主体 A，主体 A 是一项通过单独主体达成的合营安排。法律形式使 A 在自身立场上考虑问题，主体 A

持有的资产和负债是其自身的资产和负债，不是甲公司和乙公司的资产和负债。甲、乙公司拥有主体A净资产的权利，而不是拥有主体A资产的权利、承担主体A负债的义务，除此没有其他事实和情形表明参与方实质上享有与该安排相关资产的几乎所有经济利益，并承担与该安排相关的负债义务。所以，该合营安排是合营企业。甲、乙公司将其在主体A净资产中的权利确认为一项长期股权投资，按照权益法进行会计处理。

【例6－25】电信运营公司为参与国际竞争，计划拓展某国市场业务。由于该国法律不允许外国公司控制该国电信运营公司。甲公司与该国的本土公司A各出资50%一起在该国设立了单独主体B，以进入该国市场。该国法律规定，主体B必须独立拥有资产，并独立承担负债，即主体B的资产和负债需要与投资方的资产和负债分离开来。甲公司和A公司签订的协议约定：关于主体B的所有相关活动的决策均须甲公司和A公司共同作出；主体B的资产为单独主体B所有，甲公司和A公司均不得出售、质押、转移或抵押这些资产；甲公司和A公司仅以出资额为限承担对主体B的义务；主体B实现的利润按照出资比例在甲公司和A公司之间分配。

本例甲公司和A公司之间的安排通过单独主体B达成，按照该国法律，主体B的法律形式将主体B的所有者，即甲公司和A公司与主体B进行了分离，主体B的资产和负债被限定在主体B之内，甲公司和A公司仅以出资额为限对主体B的债务承担责任。甲公司与A公司的相关合同约定也表明其对于主体B的净资产享有权利。因此，从法律形式和相关合同约定进行分析，可以判断主体B是合营企业，而不是共同经营。

判断一项合营安排是否符合共同经营的特征不能仅仅考虑法律形式，要进行综合分析，只要合营方享有该合营安排相关资产并且承担该安排相关负债，该合营安排应当分类为共同经营。

【例6－26】甲、乙两家煤炭公司，协议在某国成立单独主体A，共同进行煤炭勘探、开发和生产。甲、乙公司共同控制主体A。

主体 A 的法律形式将主体 A 的资产、负债与甲、乙公司分隔开来。甲、乙公司及主体 A 签订协议，规定甲、乙公司按照各自出资比例分享主体 A 的资产，分担主体 A 的成本、费用及负债。该国法律认可此项合同约定。

本例合营安排通过单独主体构建，单独主体的法律形式没有把单独主体资产的权利、负债的义务授予合营方，单独主体的法律形式表明该安排为合营企业。但是进一步进行综合分析，由于甲、乙公司及主体 A 之间的协议规定，甲、乙公司对主体的相关资产享有权利，并对相关负债承担义务，该协议也符合相关法律法规的规定。因此，该安排不应分类为合营企业，而是属于共同经营合营安排。

需要说明的是，有时，合营安排的某个参与方可能向第三方承诺一些事项，如合营安排参与方可能为合营安排提供担保；保证向第三方提供的服务将满足一定质量或性质要求；合营安排将偿还从第三方获取的资金；参与方在合营安排处于困境时向该安排提供支持。

合营方承担向合营安排支付认缴出资义务的，不视为合营方承担该安排相关负债。也不能仅凭合营方对合营安排提供债务担保，即将其视为合营方承担该安排相关负债。担保不是承担债务义务的决定性因素。因为担保所赋予担保人的并非是首要义务，而是对被担保人债务的次级义务。如果担保提供方在被担保人违约时须付款或履行责任，这可能表明相关事实和情况发生变化，这可能引起对该合营安排是否具有共同控制的重新评估。

（3）其他相关事实和情况的影响。

如果法律形式与合同安排均没有将合营安排的资产权利和负债义务授予合营安排的参与方，就应考虑其他事实和情况：包括合营安排的目的和实施计划，其与参与方的关系及其现金流的来源等。

确定合营安排类型时，需了解合营安排的目的和实施计划。如果合营安排同时具有以下特征，则表明该安排是共同经营：各参与方实质上有权利和义务享有接受由合营安排资产产生的几乎所有经济利益，从而承担了该经济利益的价格风险、存货风险、需求风险等相关风险，如合营安排所从事的活动主要是向合营方提供产出等；持续依赖于合营方清偿该安排活动产生的负债，并维持该安排的运营。

有时合营安排设立的主要目的是为参与方提供产品，参与方可能按照约定实质享有了合营安排所持资产几乎全部的经济利益，参与方根据相关合同或法律约定承担购买产出的义务，并通过阻止合营安排将其产品出售给其他第三方的方式来确保参与方能获得产品。这种安排产生的负债实质上是由参与方通过购买产品支付的现金流量进行偿还。如果参与方实质上是该安排持续经营和清偿债务所需现金流的唯一来源，就表明了参与方承担着与该安排相关的负债。因此，综合考虑了合营安排的其他相关事实和情况，表明参与方实质享有了合营安排所持资产几乎全部的经济利益，合营安排所产生的负债的清偿实质上也持续依赖于向参与方收取的产出的销售现金流，该合营安排实质属于共同经营。

需要说明的是，参与方在合营安排中的产出分配比例与表决权比例不同，并不影响对该安排是共同经营还是合营企业的判断；参与方将获得的合营安排产出份额用于生产经营还是对外出售，也并不影响对该安排是共同经营还是合营企业的判断。

如果合营安排单独主体自己承担了价格风险、存货风阶或需求风险，如合营安排有权自主决定销售价格和客户，参与方没有购买合营安排产品的义务。说明合营方并不直接享有和承担该合营安排的相关资产、负债。

【例6-27】从事汽车装配和销售业务的甲、乙公司，为保障正常装配过程中对汽车配件的供应并节约成本，甲、乙公司共同出资设立A公司，专门生产汽车配件，甲、乙公司各占A公司50%的股权，对A公司实施共同控制。

（1）A协议约定：①甲、乙公司均需按其持股比例购买A公司生产的所有产品，采购价格以原材料成本、加工毛利及利息支出之和为基础定价，以恰好弥补 A 公司的运营、筹资等成本费用；②除甲、乙公司外，A 公司不得将其产品出售给其他方；③甲、乙公司按出资比例享有 A 公司的净利润以及净资产；④甲、乙公司将从 A 公司购买的产品用于生产。

分析本例，成立 A 公司是为了向股东提供其所有产品。甲、乙公司有权利并且有义务购买 A 公司的全部产品，实质上获得了所有来自 A 公司资产的所有经济利益，同时 A 公司完全依赖甲、乙公司的采购款来维持其持续经营。甲、乙公司承担了 A 公司的负债。因此，该合营安排为共同经营。

（2）如果甲、乙公司不是按出资比例而是另外规定了产出分配比例，例如甲公司是行业龙头，甲公司获得 A 公司产出份额的 52%。乙公司希望与甲公司合作提高其在业界的知名度，乙公司同意仅获得 A 公司产出份额中的 48%。对于甲公司和乙公司的产出分配比例与表决权比例不同的情况，并不能影响甲、乙公司获得 A 公司几乎所有经济利益的判断。A 公司仍然属于共同经营。

（3）如果甲公司将其从 A 公司获得的产品没有用于生产过程，而是出售给第三方，乙公司仍然将从 A 公司获得的产出用于生产过程。无论参与方将从 A 公司获得的产品用于生产，还是对外出售，都不影响甲公司和乙公司获得 A 公司资产几乎所有经济利益的判断。A 公司仍然是共同经营。

（4）如果甲、乙公司修改了合资协议，仅规定甲、乙公司在同等价款及其他条件下有优先购买权，未规定甲、乙公司必须购买 A 公司生产的产品，并允许 A 公司出售产品给其他方，产品为行业适用产品，存在活跃市场。由于成立 A 公司并非是为股东提供其所有产品，A 公司并不依赖于甲、乙公司为其提供现全流以保证其持续运作，生产的产品又能以合理的市场价格对第三方出售，A 公司的经营风险由其自己承担。尽管甲、乙公司为 A 公司借款提供了担保，只说明甲、乙公司保障 A 公司筹资安排，仅代表一种筹资方式，该合营安排的实质是参与方享有该安排的净收益，因此该安排为合营企业。

需要说明的是，分析其他事实和情况时，当合营安排产生的负债的清偿持续依赖于合营方的支持，强调了参与方实质上是合营安排持续经营所需现金流的唯一来源，该安排为共同经营。

【例6－28】甲、乙两家房地产开发公司，共同成立一家从事项目管理的单独主体A，并投入一笔资金作为主体启动资金。主体A相关活动的决策需要甲、乙公司一致同意。主体A代表甲、乙公司建造商品房，并负责商品房的对外公开销售。假定法律形式使得主体A拥有与该安排相关的资产，并承担相关负债。主体A通过向银行借款来建造该商品房，商品房销售收入优先用于偿还银行债务，剩余利润按照出资比例由甲、乙公司进行分配。

由于甲、乙公司共同控制主体A，主体A是一项合营安排，而且是一项通过单独主体达成的合营安排。该合营安排的法律形式和合同条款都没有赋予各参与方享有或承担该主体的资产负债的权利与义务。同时，尽管甲、乙公司是主体A构建时唯一的现金流来源，但是，主体A建造的商品房对外销售，甲、乙公司并不购买这些商品房，主体A建造商品房的资金需要向外部借款，且甲、乙公司仅预期获取清偿负债后的净利润，因此，没有任何证据表明甲、乙公司对合营安排中的相关资产和负债分别享有权利和承担义务，该合营安排是合营企业。

各参与方有时可能设立了一个框架协议，规定参与方从事一项或多项活动应遵守的一般条款，并要求各参与方设立多项合营安排，分别完成构成框架协议组成部分的特定活动，使多项合营安排与框架协议保持关联，如果参与方在从事框架协议涉及的不同活动中具有不同的权利和义务，那么，设立的多项合营安排的类型也可以有不同的分类。因此，当参与方从事同一框架协议的不同活动时，共同经营和合营企业可能同时存在，需要根据不同情况分别判断各项合营安排的分类。

还需要说明的是，参与方判断其在合营安排中享有的权利和承担的义务，均是正常经营情况，有时遇到破产、清算的非正常经营时，法律权利和义务的相关性可能会降低。如，某合营安排通过合伙企业构建，相关合同约定赋予参与方在企业正常经营时享有该安排资产的权利和承担其负债的义务。但是企业清算阶段，参与方不享有该安排的全部资产，而只享有清偿第三方债务之后应分得的剩余资产。这时，该合营安排仍然可以分类为共同经营。因为在正常经营中，合伙人对合伙企业的资产和负债应享有权利和承担义务。

5. 共同经营和合营企业重新评估的判断

企业对合营安排是否拥有共同控制权，是判断合营安排是共同经营还是合营企业的关键，但是合营安排不是一劳永逸的，这需要进行持续性的判断评估。如果合营安排的情况发生变化，例如有时法律形式、合同相关条款情况发生变化，影响了原有的持股结构出现变化，导致某一个参与方控制了合营安排，可能从而改变了以往的安排不再是合营安排。对此《合营安排准则》第十三条规定，当相关事实和情况变化导致合营方在合营安排中享有的权利和承担的义务发生变化的，合营安排参与方就需要对合营安排的分类进行重新评估。评估后很可能改变原来的分类，即将原来的合营企业分类改成共同经营或者相反。

在进行重新评估判断时，应分别不同情况加以考虑：一是评估原合营方是否仍对该安排拥有共同控制权；二是评估合营安排的类型是否发生了变化。

【例 6－29】 假定一项合营安排原来的持股比例是：甲、乙、丙三家公司在合营安排中拥有的表决权分别为 50%，30% 和 20%。三方约定规定，相关活动的决策需要 75% 以上的表决权通过。因此，甲公司和乙公司是能够集体控制该安排的唯一组合，只有当甲、乙公司一致同意时，该安排的相关活动决策才能表决通过。因此甲、乙公司对合营安排具有共同控制权。

但是，之后合营安排发生了变化，源于甲公司通过现金方式收购了A公司60%的表决权股份，从而控制了A公司，而A公司又是乙公司的母公司。

由于甲公司收购了乙公司的母公司A的股权，通过直接控制A公司60%的表决权，而实际上间接控制了乙公司20%的表决权。因此导致甲公司通过直接加间接的方式，实际上持有了该安排80%的表决权股份，对该安排从之前的甲、乙公司共同控制状态变为了甲公司能够单独控制的情况。因此该安排重新评估后由合营安排变为了甲公司的子公司，会计处理方法也应作为长期股权投资按照成本法进行核算。

由于相关事实和情况发生变化，虽然依然属于合营安排，但可能会发生分类上的变化，可能由合营企业转变为共同经营，或者由共同经营转为合营企业。应根据具体事实和情况进行判断。例如，经重新协商，修订后的合营安排的合同条款约定参与方拥有对资产的权利，并承担对负债的义务，这种情况下，该安排的分类可能发生了变化，应重新评估该安排是否由合营企业转为共同经营。

需要说明的是，对于为完成不同活动而设立多项合营安排的一个框架性协议，企业应当分别确定各项合营安排的分类，这一规定体现在《合营安排准则》的第十四条。比如，框架协议由集团总部老总和另一个集团总部的老总协商后签署，该集团的下属单位是具体参与方，这个框架协议往往就涉及不同活动的，如果每个活动单独设立合营安排，企业必须分别确定各项合营安排，否则无法准确进行会计核算，甚至都无法进行具体的会计处理。

归纳合营安排的分类，应注意把握共同控制判断的要点：对共同控制的判断包括相关活动的识别、实质性权利的识别、实质控制的判断程序等；构成共同控制的参与方组合的界定原则要考虑集体控制与共同控制、重大影响的关系；还要特别关注争议解决机制的安排与参与方的其他权利以及暗含共同控制的情况。

三、合营安排的会计处理

（一）一般处理原则

合营安排的会计处理方法可以按照如下一般原则进行，如图6－4所示。

<table>
<tr><th></th><th>享有共同控制权的参与方（合营方）</th><th>不享有共同控制权的参与方（其他方）</th></tr>
<tr><td>共同经营</td><td>共同经营方确认其在安排中的直接权利和义务的份额，及其在这些共同产生的资产、负债和交易中的份额</td><td>遵照享有共同控制权的参与方的会计处理，或者若参与方不具有直接权利或义务，则遵照其他适用的准则</td></tr>
<tr><td rowspan="2">合营企业</td><td rowspan="2">按照权益法进行核算</td><td>当参与方对安排具有重大影响时：
按照权益法进行核算</td></tr>
<tr><td>当参与方对安排不具有重大影响时：
按照金融工具准则进行会计处理</td></tr>
</table>

图6－4　合营安排的会计处理概要图

（二）共同经营参与方的会计处理

1. 共同经营参与方会计处理的一般规定

《合营安排准则》第十五条规定，合营方应当确认其与共同经营中利益份额相关的下列项目，并按照相关企业会计准则的规定进行会计处理：

（1）确认单独所持有的资产，以及按其份额确认共同持有的资产；

（2）确认单独所承担的负债，以及按其份额确认共同承担的负债；

（3）确认出售其享有的共同经营产出份额所产生的收入；

（4）按其份额确认共同经营因出售产出所产生的收入；

（5）确认单独所发生的费用，以及按其份额确认共同经营发生的费用。

合营方可能将其自有资产用于共同经营，如果合营方保留了对这些资产的全部所有权或控制权，则这些资产的会计处理与合营方自有资产的会计处理并无差别。自己单独持有资产肯定是自己单独确认，不可能从参与方自己的账簿上转出去或者不将自己拥有产权或者控制的资产记录在自己的账本上。合营方也可能与其他合营方共同购买资产来投入共同经营，共同持有的资产按照份额确认，因为这个资产能够带来的未来经济利益，参与方只能按照对合营安排的份额确认。共同承担的共同经营负债，合营方也应当按照企业会计准则相关规定确认在这些负债中的利益份额。如按照《企业会计准则第4号——固定资产》来确认在相关固定资产中的利益份额，按照金融工具确认和计量准则来确认在相关金融资产和金融负债中的份额。

【例6-30】甲、乙公司均为建筑公司。甲、乙公司与政府签订了一项共同完成设计、建造两个城市间的一条道路的合同。合同明确规定：甲公司和乙公司各自的参与份额，双方共同控制该安排，合同安排的主要事项是向政府移交建造完成该道路。

为此甲、乙公司成立了一个单独主体A，通过A具体实施该安排。A代表甲公司和乙公司与政府签订合同，并向政府提供建造服务。此外，有关该安排的资产和负债由A持有。假定A的法律形式并不是A，主要是甲公司和乙公司拥有该安排的资产，并承担该安排的负债。

甲、乙公司还在合同中约定：①甲公司和乙公司根据其在该安排中的参与份额，分享该安排相关活动所需的全部资产的相应权利；②甲公司和乙公司根据其在该安排中的参与份额承担该安排的各项债务；③甲公司和乙公司根据其在该安排中的参与份额分享由该安排相关活动产生的损益。

分析本例，该安排通过单独主体达成，法律形式没有将参与方与单独主体分离开来，主体 A 持有的资产和负债是甲公司和乙公司的资产和负债。此外，甲公司和乙公司在合同中强调甲公司和乙公司拥有通过主体 A 实施安排的资产，并承担其负债。因此，该合营安排是共同经营。

甲公司和乙公司应当根据其约定的参与份额在各自的财务报表中确认主体 A 安排的资产（如应收账款及固定资产等）的份额，以及产生的负债（如对第三方的应付账款）的份额，还应确认通过主体 A 向政府提供建造服务产生的收入的份额，以及费用的份额。

【例 6－31】 假设共同经营生产出 400 个 A 产品，总成本为 1 000万元，如果按照协议，某参与方甲公司应分回 40% 的共同经营产品。本期甲公司分回的 A 产品应为 160 个，该产品在共同经营中的成本是 400 万元，甲公司将 A 产品以 500 万元销售后，应确认产品销售收入和结转产品销售成本同基本会计处理方法相同。

甲公司分回共同经营产品时的会计分录是：

借：库存商品——共同经营——A 产品　　4 000 000

　　贷：生产成本——共同经营——A 产品　　4 000 000

将 A 产品销售后确认产品销售收入和结转产品销售成本的会计处理：

借：银行存款等　　5 340 000

　　贷：主营业务收入　　5 000 000

　　　　应交税费——应交增值税（销项税额）　　340 000

借：主营业务成本　　4 000 000

　　贷：生产成本——共同经营——A 产品　　4 000 000

如果共同经营生产出的产品按合同规定是由合营安排销售的，

本期获得销售收入1 250万元，如果参与方甲公司对此应该享有的份额是40%，那么参与方甲公司应该确认500万元的收入。

借：银行存款等——共同经营 5 340 000

贷：主营业务收入——共同经营 5 000 000

应交税费——应交增值税（销项税额） 340 000

2. 通过单独主体达成共同经营的会计处理

共同经营通过单独主体达成的，合营方应确认按照上述原则单独所承担的负债，以及按本企业的份额确认共同承担的负债，但合营方对于因其他股东未按约定向合营安排提供资金时，按照我国相关法律或合同相关约定等规定，需承担连带责任的，在会计处理上从其规定，并遵循《企业会计准则第13号——或有事项》。

【例6-32】 甲、乙公司通过单独主体A公司共同达成一项合营安排，甲公司和乙公司享有A公司中资产权利并承担负债义务，A公司属于共同经营。因此，甲、乙公司就均应根据相关会计准则规定，对与A公司相关的资产权利和负债义务进行会计处理。根据合营安排A公司的合同条款规定，甲公司享有A公司资产中厂房相关的所有权利，并承担向第三方偿还与厂房相关负债的义务；甲公司和乙公司根据各自所占权益的50%比例，对A公司的所有其他资产享有权利，并对所有其他负债承担义务。A公司的资产负债表简表如表6-3所示。

表6-3 **A公司的资产负债表** 单位：万元

资产	金额	负债和权益	金额
货币资金	10	负债——与厂房相关的第三方负债	100
固定资产——厂房	100	其他负债	110
其他资产	180	权益	80
资产总额	290	负债和权益总额	290

甲公司在其财务报表中应当记录其与A公司资产和负债相关的

信息，如表 6－4 所示。

表 6－4　　甲公司资产负债表中反映的相关数据表　　单位：万元

资产	金额	负债和权益	金额
货币资金	5	负债——与厂房相关的第三方负债（2）	100
固定资产——厂房（1）	100	其他负债	55
其他资产	90	权益	40
资产总额	195	负债和权益总额	195

说明：（1）由于甲公司享有与 A 公司的厂房相关的所有权利，所以甲公司应记录该厂房的总金额；

（2）合同规定，甲公司承担向第三方偿还 A 公司与厂方相关的第三方负债的义务。

3. 共同经营参与方按照相关约定进行的会计处理

通常合同安排会描述所从事活动的性质，以及各参与方共同开展活动的方式。例如，合营安排各参与方同意共同生产产品，每一参与方负责特定任务，使用各自资产，承担各自负债。也可能合同安排规定了各参与方分享共同收入和分担共同费用的方式。在这种情况下，每一个合营方在其资产负债表上确认其用于完成特定任务的资产和负债，并根据相关约定确认相关的收入和费用份额。

当合营安排各参与方同意共同拥有和经营一项资产时，相关约定规定了各参与方对共同经营资产的权利，以及来自该项资产的收入或产出和相应的经营成本在各参与方之间分配的方式。每一个合营方对其在共同资产中的份额、同意承担的负债份额进行会计处理，并按照相关约定确认其在产出、收入和费用中的份额 。

【例 6－33】2013 年 1 月 1 日，甲、乙公司共同出资购买一幢办公楼，用于出租收取租金。合同约定，双方各拥有该办公楼 50% 的产权，相关活动的决策需要甲、乙公司一致同意方可作出。甲、乙公司的出资比例、收入分享和费用分担比例均为 50% 。

该办公楼买价为 9 000 万元，由甲、乙公司以银行存款支付，预计使用寿命20年，预计净残值为360万元，采用年限平均法按月计提折旧。办公楼租赁合同约定，租赁期限为10年，年租金600万元，按月交付。办公楼每月支付维修费3万元。另外，甲、乙公司约定，办公楼的后续维护和维修支出及相关任何资金需求，均由甲、乙公司按比例承担。假定甲、乙公司对投资性房地产均采用成本法进行后续计量，不考虑相关税费等其他因素影响。

分析本例，由于相关活动的决策需要甲、乙公司一致同意方可作出，甲、乙公司共同控制了该办公楼的购买和出租，属于一项合营安排，由于并未通过一个单独主体来架构，并约定了甲、乙公司享有该安排中资产和相应收入的权利、承担相应费用的责任等，因此该合营安排是共同经营。甲公司的相关会计处理如下：

（1）购买办公楼：

借：投资性房地产　（90 000 000×50%）45 000 000

　　贷：银行存款　45 000 000

（2）确认每月租金收入：

借：银行存款　（6 000 000×50%/12）250 000

　　贷：其他业务收入　250 000

（3）计提每月折旧：

借：其他业务成本

　（（90 000 000－3 600 000）/240×50%）180 000

　　贷：投资性房地产累计折旧　180 000

（4）支付维修费：

借：其他业务成本　（30 000×50%）15 000

　　贷：银行存款　15 000

4. 共同经营与合营方之间投资、出售及购买资产的会计处理

（1）合营方向共同经营投出、出售不构成业务的资产的会计处理。

出售给其他参与方的部分相当于卖给了其他方，这和某一个参与方独立销售产品给其他参与方一样，因此应该确认损益。至于没

有销售出去的归属于自己的份额，相当于自己卖给自己，因此属于资产的转移，不属于销售。因此《合营安排准则》第十六条规定，合营方向共同经营投出或出售资产等（该资产构成业务的除外），在该资产等由共同经营出售给第三方之前，应当仅确认因该交易产生的损益中归属于共同经营其他参与方的部分。投出或出售的资产发生符合《企业会计准则第 8 号——资产减值》等规定的资产减值损失的，合营方应当全额确认该损失。

这意味着合营方同共同经营之间的投出、出售的相关资产，在共同经营将该资产消耗之前或出售给第三方之前，由于未实现的内部利润仍包括在共同经营持有的资产账面价值中时，会计处理时应当仅确认归属于共同经营其他参与方的利得或损失。但是合营方对于其与共同经营之间交易资产表现的减值损失应全额确认。

（2）合营方从共同经营处购买不构成业务的资产的会计处理。

购买的资产属于其他参与方的部分，相当于从其他方独立购买商品，因此确认了这部分的损益。但是没有售出给第三方之前自己的份额，相当于自己买自己的资产，因此不产生损益。

构成业务的买卖行为，因为不需要售出给第三方，形成参与一方自己使用的构成业务的资产，因此除外。比如某一个参与方购买共同经营中形成的一组固定资产，构成业务，这组固定资产属于自己份额的部分相当于自己建造的固定资产，属于其他参与方份额的部分相当于从独立第三方购买固定资产，该参与方不能从这个业务中确认损益，而是按照共同经营中形成的资产的成本自己的份额加上其他参与方按照协议约定销售价格属于其他参与方的金额之和，作为购买这组固定资产的成本。

因此，《合营安排准则》第十七条规定，合营方从共同经营处购买资产等（该资产构成业务的除外），在将该资产等出售给第三方之前（即，未实现内部利润仍包括在合营方持有的资产账面价值中时，不应当确认因该交易产生的损益中该合营方应享有的部分），应当仅确认因该交易产生的损益中归属于共同经营其他参与方的部分。购入的资产发生符合《企业会计准则第8号——资产减值》等规定的资产减值损失的，合营方应当按其承担的份额确认该部分损失。

【例6-34】假定甲、乙公司共同设立一项A安排，该安排被划分为共同经营，甲、乙公司对于A安排的资产、负债及损益分别享有50%的份额。2013年12月31日，甲公司购入A安排的一批产品作为存货入账，支付采购价款（不含增值税）100万元，甲公司该批产品尚未对外出售。该项产品在A安排中的账面价值为60万元 。

分析看出，甲公司会计处理时，因上述交易A安排确认了40万元的收益。甲公司对该收益按份额应享有20万元（40×50%）。但由于在资产负债表日，该存货仍未向第三方出售，因此，该未实现内部损益20万元应当被抵消，相应减少存货的账面价值。

但是，对该收益乙公司享有的20万元（40×50%）部分金额应当予以确认，乙公司享有的20万元收益理应反映在甲公司存货的期末账面价值中。

当这类交易提供证据表明，购入的资产发生符合资产减值损失准则等规定的资产减值损失的，合营方应当按其承担的份额确认该部分损失。

5. 合营方取得构成业务的共同经营的利益份额的会计处理

合营方取得共同经营中的利益份额，且该共同经营构成业务的，应按照企业合并准则等相关准则规定进行相应的会计处理，但其他相关准则的规定不能与本准则的规定相冲突。

企业应当按照企业合并准则的相关规定判断该共同经营是否构成业务。该处理原则不仅适用于收购现有的构成业务的共同经营中的利益份额，也适用于与其他参与方一起设立共同经营，且由于有其他参与方注入既存业务，使共同经营设立时即构成业务。

【例6-35】乙、丙公司共同设立一项A安排，假定该安排构成一项业务，且属于共同经营。乙、丙公司对于A安排的资产、负债及损益分别享有50%的份额。甲公司（非关联方）于2013年12月31日购买了乙公司持有的全部A安排的利益份额，购买对价为200万元，交易费用10万元。甲公司所取得的单独持有的资产及共同持有的资产份额以及所单独承担的负债及共同承担的负债份额的公允价值如表6－5所示。

表6－5　资产负债简表　　单位：万元

资产	金额	负债	金额
货币资金	20	流动负债	30
固定资产	100	非流动负债	10
其他资产	80		
资产总额	200	负债总额	40

假定不考虑所得税，甲公司取得的该共同经营利益份额中可辨认净资产的公允价值为160万元，甲公司支付对价为200万元，甲公司应相应确认商誉40万元。

合营方增加其持有的一项构成业务的共同经营的利益份额时，如果合营方对该共同经营仍然是共同控制，合营方之前持有的共同经营的利益份额，不应按照新增投资日的公允价值重新计量。

（三）对共同经营不享有共同控制的参与方的会计处理原则

不享有共同控制的参与方虽然对共同经营没有控制权，但是这个“坐车”的公司，如果享有该共同经营相关资产且承担该共同经营相关负债，可以比照享有共同控制权的那些参与方同样的会计处理办法。否则，由于其和共同经营中产生的资产和负债没有关系，因此他从共同经营中购买的资产或者销售给共同经营的资产，和他的公司在正常经营中进行的采购或者销售行为一样的方法进行会计处理。那他意图几何呢？也许购买的比公允价值少一点，销售的比公允价值高一点，或者是扩大了销售量等情况，总之，要获得一些利益。

合营安排第十八条规定，对共同经营不享有共同控制的参与方（非合营方），如果享有该共同经营相关资产且承担该共同经营相关负债的，应当按照该准则的第十五条至第十七条的规定进行会计处理；否则，应当按照相关企业会计准则的规定进行会计处理。

1. 比照合营方进行会计处理

对共同经营不享有共同控制的参与方，如果享有该共同经营相关资产且承担该共同经营相关负债的，比照合营方进行会计处理。也就是说，共同经营的参与方，不论其是否具有共同控制，只要能享有共同经营相关资产的权利且承担共同经营相关负债的义务，对在共同经营中的利益份额采用与合营方相同的会计处理方法。

2. 按照相关准则规定进行会计处理

不符合上述条件的，共同经营非合营方，应当按照相关企业会计准则的规定对其利益份额进行会计处理。例如，如果该参与方对于合营安排的净资产享有权利并且具有重大影响，则按照长期股权投资准则等相关规定进行会计处理；如果该参与方对于合营安排的净资产享有权利并且无重大影响，则按照金融工具确认和计量相关规定进行会计处理；向共同经营投出构成业务的资产的，以及取得共同经营的利益份额的，则按照合并财务报表及企业合并等相关准则进行会计处理。

【例6-36】 甲、乙、丙三家公司共同设立合营安排A公司，表决权比例分别为45%、45%及10%。假设根据协议，甲公司、乙公司共同控制A公司，且该合营安排为共同经营，除上述外无其他需考虑的因素。

本例的甲、乙公司对合营安排具有共同控制权，而丙公司仅仅是A合营安排的参与方。假设丙公司对A公司的净资产享有权利，那么丙公司应当判断其持有的10%的表决权比例是否对合营安排具有重大影响，具有重大影响则按照长期股权投资准则进行会计处理；否则按金融工具确认和计量准则进行会计处理。

（四）合营企业参与方的会计处理

合营安排准则第十九和第二十条分别对合营企业的合营方以及非合营方的会计处理给出了规定，具体处理方法是：

1. 合营企业中的合营方应按照《企业会计准则第 2 号——长期股权投资》的规定对合营企业的投资采用权益法进行会计处理。

《企业会计准则第 2 号——长期股权投资》关于合营企业的相关部分规定如下：

长期股权投资，是指投资企业对被投资单位实施控制、共同控制、重大影响的权益性投资。在确定投资企业能否对被投资单位实施共同控制时，应当根据《企业会计准则第 40 号——合营安排》有关规定进行判断。投资企业对被投资单位具有共同控制的权益性投资，被投资单位为其合营企业。

关于涉及合营安排的《企业会计准则第 2 号——长期股权投资》权益法的相关规定如下：

投资企业能够对被投资单位具有共同控制或重大影响的股权投资，应当采用权益法核算，在编制个别财务报表和合并财务报表时也据此列报。

（1）长期股权投资的初始投资成本大于投资时应享有被投资单位可辨认净资产公允价值份额的，不调整长期股权投资的初始投资成本；长期股权投资的初始投资成本小于投资时应享有被投资单位可辨认净资产公允价值份额的，其差额应当计入当期损益，同时调整长期股权投资的成本。被投资单位可辨认净资产的公允价值，应当比照《企业会计准则第 20 号——企业合并》的有关规定确定。

（2）投资企业取得长期股权投资后，应当按照应享有或应分担的被投资单位实现的净损益的份额，确认投资损益并调整长期股权投资的账面价值；对于应享有被投资单位净损益以外的其他原因导致的净资产变动，其经济实质表明属于投资企业利得或损失的，应确认为其他综合收益。投资企业按照被投资单位宣告分派的利润或现金股利计算应分得的部分，相应减少长期股权投资的账面价值。

投资企业在确认应享有被投资单位净损益的份额时，应当以取得投资时被投资单位各项可辨认资产等的公允价值为基础，对被投资单位的净利润进行调整后确认。

被投资单位采用的会计政策及会计期间与投资企业不一致的，应当按照投资企业的会计政策及会计期间对被投资单位的财务报表进行调整，并据以确认投资损益和其他综合收益。

（3）投资企业确认被投资单位发生的净亏损，应当以长期股权投资的账面价值以及其他实质上构成对被投资单位净投资的长期权益减记至零为限，投资企业负有承担额外损失义务的除外。

被投资单位以后实现净利润的，投资企业在其收益分享额弥补未确认的亏损分担额后，恢复确认收益分享额。

（4）投资企业计算确认应享有或应分担被投资单位的净损益时，与被投资单位之间发生的未实现内部交易损益按照持股比例计算归属于投资企业的部分，应当予以抵消，在此基础上确认投资损益。投资企业对于纳入其合并范围的子公司与该投资企业的联营企业及合营企业之间发生的未实现内部交易损益，也应当按照上述原则进行抵消，在此基础上确认投资损益。

投资企业与被投资单位发生的未实现内部交易损失，按照《企业会计准则第8号——资产减值》等规定属于资产减值损失的，应当全额确认。

（5）投资企业因追加投资等原因能够对被投资单位实施重大影响或共同控制但不构成控制的，应当改按权益法核算，并按照《企业会计准则第22号——金融工具的确认和计量》确定的股权投资账面价值加上新增投资成本之和作为权益法核算的初始投资成本，原持有的权益性投资分类为可供出售金融资产的，计入其他综合收益的累计公允价值变动应转入当期损益；在编制个别财务报表和合并财务报表时按照以上规定列报。

2. 对合营企业不享有共同控制的参与方，即非合营方，应当根据其对该合营企业的影响程度进行相应的会计处理：

（1）对该合营企业具有重大影响的，应当按照《企业会计准则第 2 号——长期股权投资》规定的权益法进行会计处理。

（2）对该合营企业不具有重大影响的，应当按照《企业会计准则第 22 号——金融工具确认和计量》规定的交易性金融资产和可供出售金融资产采用公允价值计量进行相应的会计处理。

需要注意的是，在合营安排第四条中还规定了合营方在合营安排中权益的披露，应适用《企业会计准则第 41 号——在其他主体中权益的披露》。

四、新准则的影响与应对

合营安排新准则在结合我国实际，充分吸收和借鉴 IFRS 11 的最新成果基础上，重新界定共同控制和分类认定，这是理性的选择，准则颁布的意义在于其丰富完善了我国会计准则体系，它的颁布基本实现了与国际会计准则的同步协调与趋同，为实现我国会计准则同其他国家和地区会计准则的等效认可奠定了基础，进一步增强了会计信息的相关性，有助于财务报表使用者评估企业的相关风险及对企业财务状况、经营业绩和现金流量的影响。应用指南的出台也有利于提高本准则的操作性和实用性。

（一）新准则的影响

合营安排新准则对实务的影响主要体现在其合营安排分类的会计处理方面。即我国为趋同 IFRS11 的相同规定，将合营安排分为共同经营和合营企业两类，并要求首次执行的企业应当对其合营安排进行重新评估。对新准则这一项规定的影响，有两个不同角度的理解。

1. 新准则并不会加重企业合营安排分类认定的负担

合营安排分为共同经营和合营企业两类并不会加重企业负担，主要理由为：

（1）合营安排准则发布前，并没有给出共同经营这个概念，而是相应地在其他准则中使用的是共同控制资产和共同控制经营这两个概念。然而，实务中有时会同时存在共同控制经营和共同控制资产的构成要素，难以区分一项安排到底是应当被归为共同控制经营，还是被归为共同控制资产。并且，这两类安排的会计处理原则上是相同的。现在按照本准则规定，原共同控制经营和共同控制资产被归为共同经营一类，企业实务中的判断自然得到了适当简化。

（2）按照新准则规定，原合营企业有可能被重新分类为共同经营，这一重分类更加符合会计上实质重于形式的要求，但其主要涉及的是重新认定的问题，核算上的追溯调整，并不是新的规定，不会加重企业合营安排分类认定的负担。

2. 追溯调整合营企业被重新分类为共同经营，实务操作有一定的复杂性

值得一提的是，新准则规定在判断合营企业时，应当从合营安排中各方的权利和义务这一经济实质出发，而不是仅依据是否通过单独主体达成进行判断。按照新准则中合营安排的规定，原先被分类认定为合营企业的，可能被重新分类认定为共同经营，尽管这更加符合经济实质，但在一定程度上增加了实务操作难度。好在应用指南中给出了相应的解释。

（二）新准则影响的应对

在企业实务中，在对一项安排进行重新评估时，原共同控制经营或共同控制资产由于不存在单独主体，只要符合合营安排的定义，即可以被划分为共同经营，而不会被重新分类为合营企业。

但是，新准则要求首次执行的企业应当对其合营安排进行重新评估，对于原先被划分为合营企业的合营安排，在对合营方在合营安排中利益份额所享有的权利和承担的义务进行判断后，可能会被重新分类为共同经营。由于分类认定的变化导致会计处理方法改变的，应当进行追溯调整。即：合营方从权益法核算转变为对相关资产和负债进行会计处理。

追溯调整时，合营方应当基于应用权益法时所使用的信息，确

认与其在共同经营中的权益相关的每一项资产（包括产生的商誉）和负债的账面金额，而不是要求合营方在过渡日重新计量其在资产和负债中的份额。

所确认的资产和负债净额（前者），在金额上有可能会不同于被终止确认的长期股权投资以及其他实质上构成对合营企业净投资的长期权益的账面金额（后者）的金额。具体情形分两种：

1. 前者高于后者

如果合营方以前对合营企业的长期股权投资计提了减值，由于减值损失不会分配到任何构成长期股权投资账面金额的各项资产，因此，前者就会高于后者。

2. 前者低于后者

如果合营方对于该项合营安排中的某项资产拥有的权益份额小于其权益份额，则前者可能就会低于后者。

对于不同情况如何进行会汁处理，新准则及应用指南作出了规范。对此的相应规定是：前者大于后者的，其差额应当首先抵减与该投资相关的商誉，仍有余额的，再调增比较财务报表最早期间的期初留存收益；前者小于后者的，其差额应当冲减比较财务报表最早期间的期初留存收益。

同时，为便于会计信息使用者理解，新准则在应用指南中对原合营企业重分类为共同经营的情况提供了详细的解释和举例。

五、案例分析及操作练习

（一）案例分析（产品共同制造和配送）

1. 案例介绍

甲企业和乙企业共同参与签订了一份战略性和经营性的框架协议，就产品共同制造和配送的相关事宜进行合营安排，协议约定了共同生产和配送 A 产品的条款，参与方同意通过签订合营安排进行生产和配送活动，生产活动和配送活动具体安排包括：

（1）生产活动安排方面的协议。

①参与方同意通过合营安排（即制造安排）进行生产活动。该制造安排通过一个单独主体（主体丙企业）进行构造，该主体的法律形式使其在自身立场上考虑问题（即主体丙企业持有的资产和负债是其自身的资产和负债，不是参与方的资产和负债）。

②根据该框架协议，参与方承诺按照其在主体丙企业中的所有者权益购买根据制造安排生产的所有A产品。

③参与方随后向另一个由其共同控制的安排出售这些A产品，并按照以下描述对A产品进行配送。

④处理甲和乙之间制造活动的框架协议和合同安排都没有表明参与方拥有与制造活动相关的资产权利和负债义务。

（2）配送活动安排事项方面的协议。

①参与方同意通过合营安排（即配送安排）进行配送活动。该配送安排通过一个单独主体（主体丁企业）进行构造，该主体的法律形式使其在自身立场上考虑问题（即主体丁企业持有的资产和负债是其自身的资产和负债，不是参与方的资产和负债）。

②根据该框架协议，配送安排按照不同市场需求从参与方订购A产品，在这些市场上配送安排销售这些产品。

③处理甲和乙之间配送活动的框架协议和合同安排都没有表明参与方拥有与配送活动相关的资产权利和负债义务。

（3）框架协议其他规定。

①制造安排将生产A产品，以满足配送安排对参与方设定的A产品的需求。

②关于制造安排向参与方销售A产品的相关商业条款。制造安排将根据甲和乙同意的价格向参与方销售A产品，以收回所有发生的生产成本。随后，参与方以甲和乙同意的价格向配送安排销售该产品。

③制造安排可能出现的任何现金短缺，都将由参与方根据其在主体丙企业中的所有者权益进行出资。

2. 案例分析

（1）制造合营安排分类分析。

合营安排框架协议设定了参与方甲企业和乙企业制造和配送 A 产品的条款。参与方通过主体丙企业执行制造安排，主体丙企业的法律形式区分了参与方和该主体。处理制造活动的框架协议和合同安排都没有表明参与方拥有与制造活动相关的资产权利和负债义务。然而，考虑以下事实，参与方的制造安排应属共同经营：

①参与方承诺购买根据制造安排生产的所有 A 产品。因此，参与方实质上拥有与该安排相关的资产的所有经济利益。

②制造生产 A 产品，以满足参与方的数量和质量要求，从而实现配送安排对 A 产品的需求。参与方对现金流承诺当制造安排发生任何现金短缺时提供资金，这表明参与方对制造安排的负债承担义务，因为这些负债通过参与方购买 A 产品进行清偿或直接由参与方提供资金。

（2）配送合营安排分类分析。

参与方通过主体丁企业进行配送活动，主体丁企业的法律形式区分了参与方和该主体。此外，处理配送活动的框架协议和合同安排都没有表明参与方拥有与配送活动相关的资产权利和负债义务。

有其他事实和情形表明参与方实质上拥有与该安排相关资产的所有经济利益，参与方承担与该安排相关的负债义务。该合营安排是合营企业。

甲和乙根据其在主体丙企业中的所有者权益，各自在财务报表中确认由制造安排产生的资产（例如，不动产、厂房和设备，现金）的份额和负债（例如，对第三方的应付账款）的份额。各参与方也确认由制造安排产生的生产 A 产品费用份额，以及销售 A 产品给配送安排相关的收入份额。

参与方将其在配送安排中对净资产的权利确认为投资，并以权益法进行会计处理。

（3）案例变动。

假设参与方同意上述制造安排不仅负责A产品的生产，还负责向第三方客户配送。参与方也同意建立与上述配送安排相似的专门配送A产品的配送安排，以帮助将A产品配送至其他特定市场。

制造安排也直接向配送安排销售A产品。配送安排没有承诺购买或者保留规定比例的制造安排产量。

分析结论：

①上述变动既不影响从事制造活动的单独主体的法律形式，也不影响参与方对制造活动相关的资产权利和负债义务的合同条款。然而，它使得制造安排成为一项自我融资的安排，因为它能出于自身利益的考虑与第三方客户进行交易并配送A产品，因此，自己负责需求、存货和信用风险。尽管制造安排还可以向配送安排销售A产品，在这种情况下，制造安排不依赖于那些能够在持续的基础上执行其活动的参与方。如果这样，该制造安排就是合营企业。

②上述变动没有影响到该配送安排分类为合营企业。

③参与方将其在制造安排中对净资产的权利和在配送安排中的对净资产的权利确认为投资，并以权益法进行会计处理。

（二）操作练习

1. 为了规范合营安排的认定、分类以及各参与方在合营安排中权益等的会计处理，根据(　　)，制定了《企业会计准则第40号——合营安排》。

A. 企业会计准则——基本准则

B. 企业会计准则——具体准则

C. 中华人民共和国企业会计法

D. 中华人民共和国企业会计准则

正确答案：A

2. 投资企业能够对被投资单位施加重大影响的，被投资单位为其(　　)。

A. 共同经营　　　　B. 合营企业

C. 联营企业　　　　　　　　D. 联营经营

正确答案：C

3. 合营安排，是指一项由(　　)的安排。

A. 两个以上的参与方共同控制

B. 两个或两个以上的参与方共同控制

C. 两个或两个以上的参与方分别控制

D. 两个以上的参与方分别控制

正确答案：B

4. 《企业会计准则第 40 号——合营安排》，自(　　)起在所有执行企业会计准则的企业范围内施行，鼓励在境外上市的企业提前执行。

A. 2013 年 7 月 1 日　　　　B. 2013 年 12 月 1 日

C. 2014 年 7 月 1 日　　　　D. 2014 年 12 月 1 日

正确答案：C

5. 合营方在合营安排中权益的披露，适用(　　)。

A. 《企业会计准则第 30 号——财务报表列报》

B. 《企业会计准则第 32 号——中期财务报告》

C. 《企业会计准则第 40 号——合营安排》

D. 《企业会计准则第 41 号——在其他主体中权益的披露》

正确答案：D

6. 共同控制，是指按照相关约定对某项安排所共有的控制，并且该安排的相关活动必须经过分享控制权的(　　)同意后才能决策。

A. 任意参与方　　　　B. 所有参与方

C. 超过 2/3 参与方　　　　D. 超过一半参与方

正确答案：B

7. 购入的资产发生符合(　　)等规定的资产减值损失的，合营方应当按其承担的份额确认该部分损失。

A. 企业会计准则第 8 号——资产减值

B. 企业会计准则第12号——债务重组

C. 企业会计准则第23号——金融资产转移

D. 企业会计准则第40号——合营安排

正确答案：A

8.《企业会计准则第40号——合营安排》所称相关活动，是指(　　)的活动。

A. 对某项安排的回报产生重大影响

B. 任意与某项安排有关

C. 所有与某项安排有关

D. 所有对某项安排的回报产生影响

正确答案：A

9. 如果所有参与方或一组参与方(　　)决定某项安排的相关活动，则称所有参与方或一组参与方集体控制该安排。

A. 任意一方就能　　B. 必须一致行动才能

C. 超过半数方就能　　D. 超过2/3方能

正确答案：B

10. 如果存在(　　)参与方组合能够集体控制某项安排的，不构成共同控制。

A. 两个　　B. 两个以上

C. 两个或两个以上　　D. 任意

正确答案：C

11. (　　)是指合营方享有该安排相关资产且承担该安排相关负债的合营安排。

A. 合营企业　　B. 共同经营

C. 合营经营　　D. 共同企业

正确答案：B

12. (　　)是指合营方仅对该安排的净资产享有权利的合营安排。

A. 合营企业　　B. 共同经营

C. 合营经营　　　　　　　　D. 共同企业

正确答案：A

13. 合营方自共同经营购买资产等（该资产构成业务的除外），在将该资产等出售给第三方之前，应当仅确认因该交易产生的损益中归属于(　　)其他参与方的部分。

A. 合营企业　　　　　　　　B. 共同经营

C. 合营经营　　　　　　　　D. 共同企业

正确答案：B

14. 合营方应当根据其在合营安排中(　　)确定合营安排的分类。

A. 享有的权利和承担的义务　B. 享有的权利

C. 承担的义务　　　　　　　D. 享有的权利或承担的义务

正确答案：A

15. 合营方承担向合营安排支付认缴出资义务的，(　　)。

A. 视为合营方承担该安排相关负债

B. 不视为合营方承担该安排相关负债

C. 视为合营方承担该安排出资义务

D. 不视为合营方承担该安排出资义务

正确答案：B

16. 投出或出售的资产发生符合(　　)规定的资产减值损失的，合营方应当全额确认该损失。

A. 企业会计准则第 7 号——非货币性资产交换

B. 企业会计准则第 8 号——资产减值

C. 企业会计准则第 23 号——金融资产转移

D. 企业会计准则第 40 号——合营安排

正确答案：B

17. 合营方应当按照(　　)的规定对合营企业的投资进行会计处理。

A. 企业会计准则第 2 号——长期股权投资

B. 企业会计准则第7号——非货币性资产交换

C. 企业会计准则第12号——债务重组

D. 企业会计准则第40号——合营安排

正确答案：A

18. 对合营企业不享有共同控制的参与方应当根据其对该合营企业的影响程度进行会计处理：应当按照(　　)的规定进行会计处理。

A. 企业会计准则第2号——长期股权投资

B. 企业会计准则第7号——非货币性资产交换

C. 企业会计准则第22号——金融工具确认和计量

D. 企业会计准则第40号——合营安排

正确答案：C

19. 对合营企业不享有共同控制的参与方应当根据其对该合营企业的影响程度进行会计处理：对该合营企业具有重大影响的，应当按照(　　)的规定进行会计处理。

A. 企业会计准则第2号——长期股权投资

B. 企业会计准则第7号——非货币性资产交换

C. 企业会计准则第12号——债务重组

D. 企业会计准则第40号——合营安排

正确答案：A

20. 合营安排，是指一项由两个以上的参与方共同控制的安排。

A. 对　　　　B. 错

正确答案：B

21. 《企业会计准则第40号——合营安排》强调共同控制，任何一方都有否决权。

A. 对　　　　B. 错

正确答案：A

22. 投资企业能够对被投资单位施加重大影响的，被投资单位为其合营企业。不是合营安排即共同经营或者联营企业。

A. 对　　B. 错

正确答案：B

23. 合营安排要求所有参与方都对该安排实施共同控制。

A. 对　　B. 错

正确答案：B

24. 合营安排参与方既包括对合营安排享有共同控制的参与方（即合营方），也包括对合营安排不享有共同控制的参与方。

A. 对　　B. 错

正确答案：A

25. 在判断是否存在共同控制时，应当首先判断该安排相关活动的决策是否必须经过这些集体控制该安排的参与方一致同意，其次再判断所有参与方或参与方组合是否集体控制该安排。

A. 对　　B. 错

正确答案：B

26. 仅享有保护性权利的参与方不享有共同控制。

A. 对　　B. 错

正确答案：A

27. 通过单独主体达成的合营安排，应当划分为共同经营。

A. 对　　B. 错

正确答案：B

28. 合营方对合营安排提供债务担保即将其视为合营方承担该安排相关负债。

A. 对　　B. 错

正确答案：B

29. 相关事实和情况变化导致合营方在合营安排中享有的权利和承担的义务发生变化的，合营方应当对合营安排的分类进行重新评估。

A. 对　　B. 错

正确答案：A

30. 假定一项安排涉及三方：A 公司、B 公司、C 公司在该安排中拥有的表决权分别为 50%，30% 和 20%。A 公司、B 公司、C 公司之间的相关约定规定，75% 以上的表决权即可对安排的相关活动作出决策。

请判断是否存在集体控制？

31. 假定一项安排涉及三方：A 公司在该安排中拥有 50% 的表决权，B 公司和 C 公司各拥有 25% 的表决权。A 公司、B 公司、C 公司之间的相关约定规定，对安排的相关活动作出决策至少需要 75% 的表决权。

请判断是否存在共同控制？

32. A 公司、B 公司、C 公司、D 公司各持有甲公司 25% 的表决权。甲公司的最高权力机构为股东会，所有重大事项由代表 60% 以上表决权的股东通过即可。

请问能否判断为共同控制？

33. A 公司与 B 公司各持有 C 公司 50% 的股权。根据 C 公司的章程以及 A 公司、B 公司之间签订的合资协议，C 公司的最高权力机构为股东会。所有重大事项均须 A 公司、B 公司派出的股东代表一致表决通过。如若双方经过合理充分协商仍无法达成一致意见时，A 公司股东代表享有“一票通过权”，即最终以 A 公司的股东代表的意见为最终方案。

请问能否判断为共同控制？

34. A 公司与 B 公司各持有 C 公司 50% 的股权，C 公司的主要经营活动为家用电器、电子产品及配件等的连锁销售和服务。根据 C 公司的章程以及 A 公司、B 公司之间签订的合资协议，C 公司的最高权力机构为股东会。所有重大事项均须 A 公司、B 公司派出的股东代表一致表决通过。如若双方经过合理充分协商仍无法达成一致意见时，A 公司并不享有“一票通过权”而是持有购买 B 公司持有的 C 公司全部 50% 股权的期权。当 A 公司、B 公司双方经过合理充分协商仍无法达成一致意见时，A 公司就可以随时行使该期权。期权的行权价格以行权时点 C 公司股权的公允价值为依据确定。

请问能否判断为共同控制？

35. A 公司、B 公司、C 公司签订了一份合同，设立某法人主体并进行相应的业务活动。合同中规定，A 公司、B 公司一致同意即可主导该主体的所有相关活动，并不需要 C 公司也表示同意，但 C 公司具有对该主体发行债务或权益工具的否决权。

请问 C 公司能否实施共同控制？

36. 假设 A 公司、B 公司、C 公司、D 公司分别持有甲公司 40%、30%、20% 和 10% 的股权，甲公司的所有重大事项由代表 95% 以上表决权的股东通过即可。

请问能否判断为共同控制？

37. A 公司、B 公司、C 公司对甲公司的持股比例分别为 30%、21% 及 49%。甲公司的主要经营活动为码头货物的装卸、仓储及场地租赁服务、其最高权力机构为股东会，所有重大事项由过半数以上表决权的股东通过即可。

（1）假设 A 公司、B 公司签订了一致行动协议，约定对 C 公司的重大事项进行表决时，A 公司、B 公司均应一致行动。

（2）假设 A 公司、B 公司签订了一致行动协议，对 C 公司的重大事项进行表决时，B 公司充分尊重 A 公司的意愿，如果双方意见不一致的，B 公司将按照 A 公司的意见行使表决权。

请判断是否符合合营安排的认定条件？

第七讲　企业会计准则第 41 号——在其他主体中权益的披露

一、新准则的衔接

本准则自 2014 年 7 月 1 日起在所有执行企业会计准则的企业范围内施行。

企业比较财务报表中披露的本准则施行日之前的信息与本准则要求不一致的，应当按照本准则的规定进行调整，但有关未纳入合并财务报表范围的结构化主体的披露要求除外。

本准则这一衔接规定表明有两个过渡事项需要注意：一是比较数据的披露需要调整；二是未纳入合并财务报表范围的结构化主体可以豁免调整。

二、在其他主体中权益披露最新规定

本准则的主要结构有 7 章。第 1 章是总则，主要规范本准则的目标、相关定义和使用范围；第 2 章是重大判断和假设的披露要求；第 3 章、第 4 章和第 5 章是对不同权益的披露要求，分别为在子公司中权益的披露要求、在合营安排或联营企业中权益的披露，以及在未纳入合并财务报表范围的结构化主体中权益的披露；第 6 章和第 7 章分别为衔接规定和附则。本讲重点讲解本准则的前 5 章相关规定和要求。

（一）总则

总则主要规范本准则的目标、相关定义和使用范围。

1. 目标和披露原则

（1）披露目标：企业披露的在其他主体中权益的信息，应当有助于财务报表使用者评估企业在其他主体中权益的性质和相关风险，以及该权益对企业财务状况、经营成果和现金流量的影响。

按照本准则要求披露的信息，应当能够使财务报表使用者更好地了解下列内容：企业在确定能够对其他主体实施控制、共同控制或重大影响时所作的重大判断和假设；企业集团的少数股东权益对企业集团业务活动和现金流量的影响。

同时，按照本准则要求披露的信息也有助于财务报表使用者对下列情形进行评估：使用企业集团资产和清偿企业集团债务存在重大限制的，该重大限制的性质和程度；企业存在纳入合并财务报表范围的结构化主体的，与企业在该主体中的权益相关的风险；企业在未纳入合并财务报表范围的结构化主体中有权益的，该权益的性质和风险；企业在合营安排或联营企业中的权益的性质和风险；企业在其子公司所有者权益份额发生变化的，该变化的财务影响。

（2）披露原则。企业应当应用重要性原则，从定性和定量两方面综合考虑各项权益的风险特征和回报特征，判断各项信息披露的详细程度。对企业或企业集团而言重要的权益，需要单独且详尽地披露；对企业或企业集团而言重要性程度不足以单独披露的权益，可以汇总披露。对汇总披露的信息，企业需要明确分类汇总的依据，例如，按照其他主体的业务性质、所在行业，以及所在国家和地区等进行分类。

2. 相关定义

“在其他主体中的权益”和“结构化主体”是本准则两个重要的概念。

（1）“在其他主体中的权益”的定义。本准则所指的在其他主体中的权益，是指通过合同或其他形式能够使企业参与其他主体的相关活动并因此享有可变回报的权益。

其中,“其他主体”包括企业的子公司、合营安排(包括共同经营和合营企业)、联营企业、未纳入合并财务报表范围的结构化主体。

“权益”是指能够参与其他主体的相关活动并享有可变回报的。《企业会计准则第33号——合并财务报表》对“相关活动”和“可变回报”进行了界定。相关活动是指对被投资方的回报产生重大影响的活动。可变回报是指投资方自被投资方取得的回报可能会随着被投资方业务而变动。根据上述定义,企业因其在其他主体中的权益承受了其他主体经营业绩变动的风险。

参与方式,包括持有其他主体的股权、债权,或向其他主体提供资金、流动性支持、信用增级和担保等。企业通过这些参与方式实现对其他主体的控制、共同影响或重大影响。这一规定表明,参与方式不仅仅限于股权,还包含股权以外的其他方式。

(2)“结构化主体”的定义与特征。结构化主体,是指在确定其控制方时没有将表决权或类似权利作为决定因素而设计的主体。通常情况下,结构化主体在合同约定的范围内开展业务活动,表决权或类似权力仅与行政管理事务相关。结构化主体包括证券化工具、资产支持融资、部分投资基金等,如余额宝。

【例7-1】结构化主体运作模式举例——以余额宝为例。余额宝本质是一种投资通道。用户首先将现金存入余额宝,余额宝然后按与银行协定利率将将大部分集资存入银行,银行之后将利息返还给余额宝,余额宝最后向用户返还高额的利息。据了解,余额宝将90%以上的资产投资了银行的协议存款,6.7%的资产用于债券投资。具体运作模式如图7-1所示。

在判断某一主体是否为结构化主体,以及判断该主体与企业的关系时,应当综合考虑结构化主体的定义和特征。一般而言,结构化主体通常具有下列部分或全部特征:

①业务活动范围受限。通常情况下,结构化主体在合同约定的

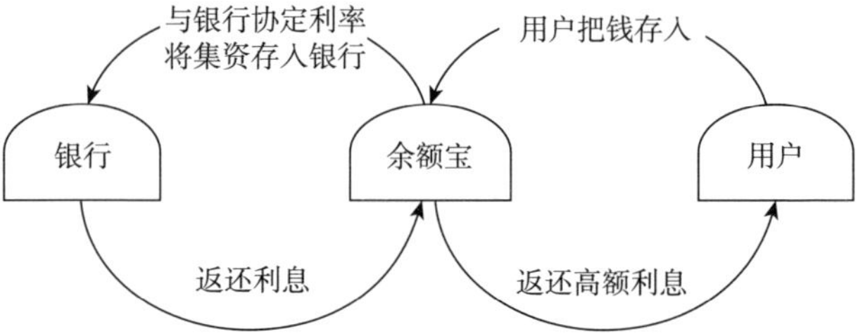

图 7-1　余额宝运作模式

范围内开展业务活动，业务活动范围受到了限制。例如，从事信贷资产证券化业务的结构化主体，在发行资产支持证券募集资金和购买信贷资产后，根据相关合同，其业务活动是将来源于信贷资产的现金向资产支持证券投资者分配收益。

②有具体明确的目的，而且目的比较单一。结构化主体通常是为了特殊目的而设立的主体。例如，有的企业发起结构化主体是为了将企业的资产转让给结构化主体以迅速回收资产，并改变资产结构来满足资产负债管理的需要；有的企业发起结构化主体是为了满足客户特定的投资需求，吸引到更多的客户；还有的企业发起结构化主体是为了专门从事研究开发活动，或开展租赁业务等。

③资本金（如有）不足以支撑其业务活动，必须依靠其他次级财务支持。次级财务支持是指承受结构化主体部分或全部预计损失的可变权益，其中的“次级”代表受偿顺序在后。股本本身就是一种次级财务支持，其他次级财务支持包括次级债券、对承担损失作出的承诺或担保义务等。通常情况下，结构化主体的股本占资产规模的份额较小，甚至没有股本。当股本很少或没有股本，不足以支撑结构化主体的业务活动时，通常需要依靠其他次级财务支持来为结构化主体注入资金，支撑结构化主体的业务活动。

④通过向投资者发行不同等级的证券（分级产品）等金融工具进行融资，不同等级的证券，信用及其他风险的集中程度也不同。例如，以发行分级产品的方式融资是对各级产品的收益权进行了分

层配置。购买优先级的投资者享有优先受益权，购买次级的投资者享有次级收益权。投资期满后，投资收益在逐级保证受益人本金、预期收益及相关费用后的余额归购买次级的投资者，如果出现投资损失，先由购买次级的投资者承担。由于不同等级的证券具有不同的信用风险、利率风险或流动性风险，发行分级产品可以满足不同风险偏好投资者的投资需求。

值得一提的是，结构化主体不需要同时满足以上所有特征，具备上述部分或全部特征的主体均可以称为结构化主体。

3. 适用范围

本准则适用于企业在子公司、合营安排（包括共同经营和合营企业）、联营企业和未纳入合并财务报表范围的结构化主体中权益的披露。一般而言，明确了其他主体，也就大致明确了本准则的适用范围了。

需要说明的是，一是如果企业持有权益的合营企业或联营企业本身就是一个结构化主体，则需要同时满足对联营企业/合营企业和结构化主体的披露要求；二是企业同时提供合并财务报表和母公司个别财务报表的，已经在合并财务报表附注中披露本准则要求的信息，不需要在母公司个别财务报表附注中重复披露相关信息。这一规定主要是为了避免重复披露。但要注意的是，该规定是指相同信息不需要重复披露，各个报表特有的信息还需要在各自报表上进行相应的披露。

值得注意的是，下列各项的披露适用其他相关会计准则：

（1）离职后福利计划或其他长期职工福利计划，其信息披露适用《企业会计准则第 9 号——职工薪酬》。即使有些离职后福利计划通过结构化主体开展相关活动，其信息披露也不适用本准则，而适用《企业会计准则第 9 号——职工薪酬》。

（2）企业在其参与的但不享有共同控制的合营安排中的权益，适用《企业会计准则第 37 号——金融工具列报》。但是，企业对该合营安排具有重大影响或该合营安排是结构化主体的，适用本准则。企业作为对合营安排不享有共同控制的参与方，对其在合营安排中的权益的披露，分以下几种情况：①企业对合营安排不享有共同控制，但具有重大影响的，应当适用本准则；②企业对合营安排不享有共同控制也不具有重大影响，但合营安排是结构化主体的，在遵循《企业会计准则第37号——金融工具列报》相关要求的同时，还应当遵循本准则关于未纳入合并财务报表范围的结构化主体的披露要求；③企业对合营安排不享有共同控制也不具有重大影响，且合营安排不是结构化主体的，应当适用《企业会计准则第37号——金融工具列报》的相关要求。

为了更直接明了地判断合营安排主体的适用情况，详见图7－2所示的流程图。

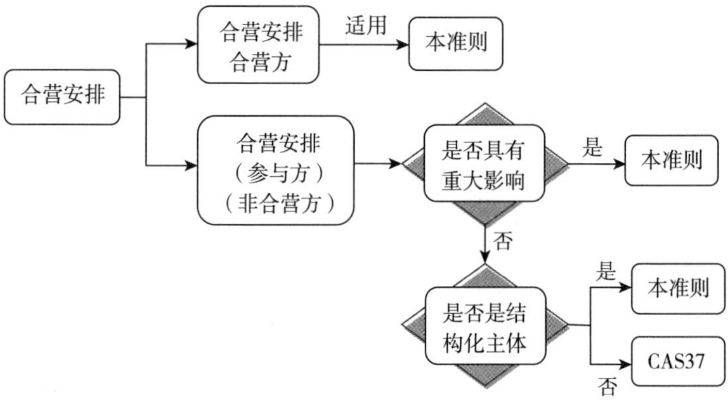

图7－2 适用本准则的合营安排情形

（3）企业持有的由《企业会计准则第22号——金融工具确认和计量》规范的在其他主体中的权益，适用《企业会计准则第37号——金融工具列报》。但是，企业在未纳入合并财务报表范围的结构化主体中的权益，以及根据其他相关会计准则以公允价值计量且其变动计入当期损益的在联营企业或合营企业中的额权益，适用本准则。根据《企业会计准则第2号——长期股权投资》等准则，部分股权投资可以按照《企业会计准则第22号——金融工具确认和计量》进行会计处理。由于会计处理方法的选择权并不改变权益的性质，所以对于这部分权益（包括在未纳入合并财务报表范围的结构化主体中的权益，以及以公允价值计量且其变动计入当期损益的在联营企业或合营企业中的权益），应当在遵循《企业会计准则第22号——金融工具确认和计量》相关要求的同时，遵循本准则的相关披露要求。

综上所述，本准则的适用范围可以概括如表7－1所示。

表7－1　　本准则的适用范围

适用主体	适用情况
子公司	适用。同时披露合并财务报表和母公司个别财务报表的，母公司个别财务报表不用重复披露
合营安排（包括共同经营和合营企业）	合营安排的合营方适用本准则； 合营安排的参与方（非合营方）则需要判断其是否对该合营安排具有重大影响，若具有重大影响则适用本准则，若不具有重大影响但该合营安排为结构化主体的也适用
联营企业	适用。采用公允价计量且其变动计入当期损益的在联营企业中的权益也适用
未纳入合并财务报表范围的结构化主体	适用

合营安排和联营企业适用情况的特别强调事项表明，会计方法、计量属性不能够改变权益的性质，只要属于在其他主体中的权益，则应当按照本准则的相关要求作出相应的披露。

（二）关于重大判断和假设的披露

1. 对控制、共同控制、重大影响的判断

企业应当披露对其他主体实施控制、共同控制或重大影响的重大判断和假设，以及这些判断和假设变更的情况。

企业在其他主体中持有权益的，应当判断通过持有该权益能否对其他主体实施控制、共同控制或重大影响，并在财务报表附注中披露对控制、共同控制或重大影响的总体判断依据，针对某些具体情况作出的重大判断和假设，以及权益性质改变导致企业得出与原先不同的结论时所作的重大判断和假设。具体情况包括但不限于下列各项：

（1）企业持有其他主体半数或以下的表决权但仍控制该主体的判断和假设，或者持有其他主体半数以上的表决权但并不控制该主体的判断和假设。

（2）企业持有其他主体 20% 以下的表决权但对该主体具有重大影响的判断和假设，或者持有其他主体 20% 或以上的表决权但对该主体不具有重大影响的判断和假设。

（3）企业通过单独主体达成合营安排的，确定该合营安排是共同经营还是合营企业的判断和假设。

（4）确定企业是代理人还是委托人的判断和假设。企业应当根据合并财务报表准则的相关规定，判断企业是代理人还是委托人。

注意：上述各项披露信息属于“对重大判断和假设”的总体上判断依据，一般在财务报表中“主要财务会计政策”中披露，除了上述总体判断依据，实务中企业还存在其他个性化的依据，这些个性化的依据也要进行相应披露。

2. 对投资性主体的判断及主体身份的转换

（1）当企业属于投资性主体时，企业应当披露按照《企业会计准则第 33 号——合并财务报表》被确定为投资性主体的重大判断和假设，以及虽然不符合《企业会计准则第 33 号——合并财务报表》有关投资性主体的一项或多项特征但仍被确定为投资性主体的原因。合并财务报表准则规定了投资性主体的判断依据。

当企业被确定为投资性主体时，根据本准则，企业应当披露与这一认定相关的重大判断和假设。如果企业不具备合并财务报表准则中所列举的投资性主体特征中一项或多项特征，但仍被确定为投资性主体的，企业应当披露作出这一认定的原因。

（2）企业主体身份发生转变时，对权益的核算方法也会在成本法和公允价值法之间进行转换，核算方法的转换也会对企业财务有影响，所以需要进行相应的披露：

①企业（母公司）由非投资性主体转变为投资性主体的，应当披露该变化及其原因，并披露该变化对财务报表的影响。企业被认定为投资性主体，根据《企业会计准则第33号——合并财务报表》，企业应当仅将为其投资活动提供相关服务的子公司（如有）纳入合并范围并编制合并财务报表；其他子公司不应当予以合并，母公司对其他子公司的投资应当按照公允价值计量且其变动计入当期损益。对停止纳入合并财务报表范围的子公司，相关权益的会计处理方法由成本法转为公允价值计量且其变动计入当期损益，会计处理方法的转变会对企业的财务报表产生影响。针对这项变化，企业应当在变化当期的财务报表附注中披露下列信息：

一是对其主体身份变化这一情况及其原因予以说明；

二是对变化当日不再纳入合并财务报表范围子公司的投资的公允价值，以及按照公允价值重新计量产生的利得或损失以及相应的列报项目。

②企业（母公司）由投资性主体转变为非投资性主体的，应当披露该变化及其原因。相对而言，投资性主体转变为非投资性主体的披露信息要简单些。

注意：以下（三）、（四）和（五）的内容属于对不同权益的具体披露要求的讲解。为了简单起见，将在子公司中权益、在合营安排或联营企业中权益，以及未纳入合并财务报表范围的结构化主体中权益的披露信息分为：基础信息、财务信息和风险信息。其中，基础信息和财务信息属于权益性质的信息。

（三）关于在子公司中权益的披露

1. 在子公司中权益性质方面的信息

（1）在子公司中权益披露的基础信息

企业应当在合并财务报表附注中披露企业集团的构成，包括子公司的名称、主要经营地及注册地（一般指国家或地区）、业务性质、企业的持股比例（或类似权益比例，下同）等。企业可以采用表7－2的形式来披露企业集团的构成情况。

表7－2　　企业集团的构成情况

子公司名称	注册地	主要经营地	业务性质	持股比例

注意：如果企业对子公司的表决权比例与持股比例不一样的，企业还应当披露表决权比例。

（2）重要的非全资子公司的基础信息和财务信息披露

子公司少数股东持有的权益对企业集团重要的，企业还应当在合并财务报表附注中披露下列信息：

①子公司少数股东的持股比例。子公司少数股东的持股比例不同于其持有的表决权的，企业还应当披露该表决权比例。

②当期归属于子公司少数股东的损益以及向少数股东支付的股利。

③子公司在当期期末累计的少数股东权益金额。

④子公司的主要财务信息。

如果单个非全资子公司的少数股东权益对企业集团而言并不重要，则不需要披露上述①至④项要求的信息。其中①至③项要求的信息可以归属为重要的非全资子公司的基础信息，企业可以采用表7－3所示的格式进行披露。

表7－3　　重要的非全资子公司的基础信息

子公司名称	少数股东的持股比例	当期归属于少数股东的损益	当期向少数股东支付的股利	期末累计少数公司权益

除了子公司的基础信息外，本准则要求企业对于重要非全资子公司的主要财务信息也要进行披露，以帮助财务报表使用者了解重要的少数股东权益对整个企业集团的业务活动和现金流量的影响。重要非全资子公司的主要财务信息包括：流动资产、非流动资产、流动负债、非流动负债、营业收入、净利润、综合收益等。企业可以采用表7－4所示的格式对重要非全资子公司的主要财务信息进行披露。

表7－4　　重要的非全资子公司的主要财务信息

项目	本期数			上期数		
	A公司	B公司	…	A公司	B公司	…
流动资产						
非流动资产						
资产合计						
流动负债						
非流动负债						
负债合计						
营业收入						
净利润						
综合收益总额						
经营活动现金流量						

注意：表 7－4 的数据来源于重要非全资子公司的财务报表，不是根据少数股东的持股比例计算出来的金额。本表的数据还需要经过一定调整，包括以合并日子公司可辨认资产和负债的公允价值为基础进行的调整，以及因母子公司会计政策不一致而按照母公司会计政策对子公司财务报表进行的调整等，但不需要抵消企业集团成员企业之间的内部交易。

企业在子公司中的权益（或权益的一部分）按照《企业会计准则第 30 号——财务报表列报》划分为持有待售资产的，不需要披露该子公司的上述主要财务信息。

说明：上述披露的相关信息属于在子公司中权益性质方面的信息，下面第 2、3、4、5 和 6 条属于在子公司权益中的风险信息。风险一般是包含重大限制、提供支持和最大损失敞口等。

2. 对使用企业集团资产和清偿企业集团债务的重大限制

企业集团成员企业使用企业集团资产和清偿企业集团债务可能因法律、行政法规的规定以及合同协议的约定而受到重大限制。例如，一个大型跨国建筑机构在海外设立一个分支机构或子公司，受到当地政府资本充足率、流动性的要求等，向母公司转移资产和现金能力受到限制，限制对投资方而言，意味着投资收益、本金的收回性面临风险。本准则要求企业根据重要性原则判断限制是否重大，并在合并财务报表附注中披露对使用企业集团资产和清偿企业集团债务存在的重大限制。

此外，子公司的少数股东可能享有保护性权利。根据合并财务报表准则，保护性权利是指仅为了保护权利持有人利益却没有赋予持有人对相关活动决策权的一项权利。例如，根据协议，母公司动用子公司资产、清偿子公司债务必须经过子公司少数股东的批准。保护性权利对企业使用企业集团资产或清偿企业集团负债的能力存在重大限制的，企业应当披露该限制的性质和程度。

上述重大限制对企业集团的资产和负债产生一定影响。本准则规定，企业在使用企业集团资产和清偿企业集团债务存在重大限制的，应当在合并财务报表附注中披露下列信息：

（1）该限制的内容，包括对母公司或其子公司与企业集团内其他主体相互转移现金或其他资产的限制，以及对企业集团内主体之间发放股利或进行利润分配、发放或收回贷款或垫款等的限制。

（2）子公司少数股东享有保护性权利、并且该保护性权利对企业使用企业集团资产或清偿企业集团负债的能力存在重大限制的，该限制的性质和程度。

（3）该限制涉及的资产和负债在合并财务报表中的金额。

上述规定不是新增的，之前企业会计准则的应用指南就有此规定。

3. 纳入合并财务报表范围的结构化主体的相关信息

企业存在纳入合并财务报表范围的结构化主体的，应当在合并财务报表附注中披露与该结构化主体相关的风险信息。与结构化主体相关的风险主要是指企业或其子公司需要依合同约定或因其他原因向结构化主体提供财务支持或其他支持，包括帮助结构化主体取得财务支持。

说明：本准则所指的支持不属于企业日常的经营活动，通常是由特定事项触发的交易。例如，当纳入合并财务报表范围的结构化主体流动性紧张或资产信用评级被降低时，企业作为母公司可能需要向结构化主体提供流动性支持，或与结构化主体进行资产置换来提高结构化主体的资产信用评级，使结构化主体恢复到正常的经营状态。

本准则所指的“财务支持”（即直接或间接地向结构化主体提供经营资源）通常包括：向结构化主体无偿提供资金；增加对结构化主体的权益投资；向结构化主体提供长期贷款；豁免结构化主体所欠的债务；从结构化主体购入资产，或购买结构化主体发行的证券；按照偏离市场公允价值的价格与结构化主体进行交易，造成企业资源的净流出；企业就结构化主体的经营业绩向第三方提供保证或承诺；其他情形。本准则所指的“其他支持”通常是非财务方面的支持，例如提供人力资源管理或其他管理服务等。

一般而言，为结构化主体提供支持则意味着风险，所以企业存在纳入合并财务报表范围的结构化主体的，应当分情形在合并财务报表附注中披露下列信息：

（1）有合同约定的情况。合同约定企业或其子公司向该结构化主体提供财务支持的，企业应当披露提供财务支持的合同条款，包括可能导致企业承担损失的事项或情况。

（2）没有合同约定的情况。在没有合同约定的情况下，企业或其子公司应当向结构化主体提供了财务支持或其他支持，应当披露所提供支持的类型、金额及原因，包括帮助该结构化主体获得财务支持的情况。其中，企业或其子公司应当对以前未纳入合并财务报表范围的结构化主体提供了财务支持或其他支持并且该支持导致企业控制了该结构化主体的，还应当披露决定提供支持的相关因素。

（3）向结构化主体提供支持的意图。企业存在向该结构化主体提供财务支持或其他支持的意图的，应当披露该意图，包括帮助该结构化主体获得财务支持的意图。

说明：本准则所指的“意图”是指企业基本决定将在未来期间向结构化主体提供财务支持或其他支持，具体表现为适当级别的企业高管批准了企业向结构化主体提供支持的计划或方案。如果计划或方案仅处于酝酿阶段，尚未获得企业高管批准，则不属于本准则所称的意图，也不需要进行披露。

4. 企业在其子公司所有者权益份额发生变化的信息披露

企业在其子公司所有者权益份额发生变化可能导致两种情形：一是不丧失对子公司的控制权；二是丧失对子公司的控制权。因此，企业需要根据这两种情形分别作出相应的披露：

（1）不丧失控制权的情况。企业在其子公司所有者权益份额发生变化且该变化未导致企业丧失对子公司控制权的，应当在合并财务报表附注中披露该变化对本企业所有者权益的影响。在不丧失控制权的情况下，子公司仍纳入合并财务报表范围，但这一交易会影响合并财务报表中少数股东权益等金额，对本企业所有者权益产生影响，本准则要求企业在合并财务报表附注中披露该变化对本企业所有者权益的影响。

（2）丧失控制权的情况。企业丧失对子公司控制权的，如果企业还有其他子公司并需要编制合并财务报表，应当在合并财务报表附注中披露按照《企业会计准则第33号——合并财务报表》计算的下列信息：

①由于丧失控制权而产生的利得或损失以及相应的列报项目。

②剩余股权在丧失控制权日按照公允价值重新计量而产生的利得或损失。

说明：以下第5条和第6条是对企业是投资性主体且存在未纳入合并财务报表范围子公司时，相关的基础信息和风险信息披露的规范。

5. 投资性主体持有的权益相关信息披露

企业按照《企业会计准则第33号——合并财务报表》被确定为投资性主体，且存在未纳入合并财务报表范围的子公司，并对该子公司权益按照公允价值计量且其变动计入当期损益的，应当在财务报表附注中对该情况予以说明。同时，应当披露该子公司的基础信息及与权益相关的风险信息。

（1）未纳入合并财务报表范围的子公司的基础信息。

企业（母公司）是投资性主体的，对未纳入合并财务报表范围的子公司，企业应当披露下列信息：

①子公司的名称、主要经营地及注册地。

②企业对子公司的持股比例。持股比例不同于企业持有的表决权的，企业还应当披露该表决权比例。

企业的子公司也是投资性主体且该子公司存在未纳入合并财务报表范围的下属子公司的，企业应当按照上述要求披露该下属子公司的相关基础信息。

需要按照上述披露要求披露未纳入合并财务报表范围的子公司

相关信息的两种情况，如图7－3所示。

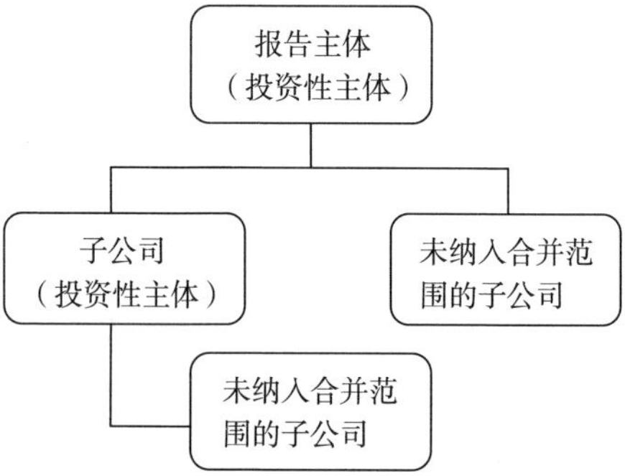

图7－3 需要披露其他主体信息的情形

（2）与权益相关的风险信息披露。

企业是投资性主体的，对其在未纳入合并财务报表范围的子公司中的权益，应当按照不同情形披露与该权益相关的风险信息：

①该未纳入合并财务报表范围的子公司以发放现金股利、归还贷款或垫资等形式向企业转移资金的能力存在重大限制的，企业应当披露该限制的性质和程度。

②企业存在向未纳入合并财务报表范围的子公司提供财务支持或其他支持的承诺或意图的，企业应当披露该承诺或意图，包括帮助子公司获得财务支持的承诺或意图。

在没有合同约定的情况下，企业或其子公司当期向未纳入合并财务报表范围的子公司提供财务支持或其他支持的，企业应当披露提供支持的类型、金额及原因。

③合同约定企业或其未纳入合并财务报表范围的子公司向未纳入合并财务报表范围、但受企业控制的结构化主体提供财务支持的，企业应当披露相关合同条款，以及可能导致企业承担损失的事项或情况。

在没有合同约定的情况下，企业或其未纳入合并财务报表范围的子公司当期向原先不受企业控制且未纳入合并财务报表范围的结构化主体提供财务支持或其他支持，并且所提供的支持导致企业控制该结构化主体的，企业应当披露决定提供上述支持的相关因素。

（四）在合营安排或联营企业中权益的披露（基础信息、风险信息）

1. 在合营安排或联营企业中权益的基础信息披露

存在重要的合营安排或联营企业的，企业应当披露下列信息：

（1）合营安排或联营企业的名称、主要经营地及注册地。

（2）企业与合营安排或联营企业的关系的性质、包括合营安排或联营企业活动的性质，以及合营安排或联营企业对企业活动是否具有战略性等。

说明：由于合营安排或联营企业对企业活动是否具有战略性揭示了联营企业或合营安排与企业之间的关系，体现了投资的属性，所以需要披露该信息。

（3）企业的持股比例。持股比例不同于企业持有的表决权比例的，企业还应当披露该表决权比例。

以上披露信息如表7－5所示。

表7－5　　重要的合营安排或联营企业基础信息

企业名称	注册地	主要经营地	持股比例	业务性质	对企业活动是否具有战略性

注意：需要对合营安排或联营企业对企业的重要性进行判断，只有对企业而言重要的合营安排和联营企业才需要按照上述信息披露要求对其基础信息进行披露，否则不需要披露。

2. 在合营企业或联营企业中权益的财务信息披露

对于重要的合营企业或联营企业，企业除了应当按照（四）中的第1条规定披露相关信息外，还应当披露对合营企业或联营企业投资的会计处理方法，从合营企业或联营企业收到的股利，以及合营企业或联营企业在其自身财务报表中的主要财务信息。

说明：合营企业或联营企业的主要财务信息，包括流动资产、非流动资产、流动负债、非流动负债、营业收入、净利润、终止经营的净利润、其他综合收益、综合收益总额等。由于企业对合营企业相关活动的参与程度更高，对于重要的合营企业，除披露上述信息外，还需要披露的信息有：现金和现金等价物；财务费用（能够区分利息收入和利息费用的，分别披露利息收入和利息费用）；所得税费用。

企业对重要的合营企业或联营企业投资采用权益法进行会计处理的，上述主要财务信息应当是按照权益法对合营企业或联营企业相关财务信息调整后的金额。同时，应当披露将上述主要财务信息按照权益法调整至企业对合营企业或联营企业投资账面价值的调节过程。企业对上述合营企业或联营企业投资采用权益法进行会计处理但该投资存在公开报价的，还应当披露其公允价值。

（1）对重要合营企业主要财务信息的披露

对于重要的合营企业，企业对其投资采用权益法进行会计处理的，可以采用如表7-6和表7-7所示的格式披露合营企业的主要财务信息和相关信息。

表7-6　　重要的合营企业主要财务信息（一）

2×15年12月31日

项目	2×15年			2×14年		
	A企业	B企业	…	A企业	B企业	…
流动资产						
其中：现金和现金等价物						
非流动资产						
资产合计						

续表

项目	2×15年			2×14年		
	A企业	B企业	…	A企业	B企业	…
流动负债						
非流动负债						
负债合计						
净资产						
按持股比例计算的净资产份额						
取得投资时形成的商誉						
包括抵消未实现内部交易在内的其他调整事项						
对合营企业权益投资的账面余额						
期末减值准备						
对合营企业权益投资的账面价值						
存在公开报价的权益投资的公允价值						

表7-7 重要的合营企业主要财务信息（二）

2×15年

项目	2×15年			2×14年		
	A企业	B企业	…	A企业	B企业	…
营业收入						
财务费用						
所得税费用						
净利润						
其中：终止经营的净利润						

续表

项目	2×15 年			2×14 年		
	A 企业	B 企业	…	A 企业	B 企业	…
其他综合收益						
综合收益总额						
企业本期收到的来自合营企业的股利						

（注：存在终止经营的净利润，还应当在本表中单列项目披露）

注意：上述是对合营企业，而不是合营安排的主要财务信息进行披露。因为共同经营已经展开成具体的资产负债等，而合营企业还是长期股权投资。

表 7－6 和表 7－7 的数据来源于重要合营企业的财务报表，不是根据持股比例计算出来的金额。来源于合营企业财务报表的数据还需要经过一定调整，例如，以取得投资时被投资方可辨认资产和负债的公允价值为基础进行的调整，或者因被投资方与企业的会计政策不一致而对被投资方财务信息进行的调整等，但不需要抵消企业与合营企业之间的内部交易。假设甲公司是对乙企业享有共同控制的合营方，在取得对乙企业的投资时，乙企业一项固定资产的账面价值为 200 万元，公允价值为 260 万元，剩余摊销年限为 8 年。在编制表 7－6 和表 7－7 时，甲公司应当以 260 万元为基础调整乙企业财务报表的金额，按调整后的金额填列“非流动资产”项目、“净利润”项目，以及“综合收益”项目等。

表 7－6 和表 7－7 还包括企业当期从合营企业收到的股利、存在公开报价的投资的公允价值等信息，以及按照权益法调整至企业对合营企业投资账面价值的调节过程。表 7－6 中的“调整事项”包括取得投资时形成的商誉，即取得投资时企业的初始投资成本大于投资时应享有合营企业可辨认净资产公允价值份额的金额，还包

括抵消企业与合营企业之间的内部交易、减值准备等其他事项。

(2) 对重要联营企业主要财务信息的披露

对于重要的联营企业，企业对其投资按照权益法进行会计处理的，可以采用如表7－8和表7－9所示的格式披露联营企业的主要财务信息。

表7－8 重要的联营企业主要财务信息

2×15年12月31日

项目	2×15年			2×14年		
	A企业	B企业	…	A企业	B企业	…
流动资产						
非流动资产						
资产合计						
流动负债						
非流动负债						
负债合计						
净资产						
按持股比例计算的净资产份额						
取得投资时形成的商誉						
包括抵消未实现内部交易在内的其他调整事项						
对联营企业权益投资的账面余额						
期末减值准备						
对联营企业权益投资的账面价值						
存在公开报价的权益投资的公允价值						

表 7－9　　重要的联营企业主要财务信息

2×15 年

项目	2×15 年			2×14 年		
	A 企业	B 企业	…	A 企业	B 企业	…
营业收入						
净利润						
其中：终止经营的净利润						
其他综合收益						
综合收益总额						
企业本期收到的来自联营企业的股利						

（注：存在终止经营的净利润，还应当在本表中单列项目披露）

说明：除了在披露项目上简化外，表 7－8 和表 7－9 的内容和编制方法与表 7－6 和表 7－7 一致。

（3）其他事项与豁免事项

企业根据其他相关会计准则，对重要的合营企业或联营企业投资采用权益法以外的其他方法进行会计处理的，需要区分两种情况：①企业是投资性主体的，不需要披露合营企业或联营企业的主要财务信息。②企业不是投资性主体的，在财务报表附注中所披露的合营企业或联营企业的主要财务信息直接来源于合营企业或联营企业的财务报表，不需要经过调整，也不包括调节过程。

企业在合营企业或联营企业中的权益（或权益的一部分）按照《企业会计准则第 30 号——财务报表列报》划分为持有待售资产的，则可以豁免披露表 7－6、表 7－7、表 7－8 和表 7－9 的相关财务信息。

3. 在合营企业或联营企业中权益的风险信息披露

(1) 不重要的合营企业或联营企业的汇总财务信息。

企业在单个合营企业或联营企业中的权益不重要的，应当分别就合营企业或联营企业两类披露下列信息：

①按照权益法进行会计处理的对合营企业或联营企业投资的账面价值合计数。

②对合营企业或联营企业的净利润、终止经营的净利润、其他综合收益、综合收益等项目，企业按照其持股比例计算的金额的合计数。

企业属于投资性主体的，可以豁免披露上述信息。

对于不重要的合营企业或联营企业，企业可以采用如表7－10所示的格式披露汇总财务信息。

表7－10　在单个合营企业或联营企业中的权益不重要的汇总财务信息

2×15年12月31日

项目	2×15年	2×14年
合营企业：		
投资账面价值合计		
下列各项按持股比例计算的合计数		
净利润		
其中：终止经营的净利润		
其他综合收益		
综合收益总额		
联营企业：		
投资账面价值合计		
下列各项按持股比例计算的合计数		
净利润：		

续表

项目	2×15年	2×14年
其中：终止经营的净利润		
其他综合收益		
综合收益总额		

（注：存在终止经营的净利润的，还应当在本表中单列项目披露）

（2）对转移资金能力的重大限制。

合营企业或联营企业以发放现金股利、归还贷款或垫款等形式向企业转移资金的能力存在重大限制的，企业应当披露该限制的性质和程度。

例如，A联营企业与B银行（B银行是独立第三方，不是联营企业的投资方）签订借款合同，合同约定：如果联营企业未能清偿到期债务，就不能向其投资方支付股利。在这种情况下，A联营企业向企业（投资方）转移资金的能力就受到了限制，如果该项限制属于重大限制，企业应当在其财务报表附注中披露该项限制的性质和程度。

（3）超额亏损。

企业对合营企业或联营企业投资采用权益法进行会计处理，被投资方发生超额亏损且投资方不再确认其应分担合营企业或联营企业损失份额的，应当披露未确认的合营企业或联营企业损失份额，包括当期份额和累积份额。在合营企业或联营企业发生超额亏损的情况下，企业可以采用如表7-11所示格式披露企业应分担的超额亏损，也可以用文字形式披露相关信息。

表7-11　企业对合营企业或联营企业发生超额亏损的分担额

被投资单位名称	前期累积未确认的损失份额	本期未确认的损失份额（或本期实现净利润的分享额）	本期末累积未确认的损失份额
合营企业：			
（1）			
……			
小计			
联营企业：			
（1）			
……			
小计			
合计			

（4）与对合营企业投资相关的未确认承诺。

企业应当单独披露与其对合营企业投资相关的未确认承诺。未确认承诺是指企业已作出但未确认的各项承诺，既包括企业单独作出的未确认承诺，又包括企业与其他参与方共同作出的未确认承诺中企业所承担的份额。

说明：未确认承诺的具体内容包括但不限于：①企业因下列事项而作出的提供资金或资源的未确认承诺。例如，企业对合营企业的出资承诺；企业对于合营企业承担的资本性支出将提供支持的承诺；企业承诺从合营企业购买或代表合营企业购买设备、存货或服务等无条件购买义务；企业向合营企业承诺提供贷款或其他财务支持；企业作出的对与合营企业投资相关的其他不可撤销的承诺。②企业购买合营企业其他参与方在合营企业的全部或部分权益的未确认承诺。企业是否需要履行这一承诺通常取决于特定事件是否在未来期间发生。

（5）或有负债。

企业应当单独披露与其对合营企业或联营企业投资相关的或有

负债，但不包括极小可能导致经济利益流出企业的或有负债。企业应当按照《企业会计准则第 13 号——或有事项》来判断某一事项是否属于或有负债。如果企业与合营企业的其他参与方、联营企业的其他投资方共同承担某项或有负债，企业应当财务报表附注中披露在该项或有负债中企业所承担的份额。在或有负债较多的情况下，企业可以按照或有负债的类别进行汇总披露。

（6）豁免事项。

若企业是投资性主体的，则不需要披露上述（四）中的第 2 条和第 3 条下（1）中规定的相关信息。

（五）在未纳入合并财务报表范围的结构化主体中权益的披露

需要按类别披露在未纳入合并财务报表范围结构化主体中权益的性质信息和风险信息。

1. 未纳入合并财务报表范围的结构化主体的基础信息

对于未纳入合并财务报表范围的结构化主体，企业应当披露该结构化主体的性质、目的、规模、活动及融资方式，包括与之相关的定性信息和定量信息。

其中，结构化主体的规模通常以资产总额或者发行证券的规模来表示，融资方式包括股权融资、债券融资以及其他融资方式。本准则不要求逐个披露结构化主体的信息，企业应当按照重要性原则来确定信息披露的详细程度，只要不影响财务报表使用者评价企业与结构化主体之间的关系及企业因涉入结构化主体业务活动而面临的风险，企业可以根据需要汇总披露相关信息。示例可见汇丰银行关于在未纳入合并财务报表范围结构化主体中权益的披露。

2. 与权益相关资产负债的账面价值和最大损失敞口

企业在未纳入合并财务报表范围的结构化主体中有权益的，还应当披露下列信息：

（1）在财务报表中确认的与企业在未纳入合并财务报表范围的结构化主体权益相关的资产和负债的账面价值及其在资产负债表中的列报项目。

说明：不需要对每一家结构化主体分别披露上述信息，只需要分类披露即可。

（2）在未纳入合并财务报表范围的结构化主体中权益的最大损失敞口及其确定方法。

说明：最大损失敞口应当是企业因在结构化主体中持有权益而可能发生的最大损失。在确定最大损失敞口时，不需要考虑损失发生的可能性，因为最大损失敞口并不是企业的预计损失。例如，对于次级债券，其在资产负债表日的账面价值即为企业最大可能损失（最大损失敞口）。企业不需要判断持有该次级债券发生损失的可能性，只需要判断其发生损失的大小。企业不能量化最大损失敞口的，应当披露这一事实及其原因，如期货无法量化。

（3）在财务报表中确认的与企业在未纳入合并财务报表范围的结构化主体中权益相关的资产和负债的账面价值与其最大损失敞口的比较。

企业发起设立未纳入合并财务报表范围的结构化主体，但资产负债表日在该结构化主体中没有权益的，企业不需要披露上述（五）中第2条的（1）至（3）项要求的信息，但应当披露企业作为该结构化主体发起人的认定依据，并分类披露企业当期从该结构化主体获得的收益、收益类型，以及转移至该结构化主体的所有资产在转移时的账面价值。

对于认定依据，需要披露一段话。例如，创立结构化主体、参与创立结构化主体，并在结构化设计中发挥了重要的作用、企业名称出现在结构化主体名称中，或者出现在结构化主体发行的证券的名称中，等等。

另外，企业发起设立未纳入合并财务报表范围的结构化主体，且资产负债表日在该结构化主体中没有权益的，并不意味着企业就没有风险了。因为在结构化主体不能正常运转时，如果企业不向结构化主体提供财务支持的话，对企业就是损失，至少是声誉的损失。

3. 企业是结构化主体的发起人但在结构化主体中没有权益的情况

企业发起设立未纳入合并财务报表范围的结构化主体，资产负债表日在该结构化主体中没有权益的，企业不披露与权益相关的资产负债的账面价值及最大损失敞口。但作为发起人，企业通常与其发起的结构化主体之间保持着业务联系，仍可能通过涉入结构化主体的相关活动而承担风险。本准则要求此类企业披露下列信息：

（1）企业作为该结构化主体发起人的认定依据，即如何判断企业是该结构化主体的发起人。企业的发起人身份可能给企业带来一定风险。例如，当结构化主体的经营遇到困难时，企业作为发起人很可能向结构化主体提供财务支持或其他支持，在帮助结构化主体渡过难关的同时维护企业的声誉。存在下列情况的，可能说明企业是结构化主体的发起人：①企业单独创建了结构化主体；②企业参与创建结构化主体，并参与结构化设计的过程；③企业是结构化主体的最主要的服务对象，例如，结构化主体为企业提供资金，或者结构化主体所从事业务活动是企业主要业务活动的组成部分，企业即使没有发起结构化主体，自身也要开展这些业务活动；④企业的名称出现在结构化主体的名称或结构化主体发行的证券的名称中；⑤其他能够说明企业是结构化主体发起人的情形。

（2）分类披露企业当期从该结构化主体获得的收益及收益类型。企业作为发起人，即使在结构化主体中没有权益，也可能取得来自结构化主体的收益。例如，向结构化主体提供管理或咨询服务并收取服务费；向结构化主体转移资产而取得收益；以及原先在结构化主体中持有权益，当期处置了相关权益，虽然资产负债表日企业不再持有权益，但当期取得处置收益。对当期从结构化主体获得的收益类型及其类型，企业应当分类披露。

（3）当期转移至该结构化主体的所有资产在转移时的账面价值。

4. 向未纳入合并财务报表范围的结构化主体提供支持的情况

企业应当披露其向未纳入合并财务报表范围的结构化主体提供财务支持或其他支持的意图，包括帮助该结构化主体获得财务支持的意图。

在没有合同约定的情况下，企业当期向结构化主体（包括企业前期或当期持有权益的结构化主体）提供财务支持或其他支持的，还应当披露提供支持的类型、金额及原因，包括当期或前期帮助该结构化主体获得财务支持的情况。

5. 未纳入合并财务报表范围结构化主体的额外信息披露

如果企业按照本准则要求披露的有关未纳入合并财务报表范围的结构化主体的信息，仍不能充分反映相关风险及其对企业的影响，企业还应当额外信息披露：

（1）合同约定企业在特定情况下需要向未纳入合并财务报表范围的结构化主体提供财务支持或其他支持的，企业应当披露相关的合同条款及有关信息。有关信息包括在何种情况下企业需要向结构化主体提供支持并可能因此遭受损失，是否存在其他约定对企业向结构化主体履行支持义务产生约束，在多方向结构化主体提供支持的情况下各方提供支持的先后顺序等。

（2）企业因在未纳入合并财务报表范围的结构化主体中持有权益而当期遭受损失的，企业应当披露损失的金额，包括计入当期损益的金额和计入其他综合收益的金额。

（3）企业在未纳入合并财务报表范围的结构化主体中持有权益，如果企业当期取得与该权益相关的收益，企业应当披露收益的类型。收益类型主要包括：服务收费；利息收入；利润分配收入；处置债权或股权的收益；以及企业向结构化主体转移资产取得的收益等。

（4）在合同约定企业和其他主体需要承担未纳入合并财务报表范围结构化主体的损失的情况下，企业应当披露企业和其他主体需要承担损失的最大限额以及承担损失的先后顺序。

（5）企业应当披露第三方提供的、对企业在未纳入合并财务报表范围的结构化主体中权益的公允价值或风险可能产生影响的流动性支持、担保、承诺等。

（6）企业应当披露当期未纳入合并财务报表范围的结构化主体在融资活动中遇到的困难，主要是指债务融资或股权融资遇到的困难。

（7）企业应当披露与未纳入合并财务报表范围的结构化主体融资业务有关的信息，包括融资形式（例如商业票据、中长期票据）及其加权平均期限。特别是当结构化主体投资长期资产但资金来源于短期负债时，企业需要分析该结构化主体资产和负债的期限结构，并披露这一情况。

6. 企业是投资性主体的，对受其控制但未纳入合并财务报表范围的结构化主体，应当按照（三）中的第 5 条的规定进行披露，不需要按照（五）的相关规定进行披露。

三、新准则的影响与应对

（一）《企业会计准则第 41 号——在其他主体中权益的披露》准则的影响

《企业会计准则第 41 号——在其他权益主体中的披露》是一个新准则，取代了原《企业会计准则第 2 号——长期股权投资》和《企业会计准则第 33 号——合并财务报表》中的相关披露要求，新增了对重大判断和假设的披露，对结构化主体、未纳入合并财务报表范围结构化主体中权益的披露，以及完善了对子公司、合营安排和联营企业中权益的披露，该准则的实施可以为财务信息使用者提供相关的信息，但势必也增加企业的信息披露要求和工作量。

受影响的企业主要包括存在子公司、合营安排、联营企业，以及未纳入合并财务报表范围的结构化主体的企业。对这些企业财务披露工作的影响主要体现在以下几点：

1. 增加了企业对重大判断和假设的信息披露

与原准则相比，主要新增了对重大判断和假设的以下披露要求：

（1）确定合营安排是共同经营还是合营企业的判断和假设；

（2）确定企业是委托人（主要责任人）还是代理人的判断和假设；

（3）确认企业为投资主体的判断和假设，以及在投资性主体和非投资性主体之间转换情况、变化原因及公允价值重新计量的利得和损失。

2. 扩展和增加了在子公司中权益的披露

（1）对非投资性主体性质的企业，主要新增下列披露要求：

①当子公司少数股东持有的权益对企业集团重要时，少数股东持股比例、持股比例和表决权比例不符的情况、当期归属于少数股东的损益、当期向少数股东支付的股利、期末少数股东权益余额及子公司主要财务信息；

②使用企业集团资产和清偿集团债务的重大限制情况；

③当在子公司所有者权益份额发生变化且该变化未导致丧失控制权时，该变化对本企业所有者权益的影响。

（2）投资性主体性质的企业，应当披露以下信息：

①其他主体的信息。对未纳入合并财务报表范围的子公司权益按照公允价值计量且其变动计入当期损益的情况说明；未纳入合并财务报表范围的子公司名称、主要经营地及注册地、持股比例、持股比例和表决权比例不符情况。

②其他主体的权益信息。对未纳入合并财务报表范围的子公司中权益有关的风险信息，包括以下几项：

转移资金能力存在重大限制的性质和程度；

向未纳入合并财务报表范围的子公司提供财务支持的承诺或意图，若没有合同披露提供支持的类型、金额及原因；

向未纳入财务报表范围的结构化主体提供财务支持的合同条款及可能导致的损失情况。若没有合同，如果所提供的支持导致企业控制该结构化主体的，披露提供支持的相关因素。

3. 扩展和增加在合营安排和联营企业中权益的披露

与原准则相比，对非投资性主体性质的企业，主要新增以下披露要求：

（1）重要的合营安排（包括合营企业和共同经营）和联营的主要经营地及注册地，合营或联营活动的性质，是否有战略性。

（2）对重要的合营企业或联营企业的会计处理方法、收到的股利、被投资单位主要财务信息（调整后），及将主要财务信息根据权益法核算调整至相关投资账面价值的调节过程、存在公开市场报价时权益法核算投资的公允价值；

（3）企业在单个企业的权益不重要时，分合营企业和联营企业两类，披露投资账面价值、被投资单位净利润、终止经营净利润、其他综合收益、综合收益等项目，以及企业按持股比例计算的金额合计数。

企业是投资性主体的，不需要披露上述内容。

4. 新增了对在未纳入合并财务报表范围的结构化主体中权益的披露

（1）主要新增关于非投资性主体性质企业的信息披露：

当期末在该结构化主体中有权益（权益持有人）时，则需要披露以下主要信息：

①未纳入合并范围的结构化主体的性质、目的、规模活动、融资方式；

②在财务报表中确认的有关资产、负债的账面价值和列报项目，及最大风险敞口的有关信息；

③提供财务支持或其他支持的情况和意图。

当期末在该结构化主体中没有权益（发起人）时，则需要披露如下信息：

①未纳入合并财务报表范围的结构化主体的性质、目的、规模活动、融资方式；

②企业作为发起人的认定标准、当期从该结构化主体获得的收益、收益类型，以及转移至该结构化主体的所有资产在转移时的账面价值。

(2) 投资性主体性质的企业，不需要按照非投资性主体性质的企业披露要求披露，需要按照在子公司中权益的相关披露要求，对未纳入合并财务报表范围的结构化主体中的权益进行披露。

(二) 应对建议

为了有效执行本准则，存在子公司、合营安排、联营企业，以及未纳入合并财务报表范围的结构化主体的企业，应该要熟悉和掌握本准则的具体规定，尤其是要对于本准则新增和完善的规定进行理解和掌握，并严格按照本准则的相关规定进行适当的披露。

企业还要把握一条主线，即明确企业在不同主体中权益的性质和风险，并作出相应披露。不同主体中权益的性质主要是指特有的性质，及不同主体的主要财务信息，目的将笼统的权益信息变得更为具体，且经过公允价值调整。不同主体中权益的风险主要包括：向不同主体提供的支持（财务支持、其他支持或帮助其获得支持）、在不同主体中持有的权益存在重大限制、在不同主体中持有的权益存在最大损失敞口。

同时，企业披露本准则适用主体的信息时要符合重要性原则。即要判断各项信息披露的详细程度。重要的权益，应当单独披露相关信息；重要性程度不足以单独披露的权益，可以汇总披露相关信息。汇总披露，即要分类披露。如：要披露如何进行分类的，是按国家规定分类的，还是按行业性质分类的等等。

四、案例分析及操作实务

(一) 重大判断和假设的披露——示例

1. 对“重大影响”判断和假设的披露

【例7-2】 A企业集团持有Y公司17%的股份，但A集团认为其能够对Y公司实施重大影响。A集团在其2014年度的合并财务报表附注中作出如下披露：

本集团持有Y公司17%的股权，对Y公司的表决权比例为17%。虽然该比例低于20%，但由于本集团在Y公司董事会中派有代表并参与对Y公司财务和经营政策的决策，所以本集团能够对Y公司施加重大影响。

上述信息在“对联营企业的投资”这项附注中披露。

2. 对“控制”判断和假设的披露

【例7-3】大连速传持有成大20%的股份，但大连速传认为其能够对成大实施控制。大连速传在其2014年报的合并财务报表附注中应当披露控制成大的假设和判断：

本公司持有成大20%的股权。虽然该比例低于50%，但由于本公司派出的董事在成大董事会中占大多数，能够通过参与成大的相关活动享有可变回报，并且有能力运用对成大的权利影响回报金额，所以本公司能够对成大实施控制。

上述信息在“对子公司的投资”这项附注中披露。

（二）在子公司中权益的披露——示例

1. 企业集团构成情况信息披露

【例7-4】G企业集团分别持有A公司、B公司、C公司和D公司四家公司100%、80%、100%和60%的股权，2014年12月31日认为其能够对这四家公司的财务和经营决策施加控制，所以将这四家公司纳入合并范围。

G企业集团应该在其2014年度的合并财务报表中“对子公司的投资”这项附注披露报告期末企业集团构成情况，如表7-12所示。

表7－12　本集团期末主要子公司的概要情况

公司名称	股权比例 2014年12月31日 %	股权比例 2013年12月31日 %	表决权比例 2014年12月31日 %	已发行股本/实收资本面值 2014年12月31日	本企业投资额	注册地	业务性质
A公司	100	100	100	48.39亿港元	48.82亿港元	香港	投资银行
B公司	80	80	80	2亿元	4.33亿元	北京	基金管理
C公司	100	100	100	80亿元	80亿元	天津	租赁
D公司	60	60	60	57.05亿元	139亿元	上海	保险

表 8-12 列示了本企业主要子公司。管理层认为详列其他子公司的信息，将使篇幅过于冗长。在报告期内，本行没有拥有重要非控制性权益的子公司。

2. 使用企业集团资产和清偿企业集团负债存在重大限制的相关信息披露

【例 7-5】 G 企业集团旗下有众多的子公司，其中有两家子公司 X 公司和 Y 公司在印度尼西亚，2014 年 12 月 31 日，X 公司和 Y 公司的现金合计换算为人民币为 1.37 亿元。但是 G 企业集团使用 X 公司和 Y 公司的现金存在重大限制。

G 企业集团应该在其 2014 年度的合并财务报表中“对子公司的投资”这项附注披露如下信息：

在亚洲国家（包括印度尼西亚）持有的现金和短期存款受到当地外汇管制规定的限制。外汇管制规定对除正常分配股利之外的其他方式从这些国家输出资本作出了限制，所以本合并财务报表中受到限制资产的账面价值为 1.37 亿元（上年为 1.23 亿元）。

3. 企业在其子公司所有者权益份额发生变化的信息披露

（1）企业在其子公司所有者权益份额发生变化且该变化未导致企业丧失对子公司控制权时的相关信息披露。

【例 7-6】 S 公司为 P 公司的子公司，P 公司持有其 80% 的股权。2014 年 1 月 2 日，P 公司出售了 S 公司 10% 的股权，P 公司仍然能够控制 S 公司。

P 企业集团应该在其 2014 年度合并财务报表中“对子公司的投资”这项附注中作出如下披露：

P 公司 2014 年 1 月 2 日处置部分对 S 公司的投资但未丧失对 S 公司的控制权，取得的对价为 2 600 万元，该交易导致出售投资当日的少数股东权益增加 2 400 万元，资本公积增加 200 万元。

（2）企业丧失对子公司控制权时的相关信息披露。

【例 7-7】 S 公司为 P 公司的子公司，P 公司持有其 80% 的股权。2014 年 1 月 2 日，P 公司出售了 S 公司 70% 的股权，P 公司丧失了对S公司的控制。

P企业集团应该在其2014年度合并财务报表中“对子公司的投资”这项附注中作出如下披露：

P公司2014年1月2日处置部分S公司的投资，丧失对S公司的控制权，收益为720万元，列示在“投资收益”项目。剩余股权在丧失控制权日按照公允价值计量的利得为200万元。

（三）在合营联营中权益的披露——示例

【例7-8】2014年12月31日G企业集团旗下拥有较多的联营企业和合营企业。其中，B银行是G企业集团唯一一家重要的联营企业，剩下的其他联营企业单个而言均不是G企业重要的联营企业；G持有的多个合营企业单个而言也都不是其重要的合营企业。

G企业集团应该在2014年度的合并财务报表附注中作出如下披露：

1. 在“对联营企业的投资”附注中的披露

（1）G企业集团重要的联营企业情况如表7-13所示。

表7-13　重要的联营企业情况

公司名称	股权比例		表决权比例	注册地	业务性质
	2014年12月31日	2013年12月31日	2014年12月31日		
B银行	20.09%	20.05%	20.09%	南非约翰内斯堡	商业银行

B银行是一家位于南非共和国的上市商业银行并且是本集团的战略合作伙伴，能够为集团扩大非洲市场的客户群。

本集团于B银行的上市投资市值截至2014年12月31日为人民币240亿元（2013年12月31日：人民币280亿元）

B银行的财务信息如表7-14所示，并在本集团合并财务资产负债表中进行了权益法调整，其采用的会计政策与本集团一致。

表 7－14　　重要联营企业的财务信息　　单位：百万元

项目	2014 年	2013 年
联营公司总额		
资产	985 554	1 138 166
负债	894 821	1 039 279
净资产	90 733	98 887
收入	44 931	52 757
持续经营净利润	9 919	12 433
其他综合收益	3 798	1 003
综合收益总额	13 717	13 436
联营公司股利分配	3 742	4 836
联营公司权益法调整		
归属于母公司的联营工资净资产	77 871	86 065
实际享有联营公司权益份额	20.09%	20.05%
分占联营公司净资产	15 644	17 256
商誉	12 277	15 433
合并财务资产负债表中的 B 银行的账面价值	27 921	32 689

（2）单项而言不重要的联营企业的财务信息（见表 7－15）。

表 7－15　　不重要联营企业的财务信息　　单位：百万元

	2014 年	2013 年
分占联营公司：		
持续经营利润	34	26
其他综合收益	—	—
综合收益总额	34	26

（3）联营公司账面价值（见表7－16）。

表7－16　　联营企业的账面价值　　单位：百万元

	2013年	2012年
重要联营公司的账面价值——B银行	27 921	32 689
单项而言不重要的联营公司的账面价值合计	284	262
减：减值准备	（348）	（348）
联营公司账面价值合计	27 857	32 603

上述联营公司均采用权益法核算。

2. 在“对合营企业的投资”附注中的披露

本集团持有多个单项而言不重要的合营公司，其财务信息如表7－17所示。

表7－17　　不重要合营企业的财务信息　　单位：百万元

	2013年	2012年
单项而言不重要的合营企业账面价值合计	658	681
分占合营公司：		
持续经营利润	70	133
其他综合收益	—	1
综合收益总额	70	134

上述合营企业均采用权益法核算。

（四）在未纳入合并财务报表范围的结构化主体中权益的披露——示例

1. 未纳入合并财务报表范围的结构化主体的性质、目的、规模、活动及融资方式的相关信息披露。

【例7－9】 A企业在2014年12月31日拥有一家未纳入合并报

表范围的结构化主体X公司。A企业集团应该在其2014年度的合并财务报表附注下“对未纳入合并财务报表范围的结构化主体的投资”这项附注中作出如下的披露：

2014年12月31日，与A企业集团相关联、但未纳入A集团合并财务报表范围的结构化主体X主要从事信贷资产证券化业务，从A集团成员企业购买信贷资产，同时在资本市场发行资产支持证券（分级产品）融资。结构化主体X在2014年12月31日的资产支持证券规模为5亿元，2013年12月31日的资产支持证券规模为4.8亿元。

2. 在财务报表中确认的与企业在未纳入合并财务报表范围的结构化主体中权益相关的资产和负债的账面价值与其最大损失敞口的比较信息披露。

【例7－10】G企业集团2014年12月31日持有未纳入合并财务报表范围的结构化主体X的权益，结构化主体X主要进行次级债券、信用违约互换投资，以及经营融资租赁业务。

G企业集团应该在其2014年度合并财务报表附注下“对未纳入合并财务报表范围的结构化主体的投资”这项附注中作出如下披露（见表7－18）。

表7－18 未纳入合并财务报表范围的结构化主体风险信息

2×14年12月31日

	账面价值	最大损失敞口	账面价值	最大损失敞口
	2×14年	2×14年	2×13年	2×13年
次级债券	200	200	220	220
信用违约互换（负债）	(100)	(1 600)	(90)	(1 500)
应收融资租赁款	120	120	150	150

次级债券列示在企业财务报表的“持有至到期投资”项目中。最大损失敞口为次级债在资产负债表日的账面价值（摊余成本）。

信用违约互换列示在企业财务报表的“衍生金融负债”项目中。最大损失敞口为相关信贷全部违约情况下企业需要偿付的本金和利息之和。

应收融资租赁款列示在企业财务报表的“贷款”项目中。最大损失敞口为应收融资租赁款在资产负债表日的账面价值。

3. 在第三方机构发起设立的结构化主体中享有的权益的相关信息披露

【例7－11】 G企业集团于2014年12月10日通过直接投资享有了由第三方机构发起设立的结构化主体的权益。G企业集团应该在其2014年度的合并财务报表附注下“对未纳入合并财务报表范围的结构化主体的投资”这项附注中作出如下披露：

本集团通过直接持有投资而在第三方机构发起设立的结构化主体中享有权益。这些结构化主体未纳入本集团的合并财务报表范围，主要包括投资基金、理财产品、专项资产管理计划以及资产支持融资债券。这些结构化主体的性质和目的主要是管理投资者的资产并赚取管理费，其融资方式是向投资者发行投资产品。

截至2014年12月31日，本集团通过直接持有投资而在第三方机构发起设立的结构化主体中享有的权益的账面价值如表7－19所示。

表7－19　在结构化主体中享有的权益的账面价值　单位：百万元

	本集团	
	2014年12月31日	
	账面价值	最大损失敞口
投资基金	2 039	2 039
理财产品	6 220	6 220
专项资产管理计划	140 566	140 566
资产支持融资	736	736
合计	149 561	149 561

截至2014年12月31日，本集团通过直接持有而在第三方机构发起设立的结构化主体中享有的权益在本集团财务资产负债表中的相关资产负债项目如表7－20所示。

表7－20 在结构化主体中享有的权益对本集团财务影响 单位：百万元

	本集团		
	2014年13月31日		
	持有至到期投资	可供出售金融资产	指定为以公允价值计量且其变动计入当期损益的金融资产
投资基金	—	2 039	—
理财产品	—	6 220	—
专项资产管理计划	—	—	140 566
资产支持融资	517	219	—
	517	8 478	140 566

投资基金、理财产品及专项资产管理计划的最大损失敞口为其在报告日的公允价值。资产支持融资债券的最大损失敞口按其在财务状况表中确认的分类为其在报告日的摊余成本或公允价值。

4. 本集团作为发起人但未纳入合并财务报表范围的结构化主体中享有的权益

【例7－12】 G企业于2014年11月10日发起设立了结构化主体，为G企业集团发行的非保本理财产品－B1和投资基金－C1，截至2014年12月31日G企业仍然在这两个未纳入合并财务报表范围的结构化主体中享有权益。同时，G企业还存在于2014年2月5日发起设立的未纳入合并财务报表范围的结构化主体非保本理财产品－B2和投资基金－C2，但截至2014年12月31日G企业不再在这两个结构化主体中享有权益。

G企业集团应该在2014年度的合并财务报表附注下“对未纳入合并财务报表范围的结构化主体的投资”这项附注中作出如下

披露：

（1）本集团发起设立的未纳入合并财务报表范围的结构化主体，主要包括本集团发行的非保本理财产品和投资基金。这些结构化主体的性质和目的主要是管理投资者的资产并收取管理费，其融资方式是向投资者发行投资产品。本集团在这些未纳入合并财务报表范围的结构化主体中享有的权益主要包括直接持有投资或通过管理这些结构化主体赚取管理费收入。于 2014 年 12 月 31 日，本集团因直接持有投资以及应收手续费而在资产负债表中反映的资产项目的账面价值金额不重大。

于 2014 年 12 月 31 日，本集团发起设立但未纳入本集团合并财务报表范围的非保本理财产品及投资基金资产规模余额分别为人民币 8 亿元和人民币 22 亿元。

（2）本集团于本年度发起但于 2014 年 12 月 31 日不再享有权益的未纳入合并财务报表范围的结构化主体为非保本理财产品 - B2 和投资基金 - C2。

于 2014 年度，本集团在非保本理财产品 - B2 赚取的手续费及佣金收入为 1.41 亿元。

于 2014 年度，本集团在投资基金 - C2 赚取的收入金额不重大。

本集团于 2014 年 1 月 1 日之后发行，并于 2014 年 12 月 31 日之前已到期的非保本理财产品发行总量共计 23.27 亿元。

第八讲 企业会计准则第37号——金融工具列报（修订）

金融工具列报是金融工具确认和计量结果的综合性描述，是金融工具会计处理的重要组成部分，主要涉及企业发行金融工具的分类、列示和披露问题。由于金融工具交易相对于企业的其他经济业务更具特殊性，具有与金融市场结合紧密、风险敏感性强、对企业财务状况和经营成果影响大等特点，因此，有必要单独制定准则对金融工具列报加以规范。

随着金融环境与资本市场的不断发展与完善，各种金融工具不断推陈出新并得到日益广泛的应用，关于金融工具的会计处理与报表列报也受到广大投资者和市场参与主体的高度重视。近年来的国际会计准则的重大修订与调整，很多都与金融工具的创新与应用高度相关。顺应近年来我国开始推出的新型金融工具，如优先股和永续债等，也为了与国际会计准则保持持续趋同，我国财政部在2012年11月，在充分吸收国际会计界关于金融工具准则最新成果和要求的基础上，就金融工具的列报问题专门发布了《企业会计准则第37号——金融工具列报（修订）（征求意见稿）》及修订说明，并在2014年6月份正式发布修订的《企业会计准则第37号——金融工具列报》，规定企业应当在2014年度及以后期间的财务报告中按照本准则要求对金融工具进行列报。

修订后的金融工具列报准则，更加规范了金融工具列报的要求，有助于公司全面地反映所发行的金融工具存在的各种风险、公司的风险管理策略和风险管理水平等信息，从而便于投资者对企业作出合理的经济决策。

一、新旧准则差异对比

（一）进一步完善了金融负债与权益工具的划分标准

修订后的准则对于金融负债与权益工具的划分提供了更加详细和可操作性强的标准，特别是补充了对于可回售金融工具等特殊金融工具的分类标准，有助于企业在财务报表中根据金融工具合同的实质，更加全面真实地反映金融工具的特点以及可能给企业带来的风险。

（二）更加明确了金融工具列报准则的适用范围

修订后的准则在总则中列举了金融工具列报准则的具体适用范围，适用于除长期股权投资、合并财务报表、合营安排、股份支付、债务重组、原保险合同和再保险合同、职工薪酬计划之外的其他金融工具的列示和披露问题。

（三）规范了库存股等权益工具的会计核算方法

修订后的准则对库存股的核算方法，以及公司发行金融负债与权益工具所支付的股利、利息、公允价值变动、处置损益等会计核算方法作了明确而具体的规定，从而有利于企业对库存股等特殊金融工具进行正确的确认和计量。

（四）完善了金融工具列报的具体要求

修订后的准则要求企业将所发行的金融工具对企业财务状况、经营成果之间的影响进行充分的列报，并明确了企业应当列报的与金融工具有关的具体信息，并对套期保值、金融资产转移等特殊交易应当披露的信息提供了具体指南，从而增强了金融工具列报要求的可操作性，有助于公司全面揭示与金融工具有关的市场风险、信用风险和现金流量风险。

二、金融工具的定义及分类

（一）金融工具的定义

金融工具，是指形成一个企业的金融资产，并形成其他单位的金融负债或权益工具的合同。

（二）金融工具的分类

企业应当根据所发行金融工具的合同条款及其所反映的经济实质而非仅以法律形式，结合金融资产、金融负债和权益工具的定义，在初始确认时将该金融工具或其组成部分分类为金融资产、金融负债或权益工具。

1. 金融资产

金融资产，是指企业的下列资产：

（1）现金；

（2）持有的其他单位的权益工具；

（3）从其他单位收取现金或其他金融资产的合同权利；

（4）在潜在有利条件下，与其他单位交换金融资产或金融负债的合同权利；

（5）将来须用或可用企业自身权益工具进行结算的非衍生工具的合同权利，企业根据该合同将收到非固定数量的自身权益工具；

（6）将来须用或可用企业自身权益工具进行结算的衍生工具的合同权利，但企业以固定金额的现金或其他金融资产换取固定数量的自身权益工具的衍生工具合同权利除外。

2. 金融负债

金融负债，是指企业的下列负债：

（1）向其他单位交付现金或其他金融资产的合同义务；

（2）在潜在不利条件下，与其他单位交换金融资产或金融负债的合同义务；

（3）将来须用或可用企业自身可变数量的权益工具进行结算的

非衍生工具合同，企业根据该合同将交付非固定数量的自身权益工具；

（4）将来须用或可用企业自身权益工具进行结算的衍生工具合同，但企业以固定金额的现金或其他金融资产换取固定数量的自身权益工具的衍生工具合同义务除外。

3. 权益工具

权益工具，是指能证明拥有某个企业在扣除所有负债后的资产中的剩余权益的合同。权益工具包括企业发行的普通股、优先股、认股权证等。

（三）金融工具列报的主要目的

1. 金融工具列报的含义

金融工具列报，包括金融工具列示和金融工具披露。金融工具列示，是指发行金融工具的企业应当将其正确地在资产负债表中将其列示为一项金融资产、金融负债或者权益工具，并在利润表中的相关项目中列示与金融工具有关的收入、费用、利得或损失。金融工具披露，是指发行金融工具的企业应当在财务报表附注中披露与金融工具有关的性质、分类、风险及对企业财务报表产生的具体影响。

2. 金融工具列报的主要目的

金融工具信息的列报，应当有助于财务报表使用者了解发行方对发行的金融工具如何进行分类、计量和列示，并就金融工具对企业财务状况和经营成果影响的重要程度、金融工具使企业在报告期间和期末所面临的风险的性质和程度，以及企业如何管理这些风险作出合理评价。

三、金融负债和权益工具的划分

（一）金融工具分类的重要性

企业发行的金融工具，如果是金融资产相对容易判断。但是如果不是金融资产，则需要根据金融负债和权益工具的定义进行分类。企业将其发行的金融工具划分为一项金融负债还是一项权益工具对财务报表具有非常重要的影响。

1. 金融负债的列报

（1）企业发行的金融负债在发行期间应当确认的利息或股利应当计入直接当期损益，其他准则允许资本化的除外。

（2）企业赎回已发行在外的金融负债时产生的利得或损失应当直接计入当期损益。

（3）企业发行的金融负债可以采用公允价值进行后续计量，且公允价值的变动应当计入当期损益。

2. 权益工具的列报

（1）企业发行的权益工具在发行期间应当确认的利息或股利不能确认为当期损益，而应当作为利润分配冲减留存收益。

（2）企业回购已发行在外的权益工具时产生的利得或损失不能确认为当期损益，而应当作为权益的变动进行处理。

（3）发行方不应当确认权益工具的公允价值变动。

3. 交易费用的列报

交易费用，是指可直接归属于购买、发行或处置金融工具的增量费用，包括登记费，承销费，法律、会计、评估及其他专业服务费用，印刷成本和印花税等。

（1）与发行权益工具相关的交易费用的列报。企业发行权益工具时发生的交易费用不能确认为当期损益，而应当从权益的资本溢价（或股本溢价）中扣减，并在附注中单独披露。但属于终止的未完成权益性交易所发生的交易费用应当直接计入当期损益。

（2）与发行债务工具相关的交易费用的列报。企业发行债务工具时发生的交易费用应当在确定其实际利率时予以考虑，并在发行期间的每个资产负债表日确认为当期损益或资产成本。

（3）与复合金融工具相关的交易费用的列报。企业发行复合金融工具时发生的交易费用应当在金融负债成分和权益工具成分之间按照各自占总发行价款的比例进行分摊，然后再根据上述的发行权益工具交易费用和金融负债交易费用的原则进行确认。

（二）金融负债和权益工具的划分原则

1. 金融负债的特点

金融负债的主要特点是企业不能无条件地避免以交付现金或其他金融资产来履行一项合同义务。比如，企业发行的债券，根据合同发行方不可避免地在未来期间要以现金支付债券的本金和利息，就形成了发行方的一项金融负债。

2. 权益工具的特点

权益工具的主要特点是企业不存在通过交付现金或其他金融资产给其他方，或在潜在不利条件下与其他方交换金融资产或金融负债的合同义务。将来须用或可用企业自身权益工具结算。

企业对全部现有同类别非衍生自身权益工具的持有方同比例发行配股权、期权或认股权证，使之有权按比例以固定金额的任何货币换取固定数量的该企业自身权益工具的，该类配股权、期权或认股权证应当分类为权益工具。

（三）权益工具的划分条件

在同时满足下列两个条件的情况下，企业应当将发行的金融工具分类为权益工具：

（1）该金融工具应当不包括交付现金或其他金融资产给其他方，或在潜在不利条件下与其他方交换金融资产或金融负债的合同义务；

（2）将来企业须用或可用企业自身权益工具结算该金融工具，同时还要考虑金融工具的类型：

①如果该金融工具为非衍生工具，该金融工具应当不包括交付可变数量的自身权益工具进行结算的合同义务；

②如果该金融工具为衍生工具，企业只能通过以固定数量的自身权益工具交换固定金额的现金或其他金融资产结算该金融工具。

（四）以企业自身权益工具进行结算的金融工具的划分

在某些情况下，企业发行的金融工具须用或可用自身权益工具进行结算，此时该金融工具的划分需要区分以下几种情形：

（1）如果企业发行自身权益工具是作为现金或其他金融资产的替代品，则该金融工具应当划分为发行方的金融负债。

（2）如果企业发行自身权益工具是为了使该工具持有方享有在发行方扣除所有负债后的资产中的剩余权益，则该金融工具应当划分为发行方的权益工具。

（3）在某些情况下，金融工具合同规定企业须用或可用自身权益工具结算该金融工具，其中合同权利或合同义务的金额等于可获取或需交付的自身权益工具的数量乘以其结算时的公允价值。此时，无论该合同权利或合同义务的金额是固定的，还是完全或部分地取决于除企业自身权益工具的市场价格以外变量（例如利率、某种商品的价格或某项金融工具的价格）的变动而变动，该金融工具合同均应当分类为金融负债。

（五）发行方承担了回购自身权益工具义务的金融工具划分

如果一项合同使发行方承担了以现金或其他金融资产回购自身权益工具的义务，即使发行方的回购义务取决于合同对手方是否行使回售权，发行方应当在初始确认时将该义务确认为一项金融负债，其金额等于回购自身权益工具所需支付金额的现值，包括远期回购价格的现值、期权行权价格的现值或其他回售金额的现值。

【例8-1】2014年3月1日，甲公司对外发行累积优先股，发行价格为每股10元。合同规定：

（1）优先股股东每年可以获得每股0.5元的股利。

（2）2016年3月1日，甲公司应当以每股12元的价格回购其发行在外的优先股。

分析：在本例中，由于甲公司承担了以现金回购自身权益工具的义务，所以应当将该优先股划分为金融负债，并以未来回购应支付现金的现值对其进行初始计量。

如果最终发行方无须以现金或其他金融资产回购自身权益工具，应当在合同到期时将该项金融负债按照账面价值重分类为权益工具。

（六）附有或有结算条款的金融工具的分类

1. 附有或有结算条款金融工具的含义

附有或有结算条款的金融工具，是指发行方是否通过交付现金或其他金融资产进行结算，或者是否以其他导致该金融工具成为金融负债的方式进行结算，需要由发行方和持有方均不能控制的未来不确定事项（如股价指数、消费价格指数变动，利率或税法变动，发行方未来收入、净收益或债务权益比率等）的发生或不发生（或发行方和持有方均不能控制的未来不确定事项的结果）来确定的金融工具。

2. 附有或有结算条款金融工具的划分

对于附有或有结算条款的金融工具，发行方应当考虑能否避免以交付现金或其他金融资产进行结算。

（1）如果发行方不能无条件地避免交付现金、其他金融资产或以其他导致该工具成为金融负债的方式进行结算的，则该金融工具应当分类为金融负债。

（2）如果或有结算条款满足下列条件之一的，发行方应当将其分类为权益工具：

①要求以现金、其他金融资产或以其他导致该工具成为金融负债的方式进行结算的或有结算条款几乎不具有可能性，即相关情形极端罕见、显著异常或几乎不可能发生。

②只有在发行方清算时，才需以现金、其他金融资产或以其他导致该工具成为金融负债的方式进行结算。

③属于可回售工具。

3. 存在结算选择权的衍生工具的划分

存在结算选择权的衍生工具，是指合同规定发行方或持有方能选择以现金或其他金融资产或以发行股份交换现金等方式进行结算的衍生工具。

对于存在结算选择权的衍生工具，发行方应当将其确认为一项金融资产或一项金融负债，但所有可供选择的结算方式均表明该衍生工具应当确认为权益工具的除外。

（七）复合金融工具的确认

1. 复合金融工具的含义及处理原则

复合金融工具，是指同时包含金融负债和权益工具的成分的非衍生工具。比如，企业发行的可转换债券，允许投资者选择将其转换为发行方的普通股，既含有金融负债的成分，也有因为转换权带来的权益工具的成分。

复合金融工具企业所发行的非衍生工具可能同时包含金融负债成分和权益工具成分，因而企业应当对发行的非衍生工具进行评估，以确定所发行的工具是否为复合金融工具。对于复合金融工具，发行方应于初始确认时将各组成部分分别分类为金融负债、金融资产或权益工具。

2. 复合金融工具的拆分方法

企业发行的复合金融工具，同时包含金融负债成分和权益工具成分的，应当在初始计量时按照以下步骤进行拆分：

（1）确定金融负债成分的公允价值。金融负债成分的公允价值，按照该金融工具未来期间发生的现金流量，采用发行日具有相同信用等级的债务工具的市场利率进行折现计算的现值进行计量。金融负债成分在复合金融工具发行期间采用实际利率法确定各期的利息费用，并按照摊余成本在资产负债表中的负债部分进行列报。

（2）确定权益工具成分的公允价值。权益工具成分的公允价值，等于企业发行复合金融工具的公允价值，减去金融负债成分的公允价值。权益工具成分在复合金融工具发行期间不作调整，并在资产负债表所有者权益部分中的资本公积项目中进行列报。

【例8－2】2014年1月1日，甲公司发行3 000份可转换债券。该债券期限为5年，票面利率为5%，按照面值1 000元发行。利息于每年年末支付。

合同规定：债券到期日，投资者可以选择将每份债券转换为 200 股面值为 1 元的普通股股票。假定市场上与之信用等级相同但没有转股权的债券的市场利率为 8%。

分析：甲公司发行的可转换债券属于复合金融工具，应当在发行日进行拆分，以此确定金融负债成分和权益工具成分的公允价值，具体计算过程如表 8－1 所示。

表 8－1

项目	计算过程	金额（元）
可转换债券公允价值	3 000 × 1 000	3 000 000
金融负债成分的公允价值		
可转换债券面值现值	3 000 000 ×（P/F，8%，5）	2 041 750
可转换债券利息现值	3 000 000 × 5% ×（P/A，8%，6）	598 907
合计	2 041 750 + 598 907	2 640 657
权益工具成分的入账价值	3 000 000 － 2 640 657	359 343

2014 年 1 月 1 日，甲公司发行可转换债券时编制的会计分录为：

借：银行存款　　3 000 000

　　应付债券——利息调整　　359 343

　　贷：应付债券——面值　　3 000 000

　　　　资本公积——其他资本公积　　359 343

2014 年 12 月 31 日，甲公司确认利息费用并支付利息的会计分录为：

利息费用 = 2 640 657 × 8% = 211 253（元）

借：财务费用　　211 253

　　贷：银行存款　　150 000

　　　　应付债券——利息调整　　61 253

2019年12月31日，假定所有的可转换债券均选择转换为普通股，甲公司应当编制的会计分录为：

转换普通股的数量 = 3 000 × 200 = 600 000（股）

借：应付债券——面值　　3 000 000
　　资本公积——其他资本公积　　359 343
　　贷：股本　　600 000
　　　　资本公积——股本溢价　　2 759 343

（八）合并财务报表中对金融工具的分类

在合并财务报表中对金融工具（或其组成部分）进行分类时，企业应当考虑集团成员和金融工具的持有方之间达成的所有条款和条件。如果集团作为一个整体由于该工具承担了交付现金、其他金融资产或以其他导致该工具成为金融负债的方式进行结算的义务，则该工具应当分类为金融负债。

（九）可回售金融工具的分类

1. 可回售金融工具的定义

可回售工具，是指根据合同约定，持有方有权将该工具回售给发行方以获取现金或其他金融资产的权利，或者在未来某一不确定事项发生或者持有方死亡或退休时，自动回售给发行方的金融工具。

2. 符合金融负债定义的可回售金融工具的划分方法

企业发行的可回售金融工具如果符合金融负债定义，但同时具有下列特征的可回售工具，应当分类为权益工具：

（1）赋予持有方在企业清算时按比例份额获得该企业净资产的权利。其中，企业净资产，是指扣除所有优先于该工具对企业资产要求权之后的剩余资产。按比例份额是指清算时将企业的净资产分拆为金额相等的单位，并且将单位金额乘以持有方所持有的单位数量。

（2）该工具所属的类别次于其他企业发行的所有工具类别，即该工具在归属于该类别前无须转换为另一种工具，且在清算时对企业资产没有优先于其他工具的要求权。

（3）该类别的所有工具具有相同的特征（例如它们必须都具有可回售特征，并且用于计算回购或赎回价格的公式或其他方法都相同）。

（4）除了发行方应当以现金或其他金融资产回购或赎回该工具的合同义务外，该工具不满足本准则规定的金融负债定义中的任何其他特征。

（5）该工具在存续期内的预计现金流量总额，应当实质上基于该工具存续期内企业的损益、已确认净资产的变动、已确认和未确认净资产的公允价值变动（不包括该工具的任何影响）。

3. 附有清算义务金融工具的分类

符合金融负债定义，但同时具有下列特征的发行方仅在清算时才有义务向另一方按比例交付其净资产的金融工具，应当分类为权益工具：

（1）赋予持有方在企业清算时按比例份额获得该企业净资产的权利；

（2）该工具所属的类别次于其他所有工具类别；

（3）在次于其他所有类别的工具类别中，发行方对该类别中所有工具都应当在清算时承担按比例份额交付其净资产的同等合同义务。

产生上述合同义务的清算确定将会发生并且不受发行方的控制（如发行方本身是有限寿命主体），或者发生与否取决于该工具的持有方。

4. 分类为权益工具的可回售工具应当不具备的特征

分类为权益工具的可回售工具，或发行方仅在清算时才有义务向另一方按比例交付其净资产的金融工具，除应当具有上述特征外，其发行方应当没有同时具备下列特征的其他金融工具或合同：

（1）现金流量总额实质上基于企业的损益、已确认净资产的变动、已确认和未确认净资产的公允价值变动（不包括该工具或合同的任何影响）；

（2）实质上限制或固定了上述符合金融负债定义的可回售金融工具或附有清算义务金融工具持有方所获得的剩余回报。

5. 特殊金融工具的重分类

如果上述划分为权益工具的特殊金融工具，不再具有上述特征，发行方应当将其重分类为金融负债，以重分类日该工具的公允价值计量，重分类日权益工具的账面价值和金融负债的公允价值之间的差额确认为权益。

按照本章规定分类为金融负债的金融工具，自具有上述特征之日起，发行方应当将其重分类为权益工具，以重分类日金融负债的账面价值计量。

企业发行的满足上述规定分类为权益工具的金融工具，在其母公司的合并财务报表中对应的少数股东权益部分，应当分类为金融负债。

四、权益工具的核算

（一）股票的定义及分类

1. 股票的定义

股票是股份有限公司对股东发行的所有权凭证，是股份有限公司为筹集资金而发行给各个股东作为持股凭证并借以取得股息和红利的一种有价证券。

2. 股票的分类

股票根据股东的权利不同可以分为普通股和优先股。

（1）普通股（ordinary share，common stock），是指股东在公司经营管理和盈利及财产的分配上享有普通权利的股份，代表满足所有债权偿付要求及优先股东的收益权与求偿权要求后对企业盈利和剩余财产的索取权。目前在我国上海和深圳证券交易所中交易的股票，都是普通股。普通股股东的权利包括：股利收益权、剩余财产要求权、投票表决权和优先认股权。

（2）优先股是（preference share），是指股东在公司分配红利和剩余财产分配时具有比普通股优先权利的股份。优先股的优先权利包括：股利优先分配权和剩余财产优先分配权。优先股根据不同分类方式可以分为：累计优先股和非累计优先股；参与分配优先股和非参与分配优先股；可转换优先股和不可转换优先股；可赎回优先股和不可赎回优先股。

（二）股票发行的核算

1. 以现金发行股票的核算

股份有限公司通常情况下采用现金发行股票的方式，发行股票时按照发行价格扣除发行费用后的净额确认货币资金的增加，同时按照股票的面值计入股本，超过股本的部分计入资本公积（股本溢价）。

【例 8－3】2014 年 5 月 23 日，甲公司对外发行 100 000 股普通股，该股票面值为 1 元，发行价格为每股 5 元，发行费用为发行收入的 3%。

分析：在本例中，发行费用应当直接从发行股票的溢价中予以扣除。

发行费用 = 5 × 100 000 × 3% = 15 000（元）

发行净收入 = 5 × 100 000 － 15 000 = 485 000（元）

2014 年 5 月 23 日，甲公司发行股票时应当编制的会计分录为：

借：银行存款　　485 000

　　贷：股本　　100 000

　　　　资本公积——股本溢价　　385 000

2. 股票认购的核算

在实务中，公司发行股票分为认购和发行两个阶段。在认购阶段，股票没有真正发行，应当设置“已认购股本”来核算已认购但尚未发行的股票。当股东缴足全部认股款项时，公司再按照规定发行股票。

【例 8 - 4】 2014 年 6 月 13 日，甲公司的普通股开始向社会公众公开认购。甲公司已认购的股票数量为 200 000 股，每股认购价格为 3 元。

2014 年 6 月 13 日，甲公司股票认购时应当编制的会计分录为：

借：应收认股款 600 000

　　贷：已认购股本 600 000

【例 8 - 5】 承【例 8 - 4】，2014 年 6 月 16 日，甲公司收到全部已认购股票的款项。

2014 年 6 月 16 日，甲公司收到全部认股款时应当编制的会计分录为：

借：银行存款 600 000

　　贷：应收认股款 600 000

【例 8 - 6】 承【例 8 - 5】，2014 年 6 月 17 日，甲公司向已认购股票的股东实际发行普通股 200 000 股，股票面值为 1 元。

2014 年 6 月 17 日，甲公司实际发行股票时：

借：已认购股本 600 000

　　贷：股本 200 000

　　　　资本公积——股本溢价 400 000

3. 以非现金资产发行股票

在特定情况下，公司可能向股东发行普通股以取得一项或多项非现金资产。此时，非现金资产应当以股东协议约定的价格入账（股东协议约定的价格不公允的除外）。非现金资产入账价值与股本之间的差额确认为资本公积（股本溢价）。

【例 8 - 7】 2014 年 7 月 21 日，甲公司向乙公司发行面值为 1 元的普通股合计 50 000 股，换取乙公司持有的一项专利权。该专利权根据各方协议约定的价值为市场价格 200 000 元。

2014 年 7 月 21 日，甲公司发行股票时应当编制的会计分录为：

借：无形资产——专利权 200 000

　　贷：股本 50 000

资本公积——股本溢价 150 000

4. 优先股发行的核算

当公司发行优先股，应当按照发行价格扣除发行费用后的净额确认为“其他权益工具——优先股”。

【例8-8】2014年11月26日，甲公司发行200 000元的优先股，发行价格为每股10元。

2014年11月26日，甲公司发行优先股时应当编制的会计分录为：

借：银行存款 2 000 000

贷：其他权益工具——优先股 2 000 000

（三）股票注销的核算

当企业回购股票并注销时，应当按照股票的面值结转股本科目，按照回购价格与面值之间的差额，先确认资本公积；资本公积不足冲减的，再按比例冲减留存收益项目。

【例8-9】2014年12月5日，为了增强大股东对公司的控制权，甲公司按照市价每股10元的价格回购公司发行在外的普通股20 000股并立即注销。该股票的面值为1元。甲公司股本溢价科目的余额为30 000元，公司按照净利润的10%提取盈余公积。

分析：甲公司回购股票立即注销应当按面值冲减股本科目，面值与回购价格之间的差额先冲减资本公积，不足冲减的部分再按比例冲减盈余公积和未分配利润项目。

回购价格 = 20 000 × 10 = 200 000（元）

留存收益冲减金额 = 200 000 − 20 000 − 30 000 = 150 000（元）

应当冲减的盈余公积 = 150 000 × 10% = 15 000（元）

应当冲减的未分配利润 = 150 000 × 90% = 135 000（元）

2014年12月5日，甲公司回购并注销发行在外的普通股时应当编制的会计分录为：

借：股本 20 000

资本公积——股本溢价 30 000

盈余公积 15 000

利润分配——未分配利润 135 000

贷：银行存款 200 000

（四）库存股的核算

1. 库存股的含义

库存股，是指企业回购后但尚未注销的股票。库存股属于已发行股票，但因为发行方回购所以不在外流通。库存股未来可以再重新流通，或者直接注销。

2. 库存股的特点

（1）库存股可由企业自身购回和持有，也可由集团合并范围内的其他成员购回和持有。

（2）库存股由于不在外流通，因而不得参与利润分配，也不具有表决权。

（3）库存股存在的目的主要是为了满足股权激励的需求。

3. 库存股的核算方法

（1）库存股的入账价值。库存股按照企业回购形成库存股所支付的对价和相关交易费用的金额进行计量。

（2）库存股再流通的核算。企业因股权激励等原因将已回购形成的库存股再对外流通时，应当按照库存股的账面价值按比例结转库存股，并将其与股票公允价值的差额确认为资本公积（股本溢价）；如果资本公积不够冲减的，再冲减留存收益项目。

（3）库存股注销的核算。企业将回购的库存股注销时，应当按照库存股的账面价值按比例结转库存股，同时按股票的面值冲减股本，将其差额确认为资本公积（股本溢价）；资本公积不够冲减的，再冲减留存收益项目。

【例 8-10】2014 年 1 月 6 日，甲公司回购 20 000 股流通在外的普通股作为库存股，回购价格为 12 元。已知该股票的面值为 1 元。

分析：甲公司回购的股票没有注销形成库存股，应当按照回购价格确认库存股的金额。

库存股的入账价值 = 20 000 × 12 = 240 000（元）

2014年1月6日，甲公司回购库存股时应当编制的会计分录为：

借：库存股　　240 000

　　贷：银行存款　　240 000

【例8-11】承【例8-10】，2014年2月17日，甲公司以每股13元的市场价格出售5 000股库存股。

分析：甲公司将库存股出售再转换为流通股，应当按照库存股的成本每股12元结转库存股的账面价值，与公允价值每股13元的差额确认为资本公积。

库存股结转的价值 = 5 000 × 12 = 60 000（元）

库存股出售所得金额 = 5 000 × 13 = 65 000（元）

2014年2月17日，甲公司出售库存股时应当编制的会计分录为：

借：银行存款　　65 000

　　贷：库存股　　60 000

　　　　资本公积——股本溢价　　5 000

【例8-12】承【例8-11】，2014年3月19日，甲公司以每股11元的市场价格出售8 000股库存股。假定甲公司股本溢价明细科目的余额为5 000元，甲公司按照10%提取盈余公积。

分析：甲公司将库存股出售再转换为流通股，应当按照库存股的成本每股12元结转库存股的账面价值，与公允价值每股11元的差额先冲减资本公积，不足冲减的部分再冲减盈余公积和未分配利润。

库存股结转的价值 = 8 000 × 12 = 96 000（元）

库存股出售所得金额 = 8 000 × 11 = 88 000（元）

冲减留存收益的金额 = 96 000 - 88 000 - 5 000 = 3 000（元）

冲减盈余公积的金额 = 3 000 × 10% = 300（元）

冲减未分配利润的金额＝3 000×90%＝2 700（元）

2014 年 3 月 19 日，甲公司出售库存股时应当编制的会计分录为：

借：银行存款　　88 000

　　资本公积——股本溢价　　5 000

　　盈余公积　　300

　　利润分配——未分配利润　　2 700

　　贷：库存股　　96 000

【例 8－13】 承【例 8－12】，2014 年 5 月 13 日，甲公司将剩余的库存股注销。已知甲公司股票的面值为 1 元。

分析：由于甲公司股本溢价明细科目没有余额，因而甲公司将库存股注销时，应当将库存股的成本与股票面值的差额按比例冲减盈余公积和未分配利润。

库存股结转的价值＝（20 000－5 000－8 000）×12＝84 000（元）

股票注销的面值＝（20 000－5 000－8 000）×1＝7 000（元）

留存收益冲减的金额＝84 000－7 000＝81 000（元）

盈余公积冲减的金额＝81 000×10%＝8 100（元）

未分配利润冲减的金额＝81 000×90%＝72 900（元）

2014 年 5 月 13 日，甲公司注销库存股时应当编制的会计分录为：

借：股本　　7 000

　　盈余公积　　8 100

　　利润分配——未分配利润　　72 900

　　贷：库存股　　84 000

4. 库存股的列报

库存股应当作为所有者权益的抵减项目，在资产负债表中的所有者权益项目中以负号列报。

五、金融资产与金融负债的抵消列示

出于相关性与明晰性的会计信息质量要求，《企业会计准则第 30 号——财务报表列报》明确指出，性质或功能不同的项目，应当在财务报表中单独列报。这一点同样适用于金融资产与金融负债。《企业会计准则第 37 号——金融工具列报（修订）》（以下简称本准则）也明确规定，金融资产和金融负债应当在资产负债表内分别列示，不得相互抵消。但如果满足一定条件，金融资产与金融负债应当以抵消后的净额在资产负债表内列示，这就是金融资产与金融负债的抵消。

（一）金融资产与金融负债抵消列示的条件

本准则规定，同时满足下列条件的，金融资产与金融负债应当以相互抵消后的净额在资产负债表内列示。换言之，金融资产与金融负债的净额列示标准如下：

第一，企业具有抵消已确认金额的法定权利，且该种法定权利是当前可执行的。

抵消权是债务人根据合同或其他协议，以应收债权人的金额全部或部分抵消应付债权人的金额的法定权利。在某些情况下，如果债务人、债权人和第三方三者之间签署的协议明确表示债务人拥有该抵消权，并且不违反相关法律或法规，债务人可能拥有以应收第三方的金额抵消应付债权人的金额的法定权利。

抵消权应当不取决于未来事项，而且在企业和所有交易对手方的正常经营过程中，或在出现违约、无力偿债或破产等各种情形下，企业均可执行该法定权利。在确定抵消权是否可执行时，企业应当充分考虑相关法律和法规要求以及合同约定等各方面因素。

当前可执行的抵消权不构成互相抵消的充分条件，企业既不打算行使抵消权（即净额结算），又无计划同时结算金融资产和金融负债的，该金融资产和金融负债不得抵消。

在没有法定权利的情况下，一方或双方即使有意向以净额为基础进行结算或同时结算相关金融资产和金融负债的，该金融资产和金融负债也不得抵消。

第二，企业计划以净额结算，或同时变现该金融资产和清偿该金融负债。

举例而言，比如甲公司与乙公司之间有长期合作关系，二者存在大量零散的往来结算款项，为简化结算手续，甲公司和乙公司在合同中明确约定，双方往来款项定期以净额结算，如每个季度结清一次。这种情况一般就满足金融资产和金融负债相互抵消的条件，应当在资产负债表中以净额列示相关的应收款项或应付款项。

对于不满足终止确认条件的金融资产转移，转出方不得将已转移的金融资产和相关负债进行抵消。

企业同时结算金融资产和金融负债的，如果该结算方式相当于净额结算，则满足本准则规定的以净额结算的标准。这种结算方式必须在同一结算过程或周期内处理了相关应收和应付款项，最终消除或几乎消除了信用风险和流动性风险。

如果某结算方式同时具备如下特征，可视为满足净额结算标准：

（1）符合抵消条件的金融资产和金融负债在同一时点提交处理；

（2）金融资产和金融负债一经提交处理，各方即承诺履行结算义务；

（3）金融资产和金融负债一经提交处理，除非处理失败，这些资产和负债产生的现金流量不可能发生变动；

（4）以证券作为担保物的金融资产和金融负债，通过证券结算系统或其他类似机制进行结算（例如券款对付），即如果证券交付失败，则以证券作为抵押的应收款项或应付款项的处理也将失败，反之亦然；

（5）若发生上述（4）所述的失败交易，将重新进入处理程序，直至结算完成；

（6）由同一结算机构执行；

（7）有足够的日间信用额度，并且能够确保该日间信用额度一经申请提取即可履行，以支持各方能够在结算日进行支付处理。

（二）金融资产与金融负债不得抵消的几种情形

在下列情况下，通常认为不满足本准则规定的以净额进行结算的条件，不得抵消相关金融资产和金融负债：

（1）使用多项不同金融工具来仿效单项金融工具的特征，即“合成工具”。例如，利用浮动利率长期债券与收取浮动利息且支付固定利息的利率互换，合成一项固定利率长期负债。

（2）金融资产和金融负债虽然具有相同的主要风险敞口（例如，远期合同或其他衍生工具组合中的资产和负债），但涉及不同的交易对手方。

（3）无追索权金融负债与作为其担保品的金融资产或其他资产。

（4）债务人为解除某项负债而将一定的金融资产进行托管（例如偿债基金或类似安排），但债权人尚未接受以这些资产清偿负债。

（5）因某些导致损失的事项而产生的义务预计可以通过保险合同向第三方索赔而得以补偿。

企业与同一交易对手方进行多项金融工具交易时，可能与对手方签订“总互抵协议”。这里所谓的总互抵协议，是指协议所涵盖的所有金融工具中的任何一项合同在发生违约或终止时，就协议所涵盖的所有金融工具按单一净额进行结算。本准则规定，只有满足本准则规定的净额结算的条件时，总互抵协议下的相关金融资产和金融负债才能抵消。

此外，企业应当将金融资产和金融负债的抵消与终止确认区别开来。抵消金融资产和金融负债并在资产负债表中以净额列示，不应当产生利得或损失；而终止确认则是从资产负债表列示的项目中移除相关金融资产或金融负债，有可能产生利得或损失。

六、金融工具对财务状况和经营成果影响的列报

（一）一般性规定

第一，企业在对金融工具各项目进行列报时，应当根据金融工具的特点及相关信息的性质对金融工具进行归类，并充分披露与金融工具相关的信息，使得财务报表附注中的披露与财务报表列示的各项目相互对应。

第二，在确定金融工具的列报类型时，企业至少应当将本准则范围内的金融工具区分为以摊余成本计量和以公允价值计量的类型。

第三，企业应当根据自身实际情况，按照本准则要求，合理确定列报金融工具的详细程度，既不应列报大量过于详细的信息从而掩盖了真正重要的信息，也不得列报过于汇总的信息从而难以区分各项交易或相关风险之间的重要差异。

第四，企业应当披露编制财务报表时对金融工具所采用的重要会计政策、计量基础和与理解财务报表相关的其他会计政策等信息。其主要内容包括：

（1）对于指定为以公允价值计量且其变动计入当期损益的金融资产或金融负债，应当披露下列信息：

①指定的金融资产或金融负债的性质；

②初始确认时对上述金融资产或金融负债作出指定的标准；

③如何满足运用指定的标准。

对于以消除或显著减少会计错配为目的的指定，企业应当披露该指定所针对的确认或计量不一致的描述性说明。对于以更好地反映组合的管理实质为目的的指定，企业应当披露该指定符合企业正式书面文件载明的风险管理或投资策略的描述性说明。对于整体指定为以公允价值计量且其变动计入当期损益的混合工具，企业应当披露运用指定标准的描述性说明。

（2）指定金融资产为可供出售金融资产的标准。

（3）金融资产常规购买和出售的会计政策。

（4）核销减值准备并减记金融资产账面价值的原则。

（5）如何确定每类金融工具的利得或损失。

（6）存在客观证据表明金融资产已发生减值的适用标准。

（7）为避免金融资产逾期或减值而重新议定条款的金融资产所适用的会计政策。

（二）资产负债表中的列示及相关披露

1. 关于资产负债表应列报的项目

企业应当在资产负债表或相关附注中列报下列金融资产或金融负债的账面价值：

（1）以公允价值计量且其变动计入当期损益的金融资产，并分别反映交易性金融资产和在初始确认时指定为以公允价值计量且其变动计入当期损益的金融资产；

（2）持有至到期投资；

（3）贷款和应收款项；

（4）可供出售金融资产；

（5）以公允价值计量且其变动计入当期损益的金融负债，并分别反映交易性金融负债和在初始确认时指定为以公允价值计量且其变动计入当期损益的金融负债；

（6）其他金融负债。

2. 指定为以公允价值计量且其变动计入当期损益的贷款或应收款项的信息披露

企业将单项或一组贷款或应收款项指定为以公允价值计量且其变动计入当期损益的金融资产的，应当披露下列信息：

（1）资产负债表日该贷款或应收款项使企业面临的最大信用风险敞口。信用风险，是指金融工具的一方不履行义务，造成另一方发生财务损失的风险。

（2）相关信用衍生工具或类似工具使得该最大信用风险敞口降

低的金额。

（3）该贷款或应收款项因信用风险变动引起的公允价值本期变动额和累计变动额。这些变动额，是该贷款或应收款项公允价值变动扣除由于市场风险因素的变化导致公允价值变动后的部分；或是企业以能够更真实地反映信用风险变动导致该贷款或应收款项公允价值变动的其他方法确定的金额。市场风险因素的变化包括，可观察的利率、商品价格、汇率以及价格指数、利率指数、汇率指数等指数的变动。

对于该贷款或应收款项因信用风险变动引起的公允价值本期变动额和累计变动额，企业应当披露相关金额的确定方法。如果企业认为披露的信息未能真实反映相关金融工具公允价值变动中由信用风险引起的部分，则应当披露企业作出此结论的原因及其他需要考虑的因素。

（4）相关信用衍生工具或类似工具的公允价值本期变动额和自该贷款或应收款项被指定以来的公允价值累计变动额。

3. 指定为以公允价值计量且其变动计入当期损益的金融负债的信息披露

企业将一项金融负债指定为以公允价值计量且其变动计入当期损益的金融负债的，应当披露下列信息：

（1）该金融负债因信用风险变动引起的公允价值本期变动额和累计变动额。这些变动额，是该金融负债公允价值变动扣除由于市场风险因素的变化导致公允价值变动后的部分；或是企业以能够更真实地反映信用风险变动导致该金融负债公允价值变动的其他方法确定的金额。对于包含投资连结特征的合同，市场风险因素的变化包括相关内部或外部投资组合业绩的变动。

同样，对于该金融负债因信用风险变动引起的公允价值本期变动额和累计变动额，企业应当披露相关金额的确定方法。如果企业认为披露的信息未能真实反映相关金融工具公允价值变动中由信用风险引起的部分，则应当披露企业作出此结论的原因及其他需要考虑的因素。

（2）该金融负债的账面价值与按合同约定到期应支付债权人金额之间的差额。

4. 关于金融工具抵消方面的信息披露

本准则规定，对于所有可执行的总互抵协议或类似协议下的已确认金融工具，以及符合本准则规定的金融资产与金融负债抵消列示条件的已确认金融工具，企业应当在报告期末以表格形式分别按金融资产和金融负债披露下列定量信息：

（1）已确认金融资产和金融负债的总额。

（2）按本准则规定抵消的金额。

（3）在资产负债表中列示的净额。

（4）可执行的总互抵协议或类似协议确定的，未包含在本条（2）中的金额，包括：

①不满足本准则抵消条件的已确认金融工具的金额；

②与财务担保物（包括现金担保）相关的金额，以在资产负债表中列示的净额扣除不满足本准则抵消条件的已确认金融工具的金额后的余额为限。

（5）资产负债表中列示的净额扣除可执行的总互抵协议或类似协议确定的金额（不包含抵消金额）后的余额。

对于上述可执行的总互抵协议或类似协议，企业应当披露协议中抵消权的条款及其性质等信息，以及不同计量基础的金融工具适用本条时产生的计量差异。

5. 关于分类为权益工具的可回售工具的信息披露

对于按照本准则规定而分类为权益工具的可回售工具，企业应当披露以下信息：

（1）可回售工具的汇总定量信息。

（2）对于按持有方要求承担的回购或赎回义务，企业的管理目标、政策和程序及其变化。

（3）回购或赎回可回售工具的预期现金流出金额以及确定方法。

6. 关于金融工具重分类的信息披露

（1）企业将金融资产进行重分类，改变了该金融资产后续计量基础的，应当披露该金融资产重分类前后的公允价值或账面价值和重分类的原因。

（2）企业将本准则规定的特殊金融工具在金融负债和权益工具之间重分类的，应当分别披露重分类前后的公允价值或账面价值，以及重分类的时间和原因。

7. 财务担保物的信息披露

企业应当披露作为负债或或有负债担保物的金融资产的账面价值，以及与该项担保有关的条款和条件。其中，对于已转移金融资产的担保物，转入方有权出售或再抵押的，转出方应当在资产负债表中单独列示该金融资产。

企业取得的担保物，在担保物所有人未违约时可出售或再抵押的，应当披露其公允价值、已出售或再抵押担保物的公允价值，以及承担的返还义务和使用担保物的条款和条件。

8. 金融资产减值信息披露

企业应当设置专门的备抵账户，记录每类金融资产因信用损失发生的减值，并披露减值准备的期初余额，本期计提、转回、转销、核销及其他变动的金额和期末余额等信息。

9. 复合金融工具信息披露

对于企业发行的包含金融负债和权益工具成分的复合金融工具，嵌入了价值相互关联的多项衍生工具（如可赎回的可转换债务工具）的，应当披露相关特征。

10. 关于除短期应付款项之外的金融负债方面的信息披露

除短期应付款项之外的金融负债，企业应当披露下列信息：

（1）本期发生拖欠的金融负债的本金、利息、偿债基金、赎回条款的详细情况。

（2）发生拖欠的金融负债的期末账面价值。

（3）在财务报告批准对外报出前，就拖欠事项已采取的补救措施、对债务条款的重新议定等情况。

企业本期发生了拖欠以外的其他违约情况，且债权人有权在发生违约时要求企业提前偿还的，企业应当按上述要求披露。如果在期末前相关违约情况已得到补救或已重新议定债务条款，则无须披露。

（三）利润表中的列示及相关披露

根据本准则，企业应当披露与金融工具有关的下列收入、费用、利得或损失：

（1）当期各类金融资产和金融负债所产生的利得或损失。其中，指定为以公允价值计量且其变动计入当期损益的金融资产和金融负债以及交易性金融资产和金融负债的利得或损失应当分别披露。对于可供出售金融资产，应当分别披露当期在其他综合收益中确认的以及当期从权益转入损益的利得或损失。

（2）除以公允价值计量且其变动计入当期损益的金融资产或金融负债外，按实际利率法计算的金融资产或金融负债产生的利息收入或利息费用总额，以及直接计入当期损益但在确定实际利率时未包括的手续费收入或支出。

（3）企业通过信托和其他托管活动代他人持有资产或进行投资而形成的，直接计入当期损益的手续费收入或支出。

（4）已发生减值的金融资产产生的利息收入。

（5）每类金融资产本期发生的减值损失。

（四）套期保值相关披露

（1）企业应当披露与每类套期有关的下列信息：

①每类套期的描述。

②对套期工具的描述及其期末公允价值。

③被套期风险的性质。

（2）企业应当披露与现金流量套期有关的下列信息：

①现金流量预期发生期间及其预期影响损益的期间。

②对于前期运用套期会计方法但预期不再发生的交易的描述。

③本期在其他综合收益中确认的金额。

④本期从所有者权益中转出至利润表各项目的金额。

⑤本期预期交易形成的非金融资产或非金融负债在初始确认时从所有者权益转入的金额。

（3）企业应当单独披露下列关于套期会计的信息：

①在公允价值套期中，套期工具本期形成的利得或损失，以及被套期项目因被套期风险形成的利得或损失。

②在现金流量套期中，本期套期无效部分形成的利得或损失。

③在境外经营净投资套期中，本期套期无效部分形成的利得或损失。

（五）公允价值披露

1. 企业应予披露的金融资产与金融负债的公允价值信息

一般情况下，企业应当披露每一类金融资产和金融负债的公允价值，并与账面价值进行比较。下述企业按规定可以不披露有关金融资产或金融负债的公允价值信息的情况除外。

对于在资产负债表中相互抵消的金融资产和金融负债，其公允价值应当以抵消后的金额披露。

金融资产或金融负债初始确认的公允价值与交易价格存在差异时，如果其公允价值并非基于相同资产或负债在活跃市场中的报价，也非基于仅使用可观察市场数据的估值技术，企业在初始确认金融资产或金融负债时不应确认利得或损失。在此情况下，企业应当按金融资产或金融负债的类型披露下列信息：

（1）企业在损益中确认交易价格与初始确认的公允价值之间差额时所采用的会计政策，以反映市场参与者对资产或负债进行定价时所考虑的因素（包括时间因素）的变动。

（2）该项差异期初和期末尚未在损益中确认的金额和本期变动额。

（3）企业如何认定交易价格并非公允价值的最佳证据，以及确定公允价值的证据。

2. 企业可以不披露金融资产或金融负债的公允价值信息的情况

本准则规定，企业可以不披露下列金融资产或金融负债的公允价值信息：

（1）账面价值与公允价值差异很小的金融资产或金融负债（如短期应收账款或应付账款）。

（2）活跃市场中没有报价且其公允价值无法可靠计量的权益工具投资以及与该工具挂钩的衍生工具。

（3）包含相机分红特征且其公允价值无法可靠计量的合同。

而针对活跃市场中没有报价且其公允价值无法可靠计量的权益工具投资以及与该工具挂钩的衍生工具，以及包含相机分红特征且其公允价值无法可靠计量的合同，准则规定企业应当披露下列信息：

（1）对金融工具的描述及其账面价值，以及因公允价值无法可靠计量而未披露其公允价值的事实和说明。

（2）金融工具的相关市场信息。

（3）企业是否有意图及如何处置这些金融工具。

（4）已终止确认金融工具的事实，以及终止确认时的账面价值和形成的利得或损失。

七、与金融工具相关的风险披露

金融工具在给参与主体带来经营便利和收益的同时，也使得企业等参与者主体处于多种风险当中，加强对金融工具的相关风险的披露构成金融工具列报的一项重要内容，也是投资者十分关注的信息。与金融工具相关的风险主要包括信用风险、流动性风险、市场风险等类型，相关信息披露要求如下。

（一）定性和定量信息

企业应当披露与各类金融工具风险相关的定性和定量信息，以便财务报表使用者评估报告期末金融工具产生的风险的性质和程度，更好地评价企业所面临的风险敞口。

1. 定性信息披露

对金融工具产生的各类风险，企业应当披露下列定性信息：

（1）风险敞口及其形成原因，以及在本期发生的变化。

（2）风险管理目标、政策和程序以及计量风险的方法及其在本期发生的变化。

2. 定量信息披露

对金融工具产生的各类风险，企业应当按类别披露下列定量信息：

（1）期末风险敞口的汇总数据。该数据应当以向内部关键管理人员提供的相关信息为基础。企业运用多种方法管理风险的，披露的信息应当以最相关和可靠的方法为基础。

（2）下述按本准则规定应予以披露的与每类金融工具的具体风险类型（包括信用风险、流动性风险与市场风险）有关的定量信息。

（3）期末风险集中度信息，包括管理层确定风险集中度的说明和参考因素（包括交易对手方、地理区域、货币种类、市场类型等），以及各风险集中度相关的风险敞口金额。

上述期末定量信息不能代表企业本期风险敞口情况的，应当进一步提供相关信息。

（二）信用风险披露

前文已经述及，信用风险，是指金融工具的一方不履行义务，造成另一方发生财务损失的风险。本准则规定，企业应当披露与每类金融工具信用风险有关的下列信息：

（1）在不考虑可利用的担保物或其他信用增级的情况下，企业在资产负债表日的最大信用风险敞口。金融工具的账面价值能代表最大信用风险敞口的，无需提供此项披露。

（2）可利用担保物或其他信用增级的信息及其对最大信用风险敞口的财务影响。

（3）未逾期且未减值的金融资产的信用质量信息。

金融资产在资产负债表日的最大信用风险敞口，通常是账面余额减去减值损失的金额（已减去根据本准则规定已抵消的金额）。

企业应当按类披露在资产负债表日已逾期或已减值的金融资产的下列信息：

（1）已逾期未减值的金融资产的账龄分析。

（2）已发生单项减值的金融资产的分析，包括判断该金融资产发生减值所考虑的因素。

企业本期通过取得担保物或其他信用增级所确认的金融资产或非金融资产，应当披露下列信息：

（1）所确认资产的性质和账面价值。

（2）对于不易变现的资产，应当披露处置或拟将其用于日常经营的政策等。

（三）流动性风险披露

流动性风险，是指企业在履行以交付现金或其他金融资产的方式结算的义务时发生资金短缺的风险。

企业应当披露金融负债按剩余到期期限进行的到期期限分析，以及管理这些金融负债流动性风险的方法：

（1）对于非衍生金融负债（包括财务担保合同），到期期限分析应当基于合同剩余到期期限。对于包含嵌入衍生工具的混合金融工具，应当将其整体视为非衍生金融负债进行披露。

（2）对于衍生金融负债，如果合同到期期限是理解现金流量时间分布的关键因素，到期期限分析应当基于合同剩余到期期限。

当企业将所持有的金融资产作为流动性风险管理的一部分，且披露金融资产的到期期限分析使财务报表使用者能够恰当地评估企业流动性风险的性质和范围时，企业应当披露金融资产的到期期限分析。

企业在披露到期期限分析时，应当运用职业判断确定适当的时间段。列入各时间段内在披露流动性风险所涉及的现金流量金额，应当是未经折现的合同现金流量。

企业可以但不限于按下列时间段进行到期期限分析：

（1）一个月以内（含本数，下同）；

（2）一个月至三个月以内；

（3）三个月至一年以内；

（4）一年至五年以内；

（5）五年以上。

债权人可以选择收回债权时间的，债务人应当将相应的金融负债列入债权人可以要求收回债权的最早时间段内。

债务人应付债务金额不固定的，应当根据资产负债表日的情况确定到期期限分析所披露的金额。如分期付款的，债务人应当把每期将支付的款项列入相应的最早时间段内。财务担保合同形成的金融负债，担保人应当将最大担保金额列入相关方可以要求支付的最早时间段内。

企业应当披露流动性风险敞口汇总定量信息的确定方法。此类汇总定量信息中的现金（或另一项金融资产）流出符合以下条件之一的，应当说明相关事实，并提供有助于评价该风险程度的额外定量信息：

（1）该现金的流出可能显著早于汇总定量信息中所列示的时间。

（2）该现金的流出可能与汇总定量信息中所列示的金额存在重大差异。

如果以上信息已包括在本准则第六十七条规定的到期期限分析中，则无需披露上述额外定量信息。

（四）市场风险披露

1. 市场风险的含义与类型

金融工具的市场风险，是指金融工具的公允价值或未来现金流量因市场价格变动而发生波动的风险，包括汇率风险、利率风险和其他价格风险。

汇率风险，是指金融工具的公允价值或未来现金流量因外汇汇率变动而发生波动的风险。汇率风险可源于以记账本位币之外的外币进行计价的金融工具。

利率风险，是指金融工具的公允价值或未来现金流量因市场利率变动而发生波动的风险。利率风险可源于已确认的计息金融工具和未确认的金融工具（如某些贷款承诺）。

其他价格风险，是指汇率风险和利率风险以外的市场价格变动而发生波动的风险，无论这些变动是由于与单项金融工具或其发行方有关的因素而引起的，还是由于与市场内交易的所有类似金融工具有关的因素而引起的。其他价格风险可源于商品价格或权益工具价格等的变化。

2. 对于市场风险的敏感性分析的披露

在对市场风险进行敏感性分析时，应当以整个企业为基础披露下列信息：

（1）资产负债表日所面临的各类市场风险的敏感性分析。该项披露应当反映资产负债表日相关风险变量发生合理、可能的变动时，将对企业损益和所有者权益产生的影响。对具有重大汇率风险敞口的每一种货币，应当分币种进行敏感性分析。

（2）本期敏感性分析所使用的方法和假设，以及本期发生的变化和原因。

企业采用风险价值法或类似方法进行敏感性分析能够反映金融风险变量之间（如利率和汇率之间等）的关联性，且企业已采用该种方法管理金融风险的，可不按照上述关于市场风险的敏感性分析披露的规定进行披露，但应当披露下列信息：

（1）用于该种敏感性分析的方法、选用的主要参数和假设。

（2）所用方法的目的，以及该方法提供的信息在反映相关资产和负债公允价值方面的局限性。

如果按照上述关于对敏感性分析的披露不能反映金融工具市场风险的（例如，期末的风险敞口不能反映当期的风险状况），企业应当披露这一事实及其原因。

八、金融资产转移的披露

（一）金融资产转移的情形

在这里，金融资产转移是指下列两种情形：

（1）将收取金融资产现金流量的合同权利转移给另一方。

（2）将金融资产整体或部分转移给另一方，但保留收取金融资产现金流量的合同权利，并承担将收取的现金流量支付给一个或多个收款方的合同义务。

（二）金融资产转移信息披露的一般要求

1. 企业应当就资产负债表日存在的所有未终止确认的已转移金融资产，以及对已转移金融资产的继续涉入，按本准则要求单独披露。

这里所谓的继续涉入，是指企业保留了已转移金融资产中内在的合同权利或义务，或者取得了与已转移金融资产相关的新合同权利或义务。转出方与转入方签订的转让协议或与第三方单独签订的与转让相关的协议，都有可能形成对已转移金融资产的继续涉入。如果企业对已转移金融资产的未来业绩不享有任何利益，也不承担与已转移金融资产相关的任何未来支付义务，则不形成继续涉入。

以下情形不形成继续涉入：

（1）与转移的真实性以及合理、诚信和公平交易等原则有关的常规声明和保证，这些声明和保证可能因法律行为导致转移无效。

（2）以公允价值回购已转移金融资产的远期、期权和其他合同。

（3）使企业保留了获取金融资产现金流量的合同权利但承担了将这些现金流量支付给一个或多个收款方的合同义务的安排，且这类安排满足《企业会计准则第23号——金融资产转移》规定的下列三个条件：

①从该金融资产收到对等的现金流量时，才有义务将其支付给

最终收款方。

②根据合同约定，不能出售该金融资产或作为担保物，但可以将其作为对最终收款方支付现金流量的保证。

③有义务将收取的现金流量及时支付给最终收款方。企业无权将该现金流量进行再投资，但按照合同约定在相邻两次支付间隔期内将所收到的现金流量进行现金或现金等价物投资的除外。企业按照合同约定进行再投资的，应当将投资收益按照合同约定支付给最终收款方。

2. 企业对于金融资产转移所披露的信息，应当有助于财务报表使用者了解未整体终止确认的已转移金融资产与相关负债之间的关系，评价企业继续涉入已终止确认金融资产的性质和相关风险。

如果企业按照下述（三）和（四）所披露的金融资产转移方面的信息不能满足这一要求的，应当披露其他补充信息。

（三）对于已转移但未整体终止确认的金融资产的信息披露

本准则规定，对于已转移但未整体终止确认的金融资产，应当按照类别披露下列信息：

（1）已转移金融资产的性质；

（2）仍保留的与所有权有关的风险和报酬的性质；

（3）已转移金融资产与相关负债之间关系的性质，包括因转移引起的对企业使用已转移金融资产的限制；

（4）在转移金融资产形成的相关负债的交易对手方仅对已转移金融资产有追索权的情况下，应当以表格形式披露所转移金融资产和相关负债的公允价值以及净头寸，即已转移金融资产和相关负债公允价值之间的差额；

（5）继续确认已转移金融资产整体的，披露已转移金融资产和相关负债的账面价值；

（6）按继续涉入程度确认所转移金融资产的，披露转移前该金融资产整体的账面价值、按继续涉入程度确认的资产和相关负债的账面价值。

（四）对于已整体终止确认但转出方继续涉入已转移金融资产的信息披露

根据本准则，对于已整体终止确认但转出方继续涉入已转移金融资产的，应当至少按照类别披露下列信息：

（1）因继续涉入确认的资产和负债的账面价值和公允价值，以及在资产负债表中对应的项目。

（2）因继续涉入导致企业发生损失的最大风险敞口及确定方法。

（3）应当或可能回购已终止确认的金融资产需要支付的未折现现金流量（如期权协议中的行权价格）或其他应向转入方支付的款项，以及对这些现金流量或款项的到期期限分析。如果到期期限可能为一个区间，应当以企业必须或可能支付的最早日期为依据归入相应的时间段。到期期限分析应当分别反映企业应当支付的现金流量（如远期合同）、企业可能支付的现金流量（如签出看跌期权）以及企业可选择支付的现金流量（如购入看涨期权）。在现金流量不固定的情形下，上述金额应当基于每个资产负债表日的情况披露。

（4）对前面三点涉及的定量信息的解释性说明，包括对已转移金融资产、继续涉入的性质和目的，以及企业所面临风险的描述等。其中，对企业所面临风险的描述包括以下各项：

①对继续涉入已终止确认金融资产的风险进行管理的方法。

②企业是否应先于其他方承担有关损失，以及先于本企业承担损失的其他方应承担损失的顺序及金额。

③向已转移金融资产提供财务支持或回购该金融资产的义务的触发条件。

（5）金融资产转移日确认的利得或损失，以及因继续涉入已终止确认金融资产当期和累计确认的收益或费用（如衍生工具的公允价值变动）。

（6）终止确认产生的收款总额在本期分布不均衡的（例如大

部分转移金额在临近报告期末发生），应当披露本期最大转移活动发生的时间段、该段期间所确认的金额（如相关利得或损失）和收款总额。

企业在披露本条所规定的信息时，应当按照其继续涉入面临的风险敞口类型分类汇总披露。例如，可按金融工具类别（如担保或看涨期权）或转让类型（如应收账款保理、证券化和融券）分类汇总披露。

企业对某项终止确认的金融资产存在多种继续涉入方式的，可按其中一类汇总披露。

企业按照有关规定在确定是否继续涉入已转移金融资产时，应当以自身财务报告为基础进行考虑。

九、新准则的影响与应对

本准则在整个财务报告框架中占据着比较重要的地位，资产负债表的右方，也即负债和所有者权益的很多内容就通过该准则予以规范。企业所发行的各种债务工具以及权益工具等，基本上都要按照本准则所提出的规范要求进行确认、计量和列报。修订后的准则对于负债与所有者权益分类的影响较大，直接影响到公司的资本结构和风险评价状况，对于金融机构而言，还会影响到相应的金融监管指标的达成与否，如资本充足率水平等。整体而言，该准则的影响是比较积极和正面的，对于投资者而言，能够充分理解和认识企业运用的金融工具的风险，树立风险意识，对于评价自身的投资安全也有较大帮助；对于企业自身而言，同样能够强化企业管理层的风险管理意识，使得企业适应金融市场环境，优化资本结构，努力加强金融工具的风险管理与掌控能力，促进企业的持续与稳健发展。

第九讲　企业会计准则解释第 6 号

一、本解释的衔接

本解释自发布之日起施行，即自 2014 年 1 月 17 日起开始施行。

二、弃置费用的最新规定与实务操作

本解释关于弃置费用的最新规定，主要是对企业因固定资产弃置费用确认的预计负债发生变动时，应当如何进行会计处理所做的规范。具体规定如下：

企业应当进一步规范关于固定资产弃置费用的会计核算，根据《企业会计准则第 4 号——固定资产》应用指南的规定，对固定资产的弃置费用进行会计处理。

（一）预计负债的确认与操作实务

1. 弃置费用确认预计负债的最新规定

本解释所称的弃置费用形成的预计负债在确认后，按照实际利率法计算的利息费用应当确认为财务费用。

2. 案例与实务操作

【例 9－1】 经国家审批，某企业计划建造一个核电站，其主体设备核反应堆将会对当地的生态环境产生一定的影响。根据法律规定，企业应在该项设备使用期满后将其拆除，并对造成的污染进行整治。20×7 年 1 月 1 日，该项设备建造完成并交付使用，建造成本共 80 000 000 元。预计使用寿命 10 年，预计弃置费用为 1 000 000元。假定折现率（即为实际利率）为10%。

（1）计算已完工的固定资产的成本。

核反应堆属于特殊行业的特定固定资产，确定其成本时应考虑弃置费用。20×7 年 1 月 1 日，企业应作如下会计处理：

弃置费用的现值 =1 000 000×（P/E，10%，10）=1 000 000 ×0.3855 =385 500（元）

固定资产入账价值 =80 000 000 +385 500 =80 385 500（元）

借：固定资产　　80 385 500

　　贷：在建工程　　80 000 000

　　　　预计负债　　385 500

（2）计算第 1 年应负担的利息。

借：财务费用　　38 550

　　贷：预计负债　　38 550

（3）计算第 2 年应负担的利息（按实际利率法计算）。

（385 500 +38 550）×10% =42 405（元）

借：财务费用　　42 405

　　贷：预计负债　　42 405

以后会计年度的会计处理略。

（二）预计负债发生变动时的会计处理规定和实务操作

1. 关于预计负债发生变动时会计处理的最新规定

由于技术进步、法律要求或市场环境变化等原因，特定固定资产的履行弃置义务可能发生支出金额、预计弃置时点、折现率等变动而引起的预计负债变动，应按照以下原则调整固定资产的成本：

（1）对于预计负债的减少，以该固定资产账面价值为限扣除固定资产成本。如果预计负债的减少额超过该固定资产账面价值，超出部分确认为当期损益。

（2）对于预计负债的增加，增加固定资产的成本。

按照上述原则调整固定资产，在资产剩余使用年限内计提折旧。一旦该固定资产的使用寿命结束，预计负债的所有后续变动应在发生时确认为损益。

2. 案例与操作实务

（1）预计负债减少的操作实务

【例9－2】 某项存在弃置义务的固定资产，预计使用10年，已经使用了8年，已经确认的预计负债余额为980万元，固定资产账面价值为100万元。由于环境工程技术的提高，预计两年后实际支付的弃置费用将大大减少，折现到本期末的现值为910万元。该企业应当作如下会计处理：

借：预计负债　　70

　　贷：固定资产　　70

在本期期末，该公司预计负债余额为910万元，固定资产账面价值为30万元，该固定资产未来两年应当以30万元为基础计提折旧。

【例9－3】 承【例9－2】，由于环境工程技术的提高，预计两年后实际支付的弃置费用将大大减少，折现到本期末的现值为830万元，则该企业应当作如下会计处理：

借：预计负债　　100

　　贷：固定资产　　100

同时，对于超过固定资产账面价值的预计负债减少额，作如下会计处理：

借：预计负债　　50

　　贷：财务费用　　50

在本期期末，该公司预计负债余额为830万元，固定资产账面价值为0，该固定资产在未来两年无需计提折旧。

2. 预计负债增加的操作实务

【例9－4】 承【例9－2】，由于环境法规更加严格，同时由于成本上升，预计两年后实际支付的弃置费用将大大提高，折现到本期的现值为1 050万元，则该企业应当作如下会计处理：

借：固定资产　　　　70

　　贷：预计负债　　　　70

在本期期末，该公司预计负债余额为 1 050 万元，固定资产账面价值为 170 万元，该固定资产在未来两年应当以 170 万元为基础计提折旧。

3. 固定资产使用寿命结束后，预计负债的会计处理实务

【例 9－5】 承【例 9－2】，假定该固定资产使用期满后，预计负债余额为 1 050 万元。根据法律法规和环保要求，对于弃置费用将在固定资产报废后陆续发生。由于技术进步，对于未来支付的弃置费用将减少，折现到本期期末余额为 990 万元，则该企业应当作如下会计处理：

借：预计负债　　　　60

　　贷：财务费用　　　　60

在以后各期，该企业应当实际情况调整预计负债的余额，并将差额调整计入当期损益。

三、同一控制企业合并情形下的合并财务报表编制的最新规定与操作实务

本解释主要对在被合并方是最终控制方以前年度从第三方收购来的情况下，合并方在编制财务报表时，应如何确定被合并方资产、负债的账面价值进行规范。

（一）最新规定

根据《企业会计准则第 20 号——企业合并》，在同一控制下的企业合并中，合并方在企业合并中取得的资产和负债，应当按照合并日在被合并方的账面价值计量。

同一控制下的企业合并，是指参与合并的企业在合并前后均受同一方或相同的多方最终控制，且该控制不是暂时性的。从最终控制方的角度看，其在合并前后实际控制的经济资源并没有发生变

化，因此有关交易事项不应视为购买。

在被合并方是最终控制方以前年度从第三方收购来的情况下，合并方在编制合并财务报表时，应视同合并后形成的报告主体自最终控制方开始实施控制时起，一直是一体化存续下来的，应以被合并方的资产、负债（包括最终控制方收购被合并方而形成的商誉）在最终控制方财务报表中的账面价值为基础，进行相关会计处理。合并方的财务报表比较数据追溯调整的期间应不早于双方处于最终控制方的控制之下孰晚的时间。

本解释发布前同一控制下的企业合并未按照上述规定处理的，应当进行追溯调整，追溯调整不切实可行的除外。

【相关链接】《企业会计准则第20号——企业合并》

判断某一企业合并是否属于同一控制下的企业合并，应当把握以下要点：

（1）能够对参与合并各方在合并前后均实施最终控制的一方通常指企业集团的母公司。

同一控制下的企业合并一般发生于企业集团内部，如集团内母子公司之间、子公司与子公司之间等。因为该类合并从本质上是集团内部企业之间的资产或权益的转移，能够对参与合并企业在合并前后均实施最终控制的一方为集团的母公司。

（2）能够对参与合并的企业在合并前后均实施最终控制的相同多方，是指根据合同或协议的约定，拥有最终决定参与合并企业的财务和经营政策，并从中获取利益的投资者群体。

（3）实施控制的时间性要求，是指参与合并各方在合并前后较长时间内为最终控制方所控制。具体是指在企业合并之前（即合并日之前），参与合并各方在最终控制方的控制时间一般在1年以上（含1年），企业合并后形成的报告主体在最终控制方的控制时间也应达到1年以上（含1年）。

（4）企业之间的合并是否属于同一控制下的企业合并，应综合构成企业合并交易的各方面情况，按照实质重于形式的原则进行判断。通常情况下，同一控制下的企业合并是指发生在同一企业集团内部企业之间的合并。同受国家控制的企业之间发生的合并，不应仅仅因为参与合并各方在合并前后均受国家控制而将其作为同一控制下的企业合并。

（二）实务操作

【例9-6】甲公司为母公司，乙公司为甲公司的子公司（不考虑所得税）。

2012年1月1日，甲公司以银行存款4 200万元从本集团外部购入丙公司80%股权（属于非同一控制下企业合并）并能够控制丙公司的财务和经营政策，购买日，丙公司可辨认净资产的公允价值为5 000万元，账面价值为4 500万元。甲公司购买日的会计处理为（单位：万元）：

借：长期股权投资——丙公司　　4 200

　贷：银行存款　　4 200

甲公司购买日应确认的合并商誉 = 4 200 - 5 000 × 80% = 200（万元）

【例9-7】承【例9-6】2014年1月1日，甲公司的子公司乙公司以银行存款4 500万元购入甲公司所持丙公司的80%股权，2012年1月至2013年12月31日，丙公司按照购买日公允价值净资产计算实现的净利润为1 200万元（调整后的净利润）；按照购买日账面价值净资产计算实现的净利润为1 500万元（调整前的净利润）。无其他所有者权益变动。

在2014年1月1日乙公司的会计处理有以下三种观点：

（1）根据上述条件判断，乙公司购入丙公司80%的股权，形成同一控制下的企业合并。

（2）2014年1月1日合并日，丙公司自购买日2012年1月1日开始持续计算至2013年12月31日的可辨认净资产公允价值 = 5 000 + 1 200 = 6 200（万元）。

（3）乙公司购入丙公司的初始投资成本的计量。

观点1：在最终控制方甲公司的账面上，丙公司的相关资产负债价值为6 200万元，同时存在商誉200万元，因此应当以6 400万元为基础，确认乙的投资成本，即

6 400×80% =5 120（万元）

观点2：在最终控制方甲公司的账面上，丙公司的相关资产负债价值为6 200万元，同时存在商誉200万元，但该商誉为80%的商誉，整体商誉应当为250万元，因此应当以6 450万元为基础，确认乙的投资成本，即

6 450×80% =5 160（万元）

观点3：在最终控制方甲公司的账面上，丙公司的相关资产负债价值为6 200万元，同时存在商誉200万元，因此应当以6 200万元为基础，并考虑承接甲公司账面的商誉，来确认乙的投资成本，即

6 200×80% +200 =5 160（万元）

观点2和观点3是相同的，我们采用观点2和观点3的内容。在观点1中，在合并报表中，确认的商誉为160万元，减少了原确认的商誉，因此是错误的。

所以，乙公司应当作如下会计处理（单位：万元）：

借：长期股权投资——丙公司　　5 160

　　贷：银行存款　　4 500

　　　　资本公积——资本溢价　　660

乙公司在合并报表层面，应当确认商誉200万元，与甲公司原合并报表中确认的商誉是一致的。